Wicca

Das Buch
Wicca ist eine uralte heidnische Naturreligion. Sie findet gerade heute in Zeiten zunehmender weltanschaulicher und religiöser Orientierungslosigkeit und wachsender Umweltzerstörung immer mehr Anhänger. In seinem Leitfaden zeigt Scott Cunningham erstmals Möglichkeiten auf, wie auch der einzelne Wicca-Anhänger, der keinem Hexenzirkel angehört, seinen Kult mit Ritualen, Gebeten und praktischen Übungen leben kann.

Der Autor
Scott Cunningham beschäftigte sich über zwanzig Jahre lang mit Magie und hat mehr als dreißig Bücher geschrieben. Er starb 1993 nach langer Krankheit.

Scott Cunningham

Wicca

Eine Einführung in weiße Magie

Aus dem Amerikanischen von Waldemar Christiansen

Econ Taschenbuch

Umwelthinweis:
Dieses Buch wurde auf chlor- und säurefreiem Papier gedruckt.

Diese Ausgabe entstand durch die Vermittlung von
Jürgen P. Lipp und Jürgen Mellmann.

Econ Taschenbücher erscheinen im Ullstein Taschenbuchverlag,
einem Unternehmen der
Econ Ullstein List Verlag GmbH & Co. KG, München
Deutsche Erstausgabe
3. Auflage 2002
© 2001 für die deutsche Ausgabe by
Econ Ullstein List Verlag GmbH & Co. KG, München
© 1988 by Scott Cunningham
Titel der amerikanischen Originalausgabe: Wicca.
A Guide For The Solitary Practitioner (Llewellyn Publications, St. Paul, USA)
Übersetzung: Waldemar Christiansen
Redaktion: Barbara Imgrund
Umschlagkonzept: HildenDesign, München – Stefan Hilden
Umschlaggestaltung: HildenDesign, München – Eva Groschke
Titelabbildung: Digital Stock
Satz: Pinkuin Satz- und Datentechnik, Berlin
Druck und Bindearbeiten: Ebner & Spiegel, Ulm
Printed in Germany
ISBN 3-548-74014-6

Inhalt

Vorwort 11

Einführung 15

Teil I
Die Theorie

Kapitel 1
Wicca-Kult und Schamanismus 17

Kapitel 2
Die Gottheiten 23
   Die Göttin 26
   Der Gott 27

Kapitel 3
Magie 36

Kapitel 4
Magische Utensilien 43
   Der Besen 44
   Der Zauberstab 46
   Das Räuchergefäß 47
   Der Kessel 48
   Das magische Messer 49
   Das weiße Messer 51
   Die Kristallkugel 51
   Der Kelch 52
   Der Drudenfuß 53
   Das Buch der Schatten 54
   Die Glocke 55

Kapitel 5
Musik, Tanz und Gestus 56
   Musik 58
   Tanz 61
   Gesten 63

Kapitel 6
Rituale und ihre Vorbereitung 67

Kapitel 7
Der magische Kreis und der Altar 76

Kapitel 8
Die Jahresfeste – Tage der Kraft 84

Kapitel 9
Die Spirale der Wiedergeburt 91

Kapitel 10
Die Initiation 96

Teil II
Die Praxis

Kapitel 11
Übungen und magische Techniken 101
   Das Spiegelbuch 101
   Das Atmen 102
   Meditation 103
   Visualisierung 104
   Das Spiel mit den Energien 108

Kapitel 12
Die Selbstweihe 111
Ein Selbstweiheritual 115

Kapitel 13
Die Struktur des Rituals 118

Teil III
Das Ritualbuch der Stehenden Steine

Einführung 137

Das Ritualbuch der Stehenden Steine............. 138
   Grußwort an die Weisen 138
   Die Marksteine unseres Weges 139
   Vor aller Zeit 141
   Das Lied der Göttin 142
   Der Ruf des Gottes........................... 143
   Der Steinkreis 144
   Den Durchlass öffnen 149
   Den Kreis auflösen 149
   Visualisierungen für den Steinkreis............. 150
   Segnungsgesang 152
   Das einfache Festmahl 153
   Weihe der rituellen Utensilien 153
   Das Vollmondritual........................... 154
   Die Jahresfeste 156
   Rituale 171
   Gebete, Lieder und Anrufungen von und für
   Göttin und Gott 174
   Zahlensymbolik 178
   Die dreizehn Ziele einer Wicca-Hexe 179
   Rezepte..................................... 180
   Das Kräuterritualbuch: ein Ratgeber für den Gebrauch
   von Kräutern und Pflanzen in Wicca-Ritualen 185
   Kristallzauber 195
   Symbole und Zeichen 200
   Runenzauber 202
   Zauber und Magie 211

Anhang: Zeitschriften für Wicca-Hexen,
Neu-Heiden und Schamanen................... 214
Glossar 217
Literaturvorschläge............................ 229

Dieses Buch ist den Mächten gewidmet, die über uns wachen und uns leiten – welche Bilder oder Namen wir auch immer für sie haben mögen.

Danksagung

Für deTraci Regula, Marilee, Juanita, Mark und Kyri vom Haus des Silbernen Rades, die mich bei den ersten Entwürfen dieser Arbeit unterstützt haben.

Für Morgan, Morgana, Abraham, Barda und alle, die ihr Wissen und ihre Kunst mit mir geteilt haben.

All meinen Freunden bei Llewellyn Publications für all die Jahre kontinuierlicher Unterstützung.

Vorwort

Dieses Buch ist das Ergebnis von sechzehn Jahren Forschung und praktischer Erfahrung. Es ist ein Leitfaden, der die Grundlagen des Wicca-Kultes vermittelt. Er richtet sich besonders an den allein arbeitenden Schüler oder Praktizierenden. Deshalb finden sich in diesem Buch auch keine Rituale für die so genannten Hexenzirkel (Covens) oder für andere magische Gruppen.

Der Wicca-Kult in diesem Buch ist »neu«. Ich werde also nicht über die uralten, traditionellen Rituale schreiben. Und dennoch ist dieser »neue« Kult deshalb nicht schlechter: Auch er wurzelt letztlich in den altehrwürdigen Traditionen.

Eine dreitausend Jahre alte Beschwörung der Ischtar ist nicht unbedingt effektiver als ein improvisierter, selbst erfundener Ritus. Der Erfolg eines Rituals hängt immer von der Person ab, die es ausführt. Gleichgültig, wie alt die Beschwörungsformeln sein mögen – sobald sie zum sinnlosen Geraune werden, kann das Ritual nicht wirken, ebenso wenig, wie eine Shinto-Zeremonie wirken kann, die von einem eingefleischten Methodisten abgehalten wird. Damit ein Ritual Kraft entwickeln kann, muss es einem auch wirklich etwas sagen.

Für viele sind Rituale das Herzstück des Wicca-Kultes; andere sehen in ihnen hingegen eher eine nette Zugabe zur Philosophie und Lebensweise der Wicca-Hexen. Der Hauptzweck des Rituals ist aber immer der Kontakt zum Göttlichen: In diesem Punkt verhält sich Wicca wie jede andere Religion auch. »Gute«, authentische Rituale vereinen den Anbetenden mit der Gottheit, ineffektive Rituale indes töten jede Spiritualität ab. Auch in diesem Buch finden Sie Rituale. Allerdings sind sie eher Wegweiser als unantastbare, heilige Formeln. Ich habe sie aufgeschrieben, damit andere sich an ihnen orientieren und dann ihre eigenen Rituale finden können.

Vielleicht denken Sie jetzt: »Aber das sind doch deine eigenen Erfindungen. Ich will den *echten* Wicca-Kult. Rück endlich mit seinen Geheimnissen raus!« Aber es gibt keinen »reinen«, »wahren« oder »echten« Wicca-Kult. Wir haben keine zentralistischen Strukturen, keine Führer, Gurus oder universell anerkannten Propheten. Auch wenn der Wicca-Kult ohne Zweifel eine eigene spezifische Struktur besitzt, gibt es dennoch keine strikten Vorgaben für seine Rituale, Symbole und Theologien. Dieser gesunde Individualismus hat uns letztlich vor der Diktatur eines dominanten Rituals oder philosophischen Systems bewahrt.

Die echte spirituelle Erfahrung teilt man ohnehin nur mit der Gottheit selbst: Das gilt wohl für jede Religion. Wicca ist seinem Wesen nach bunt und facettenreich. So zeigt dieses Buch letztlich auch nur *einen* möglichen Weg, Wicca zu praktizieren – einen Weg, der auf meinen eigenen Erfahrungen aufbaut und auf den Lehren, die mir von anderen zuteil wurden. Auch wenn ich der Verfasser dieses Buches bin, habe ich mir seinen Inhalt nicht aus den Fingern gesaugt. Der Juwelier, der einen Smaragd einfasst, hat diesen Stein nicht selbst geschaffen, so wenig wie der Töpfer den Ton, mit dem er arbeitet. Ich versuche vielmehr, die Hauptthemen und rituellen Grundstrukturen der Wicca-Lehre aufzuzeigen. Mir geht es nicht darum, diese Grundlagen in eine unveränderliche, eiserne Fassung zu gießen. Ich möchte sie vielmehr in einer offenen Form darbieten, die andere dazu anregen kann, ihre eigenen Praktiken zu entwickeln.

Als ich anfing, gab es kaum Bücher über Wicca und schon gar keine Schatten- oder Ritualbücher. Viele Wicca-Schulen hielten ihre Rituale und magischen Texte geheim und es dauerte ziemlich lange, bis die ersten Bücher veröffentlicht wurden. Nur wenige Wicca-Hexen machten sich überhaupt Notizen über ihre Rituale und Geheimlehren, und wer diesen Kult von außen beschreiben wollte, war auf Mutmaßungen und Spekulationen angewiesen. Da war es kein Wunder, dass das Bild von unserer Religion sehr lückenhaft blieb.

Schon wenige Jahre nach meiner Initiation in den Wicca-Kult erschienen viele authentische, informative Bücher auf dem Markt. Aber meine weiteren Studien machten mir schnell klar, dass jeder, der sich mit Hilfe dieser Veröffentlichungen in die Theorie und Praxis des Kultes einarbeiten wollte, ein nur sehr verschwommenes Bild erhielt.

Die meisten Autoren preisen ihre eigene Wicca-Lehre an. Dagegen ist im Prinzip nichts einzuwenden: Sie schreiben über das, was sie wirklich verstehen. Leider ähneln sich die Ansichten der meisten Verfasser doch so sehr, dass sie sich oft wiederholen. Hinzu kommt, dass diese Bücher fast durchweg für Hexen-Covens, also für Gruppen geschrieben wurden. Wenn man sich schwer tut, vier oder fünf Gleichgesinnte für einen Zirkel zu finden, stellt sich damit ein echtes Problem. Und überhaupt: Was ist mit all den Menschen, die ihre Religion lieber für sich allein praktizieren wollen?

Der wichtigste Grund jedoch, warum ich dieses Buch schrieb, war ein sehr persönlicher: Ich wollte nicht nur eine Alternative zu den durchaus soliden und wohl strukturierten Wicca-Büchern liefern, die bereits vorliegen, sondern auch etwas von dem zurückgeben, was ich selbst in dieser doch so modernen Religion erfahren habe. Obwohl ich auch gelegentlich unterrichte und die Wicca-Lehre an Popularität immer mehr zunimmt, bevorzuge ich das gedruckte Wort für das, was ich sagen möchte. Sicherlich kann letztlich nichts den Einzelunterricht ersetzen, aber er ist nicht unbedingt für jeden Lernwilligen das Richtige.

Vor vielen Jahren begann ich, mir Notizen zu machen und die Kapitel zu entwerfen, die schließlich zu diesem Buch werden sollten. Sybil Leek sagte einmal, es sei nicht unproblematisch, wenn man über seine eigene Religion schreibt; man steht ihr einfach zu nahe. Um also eine zu enge, ja engstirnige Darstellung im Keim zu ersticken, habe ich einige Wiccaner darum gebeten, meine ersten Entwürfe kritisch zu lesen und zu kommentieren. Ich versuche auf diese Weise, ein nicht allzu eng gefasstes oder gar dogmatisches Bild vom Wicca-Kult zu liefern.

Noch eine letzte Bemerkung vorab: Dieses Buches zielt auf ein besseres Verständnis und eine breitere Anerkennung des Wicca-Kultes ab. Ich versuche niemanden zu bekehren, denn wie den meisten aus meiner Zunft liegt es mir fern, die spirituellen und religiösen Vorstellungen des Lesers zu verändern. Sie gehen mich einfach nichts an.

Das Interesse an nichttraditionellen Religionen und besonders am Wicca-Kult ist riesig und auch die Sensibilität für eine unserer größten Sorgen, die fortschreitende Umweltzerstörung, ist gestiegen. Ich hoffe deshalb, dass dieses Buch die vielen Fragen der Interessierten beantworten helfen kann – und natürlich auch die Frage, die mir am häufigsten gestellt wird:

»Was genau ist eigentlich Wicca?«

Einführung

Wicca, die Religion der Hexen, war lange geheimnisumwittert. Jeder, der diese »Kunst« erlernen wollte, musste sich mit einigen wenigen Andeutungen aus Büchern und Artikeln begnügen. Die Wicca-Hexen verrieten nicht viel über sich – außer, dass sie nicht nach neuen Mitgliedern suchten. Doch heute sind immer mehr Menschen mit den traditionellen Religionen unzufrieden und suchen nach einer Religion, die sie persönlich anspricht – einer Religion, die sowohl die physische als auch die spirituelle Wirklichkeit ehrt und ihren Weg zum Göttlichen mit magischen Praktiken verbindet.

Der Wicca-Kult, dessen spirituelle Wurzeln in grauer Vorzeit liegen, ist eine solche Religion. Er verehrt die Natur in Form von Göttin und Gott. Sein positives Verhältnis zur Magie und sein ausgeprägter Sinn für die geheimnisvolle Seite der Natur machen diesen Kult heute besonders anziehend. Umso größer war die Frustration, die seine scheinbare Exklusivität und die noch bis vor kurzem wirksame spärliche Informationspolitik bei den interessierten Schülern dieser Lehre auslösten.

Der Wicca-Kult sucht nicht fanatisch nach neuen Mitgliedern. Das war vielleicht der größte Stolperstein für alle, die seine Riten und magischen Praktiken kennen lernen wollten. Er verzichtet auf das Anwerben neuer Mitglieder, weil er sich nicht wie die meisten anderen Religionen für den einzig wahren Weg zur Gottheit hält.

Vielleicht aber ist es angesichts des wachsenden Interesses an der Zeit, dass der Wicca-Kult endlich ans Tageslicht des angebrochenen Wassermannzeitalters gerückt wird. Damit soll er beileibe nicht zur Patentlösung für all unsere planetarischen Probleme hochstilisiert werden, er soll einfach nur denen zugänglich gemacht werden, die diesen Kult kennen lernen wollen.

Bislang war dies, wie erwähnt, nur schwer möglich. Man musste dazu eine eingeweihte Wicca-Hexe kennen, also meistens ein Mitglied aus einem Hexen-Coven. Zweitens musste man einen Initiationsritus absolvieren. Wer also nicht gerade das Glück hatte, eine solche Hexe zu kennen, kam nicht weiter, denn die Initiation in einen Coven galt als absolutes Muss, um in die Lehre eingeführt zu werden.

Heute ist vieles in Bewegung geraten. Unsere Welt ist dabei, sich rasant weiterzuentwickeln, vielleicht zu rasant. Unsere Ethik hält mit unseren technischen Fähigkeiten nicht mehr Schritt. Überall auf dem Globus gärt es und Krieg bedroht die Menschen dieser Erde. Ebenso verändert sich der Wicca-Kult – und das muss er auch, will er nicht zu einer verstaubten Kuriosität aus einer vergangenen Epoche werden. Seine Anhänger müssen ihre Religion streng auf die Zukunft hin ausrichten, wenn sie den kommenden Generationen noch etwas sagen soll. Wann aber hätte eine naturverehrende Religion wie der Wicca-Kult je mehr zu sagen gehabt als heute, da schon ein einziges Unglück genügt, um die Welt, wie wir sie kennen, zu zerstören?

Mein Buch bricht mit vielen Wicca-Konventionen. Ich habe es so geschrieben, dass jeder diesen Kult ausüben kann – egal, wo er ist. Es sind keine Initiationsriten nötig. Das Buch richtet sich hauptsächlich an den allein Praktizierenden, für den es vielleicht schwierig ist, andere Gleichgesinnte zu finden.

Der Wicca-Kult ist eine lebensfrohe Religion, die den Menschen wieder mit der Natur verbindet. Sie vereinigt uns mit den Göttinnen und Göttern, also den universellen Energien, die alles hervorgebracht haben. Sie ist eine persönliche, eine freudige Hymne an das Leben. Und nun ist sie endlich jedem zugänglich.

Teil I
Die Theorie

Kapitel 1
Wicca-Kult und Schamanismus

Der Schamanismus wird als »Urreligion« bezeichnet. Er existierte lange vor den ersten Hochkulturen, schon bevor unsere Vorfahren die ersten Schritte auf dem langen Weg in die Gegenwart taten. In dieser Frühzeit waren die Schamanen, die Männer wie Frauen sein konnten, Heilkundige und Machthaber. Sie praktizierten Magie, sprachen zu den Naturgeistern und waren wohl die ersten Menschen, die über Wissen verfügten – ein Wissen, das sie selbst schufen, entdeckten, pflegten und gebrauchten. Wissen aber ist Macht und sie lag in jenen grauen Zeiten in den Händen der Schamanen.

Zu dieser Macht kamen sie durch Ekstase, eine alternative Bewusstseinsform, die ihnen half, sich mit den universellen Mächten zu verbinden. Die frühen Schamanen erreichten diesen Zustand durch Verzicht auf Essen und Trinken, Selbstgeißelung, Einnahme halluzinogener Substanzen, Konzentration und Ähnliches. Mittels dieser Techniken waren sie in der Lage, mit anderen, nichtkörperlichen Welten zu kommunizieren.

Die Schamanen erwarben ihr gesamtes magisches Wissen durch solche Bewusstseinsveränderungen. Der Umgang mit Geistern und Göttern, Pflanzen und Tieren eröffnete ihnen völlig neue Erfahrungswelten. Natürlich teilten sie einen Teil dieses Wissens mit ihrem Volk, aber vieles behielten sie auch für sich. Ihre Kenntnisse sollten nicht für die Masse bestimmt sein.

Später verfeinerten sie diese Techniken und erweiterten sie allmählich zu magischen Ritualen. Auch heute noch benutzen Schamanen auf der ganzen Erde Hilfsinstrumente wie Trommeln, Rasseln, spiegelnde Gegenstände, Musik, Gesang und

Tanz. Die effektivsten Schamanenriten vereinten natürliche mit künstlichen Geräuschen – das Seufzen des Windes, das Tosen des Meers, das Flackern des Feuers mit rhythmischem Trommeln und Rasseln. Ein solches Ritual, abgehalten in einer dunklen, von Gesängen widerhallenden Nacht, überwältigte schier die Sinne und hob das Bewusstsein über die engen Grenzen der natürlichen Welt hinaus ins weite Reich der Energien. Solche typischen Schamanenriten haben sich aus diesem Grund bis heute erhalten.

Magie und Religion und letztlich auch der Wicca-Kult entwickelten sich aus diesen primitiven Anfängen. Trotz der Kontroverse um das Alter dieses Kultes steht seine spirituelle Verwandtschaft mit diesen alten Riten außer Frage. Wicca hat hier seine Wurzeln und versetzt die Seele auch in seiner heutigen, modernen Form in einen ekstatischen Bewusstseinszustand, der eine Vereinigung mit dem Göttlichen herbeiführt. Viele Wicca-Techniken sind letztlich schamanischen Ursprungs. Wicca lässt sich also als schamanische Religion definieren und wie im Schamanismus fühlen sich auch hier nur wenige Auserwählte dazu berufen, in die innersten Bezirke der Erleuchtung einzutreten.

Der moderne Wicca-Kult hat die Selbstkasteiung und den Gebrauch von Halluzinogenen überwunden. Er greift stattdessen auf Gesang, Meditation, Konzentration, Visualisierung, Musik, Tanz, Beschwörung und rituelles Schauspiel zurück. So erreicht er eine alternative Bewusstseinsform, die jener der zum Teil recht brachialen schamanischen Riten sehr ähnlich ist. Der Begriff »alternative Bewusstseinsform« ist hier mit Bedacht gewählt, da diese veränderte Wahrnehmungsweise nichts Unnatürliches ist, sondern eine Alternative zum »normalen« Wachbewusstsein darstellt. Die Natur, so lehrt uns der Wicca-Kult, hält ein sehr breites Spektrum an unterschiedlichen Bewusstseinsformen bereit, von denen die meisten Menschen nicht einmal etwas ahnen.

Der Schamanismus verrät uns viel über das Wesen magischer und religiöser Erfahrung und damit auch über den Wicca-Kult. Die bewusstseinssteigernden Rituale erweitern Wissen und Macht von Schamanen und Wicca und führen zu einem besseren Verständnis des Universums und unserer Stellung darin.

Wirksame Wicca-Rituale erschließen diese Möglichkeiten und stellen eine Verbindung zu Gott und Göttin her. Im Unterschied zu vielen anderen Religionen sieht der Wicca-Kult im Göttlichen nichts Außerweltliches. Göttin und Gott sind in uns und manifestieren sich zugleich in der Natur. Das ist wahre Universalität: Es gibt nichts, was nicht von den Göttern käme. Wicca begreift das Göttliche wie viele andere Religionen auch als eine Polarität und verehrt es in der Doppelgestalt von Göttin und Gott. Beide stehen gleichberechtigt nebeneinander und durchwalten als wärmende, liebende Kräfte das gesamte Universum. Die Götter des Wicca-Kultes haben ihren Ot also nicht in einem kalten, fernen »Himmelsreich«.

Der Wicca-Kult in seiner heutigen Form ist eine facettenreiche Religion und stellt ein sehr persönliches spirituelles System dar. Deshalb kann ich hier auch nur generelle und durch meine Erfahrungen gefilterte Aussagen über diesen Glauben machen.

Eine andere Sache, die Wicca uns lehrt, ist, dass die physische Wirklichkeit nur eine unter vielen möglichen ist. Sie stellt beileibe nicht die höchste Wirklichkeitsstufe dar. Doch die spirituelle Welt ist nicht etwa »reiner« als ihre physische Basis: Der einzige Unterschied zwischen beiden ist, dass die physische Welt dichter ist.

Wie die östlichen Religionen glaubt der Wicca-Kult zudem an die Reinkarnation, wenn auch mit einigen Abweichungen. Zum Beispiel meinen wir nicht, dass wir nach dem Tod ausschließlich in menschlicher Form wieder geboren werden oder dass wir vor unserer jetzigen Inkarnation Steine, Bäume, Schnecken oder Vögel waren. Zweifellos besitzen diese Geschöpfe eine Form von Seele, aber sie unterscheidet sich von unserer menschlichen.

Die Reinkarnation wird heute von Millionen Menschen in Ost und West als Tatsache akzeptiert, nicht zuletzt deshalb, weil sie viele Fragen klären hilft. Was zum Beispiel geschieht nach dem Tod? Warum erinnern wir uns an Dinge, die wir in unserem jetzigen Leben nie erlebt haben? Wieso werden wir manchmal geradezu magisch von bestimmten Orten oder Personen angezogen, obwohl wir sie vorher nie gesehen haben?

Natürlich kann die Reinkarnationslehre diese Fragen nicht endgültig beantworten, aber sie bietet viele lohnende Ansatzpunkte. Man sollte dennoch nicht einfach nur an sie *glauben*. Erst durch Kontemplation, Meditation und Selbstanalyse kann man den Wahrheitsgehalt dieser Lehre auch *erkennen*. Weitere Informationen zu diesem Problem gibt Kapitel 9, »Die Spirale der Wiedergeburt« (ab Seite 91).

Das moralische Ideal der Wicca-Lehre ist ebenso simpel wie einleuchtend: Tu, was dir gefällt, solange du niemandem damit schadest. In dieser Formel verbirgt sich eine weitere zentrale Maxime unseres Denkens: Füge auch dir selbst keinen Schaden zu. Wenn Sie zum Beispiel Ihren Körper missbrauchen, ihm etwa das Lebensnotwendige verweigern oder ihn anderweitig gefährden, verstoßen Sie gegen dieses einfache moralische Gebot.

Dabei geht es nicht etwa nur um die Unversehrtheit des eigenen Körpers. Dieses Prinzip stellt auch sicher, dass Sie in einer Verfassung bleiben, in der Sie sich den schweren Aufgaben der Erhaltung und Verbesserung unserer Welt stellen können. Denn Liebe und Sorge für unseren Planeten spielen im Wicca-Kult eine zentrale Rolle.

Wicca ist eine magisch orientierte Religion; dies mag als ihr herausragendstes und charakteristischstes Merkmal gelten. Die Verbindung von Religion und Magie ist gar nicht so ungewöhnlich, wie sie zunächst scheint: Auch katholische Priester etwa bedienen sich einer Form von Magie, wenn sie das Brot in den Leib eines lange verstorbenen »Erlösers« verwandeln. Selbst das Gebet, ein in allen Religionen gebräuchliches Hilfsmittel, ist letztlich nichts anderes als eine auf Vereinigung mit dem Göttlichen ausgerichtete Konzentrationstechnik. Wenn diese Konzentration ein gewisses Niveau erreicht, werden Energien ausgesendet, die zur Erfüllung des Gebets beitragen. Beten ist also nichts anderes als religiöse Magie.

Magie lenkt und steuert natürliche (allerdings oft missverstandene) Energien, um einen gewünschten Effekt zu erzielen. Der Wicca-Kult benutzt sie als Werkzeug zur Segnung des rituellen Bezirkes oder zur Verbesserung des eigenen Selbst und der Welt. Doch Wicca und Magie werden oft vermengt, als handelte es sich um austauschbare Begriffe. Dies ist ein fundamentales Missverständnis: Der Wicca-Kult ist eine Religion, die sich der Magie *bedient*. Wenn es Ihnen also nur darum geht, Magie zu praktizieren, ist der Wicca-Kult vermutlich nicht das Richtige für Sie.

Magie ist keine Technik, mit der wir der Natur unseren Willen aufzwingen können – ein weiteres fundamentales Missverständnis. Es beruht auf der Annahme, dass es sich bei der Magie um etwas Übernatürliches handelt, das außerhalb oder gar über der Natur existiert. *Magie ist aber etwas Natürliches.* Sie ist eine gewaltfreie Lenkung von Energien, mit denen man notwendige Veränderungen herbeiführen kann. Wer Magie praktizieren will, muss sich von der Vorstellung des Paranormalen oder Übernatürlichen trennen.

Die meisten Wicca-Hexen glauben nicht an Vorbestimmung. Trotz unserer großen Ehrfurcht für Göttin und Gott wissen wir, dass unsere Seelen frei sind. Wir haben die volle Kontrolle und damit auch die Verantwortung für unser eigenes Leben. Wir können nicht auf eine böse Macht verweisen und sie für unsere eigenen Fehler und Schwächen verantwortlich machen. Es gibt also kein Schicksal, das unser Tun bestimmt. Jeden Tag treffen wir unzählige Entscheidungen, die unsere Zukunft und unser Leben nachhaltig beeinflussen. Wir übernehmen die volle Verantwortung für unser jetziges und unser vergangenes Leben. Erst wenn wir uns bewusst dafür entscheiden, unsere Handlungen an den höheren Idealen und Zielen der Wicca-Lehre auszurichten, wird unsere Magie greifen und das Leben schön und voller Freude sein.

Vielleicht liegt das im Kern des Wicca-Kultes: die freudvolle

Vereinigung mit der Natur. Die ganze Erde ist für uns eine Manifestation göttlicher Energien. Blumenwiesen, Wälder, Strände und Wüsten sind nichts anderes als unsere Tempel. Wenn ein Wicca-Anhänger ins Freie geht, betritt er also heiligen Boden – ganz wie ein Christ, wenn er eine Kirche oder Kathedrale besucht.

Für Wicca-Hexen ist die Natur voller Gesänge, die uns ihre Geheimnisse verraten. Wir hören der Erde zu und öffnen uns den Lehren, die sie uns so verzweifelt mitzuteilen versucht. Erst wenn wir diesen intensiven Kontakt mit unserem gesegneten Planeten verlieren, bricht unsere Beziehung zum Göttlichen ab.

Dies sind also einige der wichtigsten Prinzipien des Wicca-Kultes. Sie machen die *wahre* Wicca-Lehre aus, die einzelnen Rituale und Mythen sind letztlich sekundär und nur Hilfsmittel für die Befolgung und Feier dieser Ideale.

Das Ritualbuch der Stehenden Steine im dritten Teil dieses Kompendiums soll Ihnen helfen, eigene Rituale zu entwickeln. Rituale sind äußere, vergängliche Formen und es wäre unsinnig, sich sklavisch an sie zu halten. Verändern Sie die Riten nach Lust und Laune. Wichtig ist nur, dass sie Ihnen helfen, sich mit dem Göttlichen zu verbinden.

Schließen Sie die physische Welt nicht zugunsten der spirituellen oder magischen Bereiche aus, denn nur durch die Natur können wir in diese Sphären vordringen: Es hat schon seinen Grund, warum wir hier auf der Erde sind. Nutzen Sie die Kraft der Rituale, um Ihr Bewusstsein zu erweitern und mit der gesamten Schöpfung eins zu werden.

Der Weg ist frei. In uns und um uns herum warten die uralten Mächte von Göttin und Gott. Mögen sie Sie mit Weisheit und Kraft segnen.

Kapitel 2
Die Gottheiten

Religionen sind geistige Strukturen, in deren Zentrum die Verehrung des Göttlichen steht. Das gilt auch für den Wicca-Kult: Er anerkennt eine höchste, göttliche Macht, die unbegreiflich, absolut und Urquell des gesamten Universums ist. Allerdings ging die Vorstellung dieser unbegreiflichen Macht im Wicca-Kult fast verloren – vielleicht, weil es so schwierig ist, Kontakt zu ihr herzustellen. Eine wichtige Hilfe bei diesem Kontakt geben uns unsere Gottheiten, die wir uns analog zur Natur als Doppelwesen vorstellen: als Göttin und Gott.

Jede Gottheit, die jemals auf diesem Planeten angebetet wurde, lässt sich einer dieser Urformen zuordnen. Selbst die komplexen Göttertempel, die die verschiedenen Kulturen im Laufe der Geschichte hervorbrachten, stellen nur Auffächerungen dieser beiden Grundformen dar. Jede historische Göttin lässt sich der archetypischen Göttin zuordnen und jeder männliche Gott ist letztlich eine Spielart des Wicca-Gottes.

Der Wicca-Kult betet das Göttliche als Doppelwesen an, weil er sich an der Natur orientiert. Nahezu die gesamte Natur ist in Geschlechter aufgeteilt und so liegt es nahe, auch das Göttliche in zweifacher Gestalt zu begreifen. In der Vergangenheit, als Göttin und Gott noch als ebenso real galten wie Mond und Sonne, waren die Riten der Anbetung noch unstrukturiert – spontane, freudige Verschmelzungen mit dem Göttlichen. Später dann folgten sie dem Lauf der Sonne und den Jahreszeiten oder orientierten sich am monatlichen Rhythmus des zu- und abnehmenden Mondes.

Die Riten der heutigen Wicca-Hexen sind den alten Ritualen sehr ähnlich. Sie verhelfen uns immer noch zu einer geradezu magischen Nähe zu den Gottheiten und den hinter ihnen stehenden Mächten. Aber wir brauchen zum Glück nicht (mehr) auf rituelle Anlässe zu warten, um die Gegenwart des Göttlichen zu spüren. Der Anblick einer perfekten Blüte auf einem verlassenen Feld kann eine Gefühlsintensität wecken, die jeden formellen Ritus übertrifft. Das Leben in und mit der Natur macht jeden Augenblick zu einem rituellen Moment. Die Wiccaner kommunizieren ganz unbefangen mit Tieren, Pflanzen und Bäumen. Sie fühlen die Energien von Stein und Sand und bringen die Fossilien dazu, von ihren urzeitlichen Anfängen zu erzählen. Für viele Wiccaner ist schon die Beobachtung des täglichen Zyklus von Sonne und Mond ein Ritus in sich selbst, denn sie sind die himmlischen Symbole von Göttin und Gott.

Weil sich das Göttliche für Wicca-Hexen in der Natur findet, sind viele von uns ökologisch gesinnt und versuchen, die Natur aktiv vor der Zerstörung zu bewahren. Göttin und Gott existieren heute nicht weniger als in der Vergangenheit, und um sie zu ehren, verehren wir auch unseren kostbaren Planeten.

Die Gottheiten entstanden erst, als unsere spirituellen Vorfahren sie rituell anerkannten. Die *Energien* hinter ihnen indes gab es schon lange vorher: Sie haben uns erschaffen. Die Gläubigen der Frühzeit interpretierten diese Kräfte als Gott und Göttin, um sie sich verständlich zu machen. Selbst als das aufstrebende Christentum Europa eroberte und seine heidnischen Religionen verdrängte, lebten die alten Mächte weiter – und mit ihnen einige heidnische Riten. Der Wicca-Kult ist heute so lebendig und aktiv wie eh und je und die Gottheiten reagieren auf uns und unsere Beschwörungen.

Für viele Wicca-Hexen haben Göttin und Gott die Form altbekannter antiker Götter: Diana, Pan, Isis, Hermes, Hekate, Ischtar, Cerridwen, Thot, Artemis, Pele, Apollo, Kanaloa, Birgit, Helios, Bran, Hera, Kybele, Inanna, Maui, Ea, Marduk – die Liste ist schier endlos. Sie alle gingen zusammen mit ihren Geschichten, Riten und Mythen in die Vorstellungswelt des Wicca-Kultes ein. Einige Gläubige fühlen sich eben einfach wohler, wenn sie Göttin und Gott solche Namen und Formen geben können, anstatt sie als namenlose göttliche Wesen anzubeten. Andere wiederum empfinden gerade die Abwesenheit von Namen und historischen Kostümen als wohltuende Befreiung von allen Einengungen.

Wie schon gesagt, ist der Wicca-Kult, der in diesem Buch vorgestellt wird, neu. Trotzdem baut er auf diesen alten Ritualen und Mythen auf. Er ist fest in den religiösen Urgefühlen verwurzelt, die die Natur in uns Menschen geweckt hat. Ich benutze in den hier versammelten Ritualen die Bezeichnungen »Gott« und »Göttin« statt konkreter Namen wie etwa Pan oder Diana. Wenn Sie sich aber zu bestimmten Gottheiten hingezogen fühlen, steht es Ihnen natürlich frei, die Rituale aus Teil III nach den entsprechenden Namen abzuwandeln.

Falls Sie sich noch nicht mit außerwestlichen, polytheistischen Religionen beschäftigt haben oder von Ihrer Kindheit her an andere Gottheiten gewöhnt sind, lassen Sie sich versuchsweise auf den Grundgedanken dieses Buches ein: Das Göttliche existiert in zweifacher Gestalt, als Göttin und Gott. Beide haben im Laufe ihrer Geschichte so viele Namen erhalten, dass man sie schließlich die Namenlosen nannte. Ihre Erscheinung ist immer genau so, wie wir sie uns ausmalen, denn sie repräsentieren jede Gottheit, die es jemals gab. Göttin und Gott sind allmächtig, Schöpfer aller sichtbaren und unsichtbaren Existenzen. Wir können mit ihnen Kontakt aufnehmen und kommunizieren, weil sie ein Teil von uns und wir ein Teil von ihnen sind.

Göttin und Gott sind gleichgestellt, das heißt, keiner von beiden ist höherrangig oder verdient etwa mehr Beachtung. Auch wenn einige Wicca-Anhänger die Göttin bevorzugen und den Gott darüber gänzlich vernachlässigen, muss dies wohl eher als eine Reaktion auf die Jahrhunderte patriarchalischer Unterdrückung in der Religion gewertet werden: Der feminine Aspekt des Göttlichen fordert hier sein Recht zurück. Aber eine Religion, die das Pendel nur ins andere Extrem schwingen lässt und sich ausschließlich auf die weibliche Energie konzentriert, ist ebenso unausgewogen und unnatürlich wie ihr einseitig männliches Pendant. Ideal ist die vollkommene Balance beider Kräfte. Göttin und Gott stehen gleichwertig nebeneinander und ergänzen sich.

Die Göttin

Die Göttin ist die Allmutter. Sie ist die Quelle aller Fruchtbarkeit, grenzenloser Weisheit und liebender Umarmung. Der Wicca-Kult kennt sie als Jungfrau, Mutter und altes Weib. Diese drei Aspekte symbolisieren die drei Mondphasen: den zunehmenden, den vollen und den abnehmenden Mond. Die Göttin verkörpert analog dazu auch das ungepflügte Feld, die reiche Ernte und die schlafende, frostbedeckte Erde: Sie gebiert Leben und Überfluss. Doch das Leben, das sie schenkt, versieht sie zugleich mit dem Versprechen des Todes. Der Tod aber ist keineswegs nur Finsternis und Absinken ins trübe Reich des Vergessens, sondern ein Ausruhen von der Mühsal der physischen Existenz. Er ist die Existenzform, in der wir uns zwischen unseren Inkarnationen aufhalten.

Die Große Göttin ist die Natur, und zwar die *gesamte* Natur. Sie ist die schöne Verführerin und die alte Frau, der verheerende Sturm und der frische Frühlingsregen, Wiege und Grab. Obwohl sie beide Aspekte in sich vereint, feiern Wicca-Hexen die Göttin primär als Quelle von Fruchtbarkeit, Liebe und Fülle – ohne allerdings ihre dunklen Seiten dabei auszublenden. Die Göttin erscheint uns im Mond, im stillen, ewig bewegten Meer und im frischen Grün des ersten Frühlings. Sie ist die Verkörperung von Fruchtbarkeit und Liebe.

Die Göttin wurde auch als Himmelskönigin, Mutter aller Götter, als göttliche Quelle, universale Matrix, Große Mutter und noch unter vielen anderen Namen bekannt. Der Wicca-Kult kennt viele Symbole, mit denen sie verehrt wird: darunter Kessel, Kelch, die fünfblütenblättrige Blume, Spiegel, Halskette, Muschel, Perle, Silber, Smaragd. Da die Göttin über Erde, Meer und Mond gebietet, sind die ihr zugeordneten Geschöpfe zahlreich und verschiedenartig. So sind auch Kaninchen, Bär, Eule, Katze, Hund, Fledermaus, Gans, Delfin, Löwe, Pferd, Zaunkönig, Skorpion, Spinne und Biene der Göttin heilig.

Man hat sie sich im Laufe ihrer langen Geschichte in vielerlei Bildern vorgestellt: als mit ihren Hunden umherschweifende

Jägerin, als Himmelsgottheit, die durch das Firmament streift und Sternenstaub aus ihren Fersen schleudert, als ewig fruchtbare Mutter, als Weberin von Leben und Tod, als altes Weib, das im abnehmenden Mondlicht die Schwachen und Verlorenen aufsucht – und noch in vielerlei anderen Formen. Aber wie auch immer wir sie uns vergegenwärtigen, sie ist allgegenwärtig, unwandelbar und ewig.

Der Gott

Der männliche Gott wird schon sehr lange verehrt. Allerdings ist er weder der gestrenge, allmächtige Übervater des Christentums oder Judentums noch ist er nur der Begleiter oder gar das »Anhängsel« der Großen Göttin, denn beide Gottheiten sind ja gleichrangig.

Der männliche Gott findet sich zum Beispiel in der Sonne, was bereits sein ganzes Gewicht zeigt. Die Sonne erleuchtet unseren Tag und bestimmt im ewigen Zyklus von Tag und Nacht den Rhythmus unseres Lebens. Ohne sie könnten wir gar nicht existieren – aus diesem Grunde wurde sie als Quelle allen Lebens verehrt. Ihre Wärme treibt den Samen aus seinem Schlaf und beschleunigt das Erblühen der Erde nach der eisigen Kälte des Winterschnees.

Der männliche Gott ist der Hüter der wilden Tiere. Die Hörner, die er als Gehörnter Gott trägt, symbolisieren diese Verbindung. Deshalb galt die Jagd früher wohl auch als sein Territorium, während der Göttin eher die Domestikation der Tiere zugeordnet wurde. Das Reich des Gottes umfasst unberührte Wälder, heiße Wüsten und steile Berge. Auch die Sterne gehören als ferne Sonnen zu seinem Herrschaftsgebiet.

Der jährliche Zyklus von Grünen, Reifen und Ernte wird von alters her der Sonne zugeschrieben. Dies ist mit ein Grund, warum der Wicca-Kult heute noch die europäischen Sonnenfeste feiert, die in Kapitel acht, »Die Jahresfeste –Tage der Kraft«, ab Seite 84 näher besprochen werden. Der männliche Gott wird zudem mit der reifen Ernte identifiziert. Er lebt im betörenden

Wein der Trauben, im goldenen, auf einsamen Feldern sich wiegenden Korn und in den Äpfeln, die an Oktobernachmittagen im Grün der Bäume leuchten.

Gemeinsam mit der Göttin zelebriert und beherrscht er die Sexualität – ein Thema, das im Wicca-Kult weder verdrängt noch verschwiegen wird. Sex gehört einfach zum Leben und sollte deshalb auch als etwas völlig Natürliches akzeptiert werden. Er verschafft uns Lust, lenkt uns vom Alltäglichen ab und garantiert den Fortbestand unserer Spezies – deshalb gilt er als heilig. Lüstern und schelmisch pflanzte uns der männliche Gott hier ein Verlangen ein, das unser biologisches Überleben sichert.

Der Gott wird mit vielen Symbolen dargestellt und verehrt: unter anderem mit Schwert, Hörnern, Speer, Kerze, Gold, Messing, Diamant, Sichel, Pfeil, Zauberstab, Dreizack und Messer. Zu den ihm heiligen Tieren gehören Bulle, Hund, Schlange, Fisch, Hirsch, Drachen, Wolf, Keiler, Adler, Falke, Hai und Eidechse.

In alten Zeiten betrachtete man den Gott als den Himmelsvater und die Göttin als Mutter Erde. Der Gott des Himmels, des Regens und des Blitzes stieg hinab und er vereinigte sich mit der über das ganze Land ausgebreiteten Göttin. Gemeinsam feierten sie so ihre Fruchtbarkeit. Auch die Gottheiten des heutigen Wicca-Kultes sind Götter der Fruchtbarkeit. Aber im Grunde decken sie darüber hinaus auch jeden anderen Aspekt des menschlichen Lebens ab: So können wir Göttin und Gott anrufen, damit sie uns in den Wechselfällen des Lebens beistehen oder Freude in unser spirituell unbehaustes Leben bringen.

Das bedeutet aber nicht, dass wir unsere Probleme einfach auf sie abwälzen könnten. Das wäre ein billiger Versuch, den natürlichen Anstrengungen des Lebens zu entgehen. Göttin und Gott können uns aber dabei *helfen, uns selbst zu helfen*. Die Magie ist dazu ein ideales Hilfsmittel. Sie entsteht in der Vereinigung mit Göttin und Gott: Dabei können wir beide um ihre Hilfe bitten.

Gott und Göttin vermögen unser Leben zu verändern: Denn sie symbolisieren nicht nur die kreativen Kräfte des Universums, sie *sind* sie. In Magie und Ritus leihen wir uns nur diese Kraft. Auch hierin steht Wicca im Gegensatz zu den meisten anderen Religionen. Die universellen Kräfte gelangen nicht über einen Priester oder Vermittler, sondern direkt zum Einzelnen selbst. Das macht den Wicca-Kult zu einer sehr befriedigenden Angelegenheit: Wir stehen in direktem Kontakt zu unseren Gottheiten, wir brauchen keine Priester, Beichtväter oder Schamanen. *Wir selbst sind die Schamanen.*

Dieser direkte Kontakt zu Göttin und Gott ist für uns absolut entscheidend. Mit folgenden einfachen Ritualen wird es Ihnen gelingen, eine solche innige Bindung zum Göttlichen aufzubauen.

Setzen oder stellen Sie sich nachts mit dem Gesicht in Richtung Mond. Falls er nicht zu sehen ist, stellen Sie sich einen silbernen Vollmond vor, der direkt über Ihnen in der tiefschwarzen Nacht leuchtet. Fühlen Sie, wie das sanfte Mondlicht auf Ihre Haut scheint. Konzentrieren Sie sich darauf, wie es sich mit Ihren Energien verbindet und neue Muster bildet.

Stellen Sie sich nun die Göttin vor, gleichgültig in welcher Form. Rufen Sie sie, am besten mit einem ihrer alten Namen: Diana, Luna, Selene. Öffnen Sie Herz und Geist für die im Mondlicht manifeste Energie der Göttin. Dies sollten Sie eine Woche lang täglich wiederholen, am besten immer zur selben Uhrzeit.

Was nun noch fehlt, ist die parallele Vereinigung mit dem Gott. Stellen Sie sich morgens nach dem Aufstehen mit dem Gesicht zur Sonne. Falls Sie keine andere Möglichkeit haben, geht es auch durch das geschlossene Fenster, aber draußen im Freien wirkt es besser. Saugen Sie die Sonnenenergie auf. Denken Sie an den Gott – dabei spielt es keine Rolle, wie Sie sich ihn vorstellen. So mag er in Ihrer Phantasie wie ein mächtiger, muskelstrotzender Krieger erscheinen, der in der einen Hand einen Speer und in der anderen ein Kind hält oder Trauben, von denen der Tau tropft. Singen Sie einen seiner alten Namen, zum Beispiel Cernunnos, Osiris oder Apollo.

Wenn sie den Gott nicht visualisieren wollen, weil für Sie jedes Bild eine Begrenzung darstellt, öffnen Sie sich einfach den Energien, die von der Sonne kommen. Selbst wenn der Himmel wolkenverhangen ist, werden seine Energien Sie erreichen (Näheres hierzu finden Sie in Kapitel elf, »Übungen und magische Techniken«, ab Seite 101). Lassen Sie sich in Ihrem Gebet von nichts stören. Öffnen Sie Ihren Geist und rufen Sie Gott mit Ihren eigenen Worten. Geben Sie Ihrem Verlangen nach Vereinigung Ausdruck.

Am besten machen Sie diese Übungen eine Woche lang jeden Tag. Wenn Sie mehr über Göttin und Gott erfahren wollen, schmökern Sie in den alten Mythen. Es ist im Grunde egal, aus welchem Land die Mythen stammen, wichtig sind die ihnen zugrunde liegenden Muster. Je mehr Sie lesen, desto vertrauter werden Sie mit der Materie. Am Ende dann verfügen Sie über ein sicherlich unstrukturiertes, aber doch sehr komplexes Wissen über beide Gottheiten.

Vielleicht haben Sie nach den sieben Tagen noch immer das Bedürfnis, Gott und Göttin näher zu kommen. Setzen Sie dann einfach die Übungen fort: Beide Gottheiten sind ständig in und um uns, wir brauchen uns nur diesem Bewusstsein zu öffnen. Dies ist das Geheimnis der Wicca-Lehre: *Das Göttliche ist in uns selbst.*

Gehen Sie auf der Suche nach dem Göttlichen hinaus in die Natur. Suchen Sie die Nähe von Bäumen, studieren Sie Pflanzen und Blumen. Erspüren Sie die Energien beider Gottheiten im Rauschen eines wilden Stromes, in der pulsierenden Kraft einer uralten Eiche oder der Hitze eines sonnenbeschienenen Felsens. Der direkte Kontakt mit diesen Kraftquellen lässt uns die Existenz des Göttlichen so viel tiefer spüren.

Sie sind jetzt so weit, dass Sie (vorübergehend oder dauerhaft) einen Altar oder Schrein für die Götter errichten können. Dafür reichen schon ein kleiner Tisch, zwei Kerzen, ein Weihrauchgefäß und ein Teller oder eine Schale für unsere Gaben (zum Beispiel Blumen, Früchte, Körner, Saatgut, Wein oder Milch).

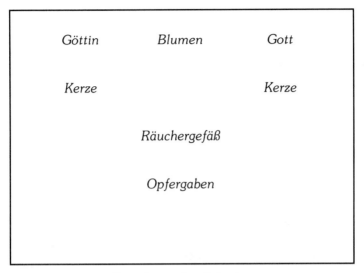

Gestaltung des Schreins

Stellen Sie zwei Kerzenständer am Ende des Schreines auf. Die linke Kerze repräsentiert die Göttin, die rechte den Gott. Oft werden beide göttlichen Aspekte auch farblich unterschieden: Nehmen Sie eine rote Kerze für den Gott und eine grüne für die Göttin. Diese Farben betonen noch einmal die Naturverbundenheit des Wicca-Kultes, denn Rot und Grün sind uralte magische Farben, die den natürlichen Rhythmus von Leben und Tod reflektieren. Sie können natürlich auch andere Farben benutzen: Gelb oder Gold zu Ehren des Gottes und Weiß oder Silber für die Göttin.

Platzieren Sie das Räuchergefäß etwas nach vorn versetzt zwischen die Kerzen und davor den Teller oder die Schale mit den Opfergaben. Sie können auch eine Vase mit frischen Blumen der entsprechenden Jahreszeit hinstellen oder persönliche Gegenstände wie Kristalle, Fossilien und getrocknete Kräuter.

Um ein einfaches Ritual durchzuführen, treten Sie mit einer Gabe in der Hand vor den Schrein. Zünden Sie die Kerzen und den Weihrauch an und legen Sie Ihre Gabe in die Schale oder auf den Teller. Sprechen Sie dazu Worte wie diese:

> *Gebieterin über Mond, wilde See und grünes Land,*
> *Herrscher über Sonne und wilde Kreaturen,*
> *nehmt diese Gaben als mein Ehrenpfand*
> *und gebt mir die Weisheit, in all euren Naturen*
> *stets eure Gegenwart zu sehen,*
> *o ihr großen Götter!*

Sitzen oder stehen Sie danach einige Minuten still und versenken Sie sich in die Gottheiten. Fühlen Sie ihre wachsende Verbindung zu Ihnen. Spüren Sie innen und außen ihre Gegenwart. Löschen Sie dann die Kerzen aus. Es ist besser, wenn Sie dafür die Finger, einen Kerzenlöscher oder eine Messerklinge benutzen. Es wäre ein Affront gegen das Element des Feuers, die Kerzen einfach auszublasen (siehe dazu auch das Glossar, Seite 220). Lassen Sie den Weihrauch ausglühen und wenden Sie sich wieder Ihrem Tag- oder Nachtwerk zu.

Wenn Sie wollen, können Sie Ihren Schrein auch regelmäßig zu einer festgesetzten Zeit aufsuchen; etwa immer gleich nach dem Aufstehen, unmittelbar vor dem Schlafengehen oder nach dem Mittagessen. Zünden Sie dazu die Kerzen an, stimmen Sie sich auf Göttin und Gott ein und kommunizieren Sie mit ihnen. Zwar ist dieser regelmäßige Rhythmus nicht unbedingt nötig, aber er wird Ihre Beziehung zum Göttlichen intensiver werden lassen. Geben Sie die Gaben auf Ihrem Schrein am Ende des Tages oder beim Auswechseln wieder der Erde zurück. Wenn Sie aus irgendeinem Grund keinen permanenten Schrein einrichten können, bauen Sie ihn eben jedes Mal, wenn Sie das Bedürfnis danach haben, neu auf. Machen Sie das Anordnen der rituellen Gegenstände im und am Schrein zu einem Teil Ihres Rituals.

Die Einfachheit dieses Rituals täuscht leicht über seine Wirksamkeit hinweg. Göttin und Gott sind sehr reale, existente Wesenheiten. Sie verfügen über die Kraft, ein ganzes Universum zu erschaffen. Auf die beschriebene Art und Weise rituell mit ihnen zu verschmelzen, verändert unser Wesen für immer. Und es schafft neue Hoffnung für unseren Planeten und unsere Existenz auf ihm.

Wenn dieser Ritus Ihnen bereits zu formalisiert erscheint, verändern Sie ihn. Schaffen Sie sich Ihren eigenen. Das ist der Grundgedanke dieses Buches: *Finden Sie Ihren eigenen Weg*. Folgen Sie nicht blindlings dem meinen, nur weil ich ihn hier zu Papier gebracht habe. Unsere Füße werden nie hundertprozentig in die Fußspuren eines anderen passen. Es gibt im Wicca-Kult keinen allein selig machenden Weg – ein solches Denken entstammt dem Denkhorizont monotheistischer Religionen, die heute längst zu politischen oder profitorientierten Institutionen geworden sind.

Die Gottheiten der Wiccaner zu entdecken ist ein endloses Abenteuer. Überall enthüllen sie sich uns. Halten Sie sich also bereit, wie es bei den Schamanen heißt. Die ganze Natur singt vom Geheimnis der Göttin, die ihren Schleier ständig lüftet, und auch der männliche Gott erscheint uns unentwegt in Inspirationen und Erleuchtungen. Wir schenken ihnen nur zu selten Gehör.

Machen Sie sich keine Sorgen, was wohl die anderen dazu sagen würden, wenn sie wüssten, dass Sie mit einer zwanzigtausend Jahre alten Göttin Kontakt aufgenommen haben. Die Einstellung der anderen zu Ihrer Religion ist hier nicht von Belang. Wenn Sie Ihre Erfahrungen trotzdem vor anderen verbergen wollen (nicht aus Angst oder Peinlichkeit, sondern einfach weil wir alle unseren eigenen Weg gehen), tun Sie es ohne Gewissensbisse. Nicht jeder ist offen für den Wicca-Kult.

Einige Leute glauben sogar, dass wir (und im Grunde jeder, der nicht ihren Riten und Glaubenslehren folgt) Teufelsanbeter sind. Natürlich sei uns das nicht bewusst, sagen sie, dafür sei Satan zu gerissen. Diese Menschen können sich einfach nicht vorstellen, dass eine andere Religion als ihre eigene authentisch, wahr und erfüllend sein kann. Wenn wir Gott und Göttin anbeten, so ihre

Logik, leugnen wir das wahrhaft Gute und dienen damit letztlich Satan, der Verkörperung alles Negativen und Bösen.

Wicca lehnt diesen Absolutismus der eigenen Religion strikt ab. Vielleicht ist dies die größte und gefährlichste der menschlichen Eitelkeiten: der Glaube, dass die eigene Religion der einzige Weg zum Göttlichen sei. Wie viel Blutvergießen und wie viele brutale heilige Kriege mag er wohl bis heute verschuldet haben? Dieser Irrglauben scheint auf der Prämisse eines absolut reinen, positiven Wesens zu fußen – nämlich Gott. Wenn er wirklich alles Positive in sich vereint, muss es ein ihm entgegengesetztes, absolut negatives Wesen geben: Satan. Woher sonst sollten die dunklen Seiten des Lebens kommen?

Der Wicca-Kult geht von einer ganz anderen Vorstellung aus. *Wir sehen sowohl die hellen als auch die dunklen Aspekte von Göttin und Gott.* Die ganze Natur besteht aus Gegensätzen und diese Polarität findet sich auch in uns selbst wieder. Unser Unterbewusstes enthält die finstersten und leuchtendsten Möglichkeiten des Menschlichen. Entscheidend ist jedoch unsere Fähigkeit, die zerstörerischen Impulse zu besiegen und die destruktiven Energien in positive umzuwandeln. Diese Fähigkeit allein bewahrt uns davor, zu Massenmördern und Psychopathen zu werden.

Es stimmt also: Gott und Göttin besitzen tatsächlich dunkle Seiten. Aber das muss uns nicht erschrecken. Sehen wir uns ihre dunklen Seiten doch einmal genauer an: Die reißende Flut, die so vieles vernichtet, schenkt uns zugleich den reichen Boden, aus dem neue Pflanzen sprießen können. Und selbst der Tod verhilft den Lebenden zu einem tieferen Verständnis des Lebens und schenkt den Verstorbenen Ruhe. Gut und Böse sind in der Natur oft identisch, nicht selten sind sie nur eine Frage des Standpunktes. Letztlich entsteht aus allem Bösen auch etwas Gutes.

Jede Religion hat ihre Berechtigung und jeder Gläubige sieht in seiner eigenen Religion die geoffenbarte Wahrheit. Aber es wird nie die *eine* Religion, den *einen* Propheten oder Heiland geben, der alle sechs Milliarden Menschen überzeugen kann.

Jeder muss seinen eigenen Weg zum Göttlichen finden – und für einige ist dieser Weg der Wicca-Kult.

Die Wiccaner betonen allerdings die hellen Aspekte der Gottheiten. Das gibt uns eine Perspektive für unser spirituelles Streben nach den höheren Möglichkeiten unserer Existenz. Aber auch wenn Tod, Zerstörung, Schmerz, Leid und Zorn unser Leben einmal bestimmen – was sie unvermeidlich tun werden –, können wir uns getrost Göttin und Gott zuwenden. Denn auch diese dunklen Seiten sind ein Teil von ihnen. Wir brauchen keinen Teufel, dem wir diese natürlichen Lebensaspekte unterschieben könnten, und ebenso wenig brauchen wir dann auch einen schneeweißen, blütenreinen Gott, der uns vor diesen dunklen Seiten des Lebens bewahren muss.

Wenn man Göttin und Gott wirklich begreift, gelangt man auch zu einem tieferen Verständnis des Lebens selbst. Beide Bereiche sind eng miteinander verknüpft. Leben Sie Ihr irdisches Leben in seiner ganzen Fülle, aber versuchen Sie auch, für seine spirituellen Aspekte offen zu sein. Die physische und die spirituelle Seite des Lebens sind nur verschiedene Spiegelungen derselben Sache.

Eine Frage, die mir immer wieder gestellt wird, ist: »Was ist der Sinn des Lebens?« Auch wenn bei dieser Frage oft gelacht wird: Sie enthält die Antwort auf alle anderen Fragen und es gibt keine Religion und kein philosophisches System, das sich nicht um ihre Beantwortung bemüht hätte. Jeder Einzelne kann die Antwort finden, indem er lebt und das Leben gleichzeitig beobachtet. Auch wenn nicht alle Menschen zu denselben Antworten kommen werden, können sie sich doch gemeinsam um sie bemühen.

Göttin und Gott sind wie die Natur herrlich und dunkel zugleich. Wir beten nicht die Natur als solche an. Einige von uns würden wahrscheinlich sogar bestreiten, dass sie Göttin und Gott überhaupt »anbeten«. Wir fallen vor ihnen nicht auf die Knie. Wir arbeiten und kooperieren mit ihnen, zum Wohle einer besseren Welt. Und genau das macht Wicca zu einer gleichberechtigten Religion.

Kapitel 3
Magie

Jedermann weiß, dass Hexen Magie praktizieren. Vielleicht gibt es irrige Vorstellungen über die *Art* ihrer magischen Tätigkeit, aber dass Hexen mit Magie arbeiten, würde wohl niemand bestreiten.

In der Tat ist die Magie einer der Grundpfeiler des Wicca-Kultes; das ist jedoch durchaus nichts Ungewöhnliches. Im Grunde fällt es bei jeder Religion schwer zu unterscheiden, wo der Glauben aufhört und die Magie beginnt. Dennoch spielt die Magie im Wicca-Kult eine besondere Rolle. Sie fördert unser Leben und hilft uns, unserem zerstörten Planeten Energien zurückzugeben. Magie intensiviert unsere besondere Beziehung zu Göttin und Gott. Aber nicht jeder Zauberspruch ist deshalb gleich ein Gebet, so wie nicht jede religiöse Beschwörung ein magischer Zauberspruch ist. Ja, wir arbeiten mit religiösen Kräften, mit der Macht von Göttin und Gott – aber nur, um uns ihnen auf diese Weise zu nähern. Wir rufen bei Zaubern und Riten ihre Namen, visualisieren ihre Anwesenheit und knüpfen dadurch ein Band zwischen uns und ihnen. Magie ist im Wicca-Kult in erster Linie eine religiöse Tätigkeit.

Ich habe in vielen meiner Bücher zu definieren versucht, was Magie eigentlich ist – eine überraschend schwierige Aufgabe. Meine neueste und vielleicht treffendste Definition lautet: Magie ist die Lenkung natürlicher Energie, um notwendige Veränderungen herbeizuführen.

Es gibt drei Hauptquellen dieser Energie – die eigene oder persönliche Kraft, die Erdkraft und die göttliche Kraft. *Die persönliche Kraft* ist die Lebensenergie, die unsere irdische Existenz ermöglicht. Sie erhält unseren Körper. Wir nehmen diese Energie von Mond und Sonne, aus Wasser und Nahrung zu uns und setzen sie bei Bewegung, Sport, Sex und der Geburt eines Kindes wieder frei. Selbst das Ausatmen gibt etwas von dieser Kraft ab, obwohl wir diesen Energieverlust durch das Einatmen sofort wieder ausgleichen. Diese persönliche Kraft wird durch die Magie aktiviert, mit einem bestimmten Zweck aufgeladen, auf ein Ziel ausgerichtet und schließlich losgelassen.

Die Kraft der Erde findet sich in unserem Planeten und seinen natürlichen Produkten. Steine, Bäume, Wind, Flammen, Wasser, Kristalle und Gerüche besitzen einzigartige Kräfte, die während eines magischen Rituals gezielt eingesetzt werden können: etwa, indem man einen Quarzkristall in Salzwasser taucht, um ihn zu reinigen, und mit ihm den Körper eines Kranken berührt, damit er seine heilenden Energien aufnimmt; oder indem man einige Kräuter um eine Kerze verstreut, mit der man einen besonderen magischen Effekt zu erzielen wünscht. Reibt man einen Körper mit magischem Öl ein, so kann man damit innere Veränderungen herbeiführen.

Persönliche Kraft und Erdkraft sind Manifestationen der *göttlichen Kraft,* der Energie also, die in Göttin und Gott vorhanden ist. Dies ist die Kraft des Lebens, die allumfassende Macht, die alles erschuf.

Wicca-Hexen beschwören Göttin und Gott, um ihre Magie mit Wirkkraft zu segnen. Das Ritual verbindet die persönliche Kraft mit dem Göttlichen und sucht bei ihm die Erfüllung des eigenen Anliegens. Die Struktur ihrer Magie ist also zutiefst religiös. Die Magie ist ein Prozess der Vereinigung. Eigene Energien, universale Kraftquellen (Göttin und Gott) und Erdenergien sollen harmonisch zusammenwirken, um zur Verbesserung des Lebens und zur Erhaltung der Erde beizutragen. Magie ist eine Methode, mit der jeder Einzelne in absoluter Eigenverantwortung sein eigenes Leben in die Hand nehmen kann.

Im Gegensatz zum allgemeinen Volksglauben ist die Magie nichts Übernatürliches. Sicher, sie ist eine alte okkulte Praktik – vielleicht hat sie deshalb über die Jahrtausende hinweg so viel Verleumdung und Fehlinterpretation erfahren. Letztlich aber ist Magie ein natürliches Verfahren, das sich alltäglicher Kräfte bedient – Kräfte freilich, die noch nicht durch die Wissenschaft entdeckt oder katalogisiert worden sind.

Aber das nimmt ihr nichts von ihrem Wert. Selbst die Wissenschaftler würden von sich nicht behaupten, alles über unser Universum zu wissen. Wüssten sie schon alles, so würde die wissenschaftliche Forschung gar nicht (mehr) existieren. Die magischen Kräfte der Wicca-Hexen werden sicherlich irgendwann auch wissenschaftlich enthüllt werden und so ihr Geheimnis verlieren. Dies ist in der Hypnose und der Psychologie teilweise schon geschehen und es könnte sich demnächst auch im Bereich der außersinnlichen Wahrnehmung wiederholen. Auch der Magnetismus war lange Zeit ein fest etablierter Bestandteil der Magie, bevor er schließlich von der Wissenschaft »entdeckt« wurde. Trotzdem werden Magneten auch heute noch für Zaubersprüche und Rituale benutzt und Kräfte wie diese wecken eigentümliche archaische Empfindungen. Spielen Sie ruhig einmal mit zwei Magneten und beobachten Sie die unsichtbaren Kräfte von Anziehung und Abstoßung in ihrem scheinbar übernatürlichen Wirken.

Mit der Magie verhält es sich ähnlich. Obwohl sie weder eine rationale Struktur noch eine Basis in der faktischen Wirklichkeit zu haben scheint, hat sie doch ihre eigene Logik und ihre eigenen Regeln. Dass wir sie nicht ganz verstehen, heißt nicht, dass es sie nicht gibt. Die Magie ist im Gegenteil ein sehr effizientes Werkzeug, wenn es darum geht, notwendige Veränderungen herbeizuführen. Das hat mit Illusion nichts zu tun. Richtig ausgeführte Magie wirkt – eine Tatsache, die sich nicht wegerklären lässt.

Dies soll an einem persönlichen Beispiel erläutert werden, einem typischen Kerzenritual. Angenommen, ich muss eine Telefonrechnung über hundert Dollar zahlen, habe aber das Geld nicht. Mein magisches Ziel lautet also, das Geld für die Rechnung zu beschaffen. Ich entscheide mich für ein Ritual, das meine Konzentration und Visualisierung fokussiert (lesen Sie dazu auch Kapitel elf, »Übungen und magische Techniken«, ab Seite 101). Ich stöbere also in meinen magischen Utensilien und nehme grüne Kerzen, Patschuliöl, eine Auswahl an geldvermehrenden Kräutern, Pergamentpapier und grüne Tinte.

Auf meinem Altar entzünde ich die Kerzen, die Göttin und

Gott repräsentieren, und beschwöre wortlos deren Präsenz. Danach zünde ich ein Holzkohlestück an und streue Zimt und Salbei darauf, zwei magische Wohlstandskräuter. Nun zeichne ich ein Bild der Telefonrechnung auf das Papier und schreibe in deutlichen Zahlen den Betrag darauf. Dabei stelle ich mir vor, dass es sich bei dem Blatt nicht um ein Stück Papier handelt, sondern um die Rechnung selbst.

Dann male ich ein Rechteck um die Rechnung, wodurch ich meine Kontrolle über sie symbolisiere, und streiche sie mit einem großen X durch. Dadurch wird sie effektiv gelöscht, was später bei der Bezahlung ja auch wirklich geschieht. Jetzt visualisiere ich die voll bezahlte Rechnung. Zum Beispiel könnte ich den Schriftzug »Bezahlt« wie einen Stempel über das Bild malen. Ich visualisiere meinen Kontoauszug, sehe, dass der Betrag darauf für die Rechnung reicht, und male mir aus, wie ich die Rechnung bezahle.

Als Nächstes reibe ich die grüne Kerze mit Patschuliöl ein, und zwar von den Enden zur Mitte hin, wobei ich Worte wie etwa die folgenden spreche:

Ich beschwöre die Kräfte der Mutter Göttin und des Vatergotts; ich beschwöre die Kräfte von Erde, Luft, Feuer und Wasser; ich beschwöre Sonne, Mond und Sterne, mir die Mittel zu geben, diese Rechnung zu bezahlen.

Während ich dies visualisiere, stecke ich die Kerze in den Halter, und zwar direkt hinter der Skizze mit der Rechnung. Dann verstreue ich die Kräuter um die Kerze und visualisiere mit folgenden Worten, wie sie mir die notwendige Energie zum Erreichen meines Zweckes zur Verfügung stellen:

Salbei, Kraut des Jupiter,
für meinen Zauber leih mir deine Kraft.
Zimt, Kraut der Sonne,
für meinen Zauber leih mir deine Kraft.

Danach, immer noch mit dem deutlichen Bild meiner bezahlten Rechnung vor Augen, zünde ich die Kerze an und lasse in ihrem Licht die aufgebauten Energien ins Bild fließen.

Ich lasse die Kerze zehn, fünfzehn Minuten oder noch länger brennen, je nachdem, wie lange ich meine Visualisierung aufrechterhalten kann. Ich sehe nun deutlich, wie die Kerze die Energie, die ich in das Bild projiziert habe, aufnimmt. Ich sehe, wie die Kräuter ihre Energie in die Kerzenflamme fließen lassen und wie die vereinten Energien von Kräutern, Kerze, Patschuliöl und Zeichnung zusammen mit meinen persönlichen Kräften aus der Flamme strömen und mein magisches Ziel in die Realität umsetzen.

Wenn all dies getan ist, nehme ich das Bild, halte es in die Kerze und werfe das brennende Papier nach ein paar Sekunden in das kleine Räuchergefäß, das neben meinem Altar steht. Schließlich lasse ich die Kerze ausbrennen und weiß jetzt, dass das Ritual sein Ziel erreichen wird. Nach ein paar Tagen, vielleicht einer Woche werde ich unerwartet Geld erhalten oder ich werde ein anderes finanzielles Arrangement finden, das mich in die Lage versetzt, die Rechnung zu bezahlen.

Wie funktioniert all das? Von dem Moment an, in dem ich mich zur Magie entschließe, bin ich bereits magisch tätig. Allein schon der Gedanke setzt meine persönlichen Kräfte in Bewegung. Während des gesamten Prozesses – dem Sammeln der Utensilien, Zeichnen der Rechnung, Entzünden der Kerze und dem Visualisieren – aktiviere und benutze ich diese Energien durch mein Bedürfnis nach Magie. Beim Ritus entlasse ich diese Energien in die Kerze. Und wenn ich die Zeichnung schließlich verbrenne, wird diese Energie freigesetzt und kann meinen magischen Wunsch nach Begleichung der Rechnung erfüllen.

Wie das Ganze genau funktioniert, ist sicher schwer zu sagen. Aber *dass* es funktioniert, steht fest. Zum Glück aber brauchen wir die genaue Funktionsweise nicht zu verstehen; wir müssen sie nur anwenden können. Sie sind vermutlich auch kein Experte für Elektrizität. Trotzdem wissen Sie aber, wie Sie Ihren Toaster an die Steckdose anschließen und sich einen

Toast machen können. Genauso ist es mit der Magie: Wir schließen uns gewissermaßen an die magischen Energiequellen an, die sich dann in und um uns herum ausbreiten, kreuzen und umherschwirren.

Es gibt viele verschiedene Möglichkeiten, Magie zu praktizieren. Die Wiccaner suchen sich eher einfache, natürliche Varianten. Es gibt natürlich auch einige Hexen, die aufwändige Zeremonien bevorzugen und sich deshalb an den klassischen Ritualen, zum Beispiel aus den Büchern von Aleister Crowley, orientieren. Im Prinzip aber benutzen wir eher ganz einfach Kräuter, Kristalle, Steine, Symbole und Farben. Sehr beliebt sind auch magische Gesten, Musik, die Stimme, Tanz und Trance, Astralprojektion, Meditation, Konzentration und Visualisierung. Es gibt unzählige unterschiedliche magische Systeme, auch bei uns. Einige setzen ausschließlich Kristalle, Kräuter oder Symbole ein, andere wiederum kombinieren diverse Hilfsmittel und entwickeln auf diese Weise neue Systeme.

Es sind sehr viele Bücher über diese Systeme veröffentlicht worden. Ich konzentriere mich in meinen Büchern auf die Kräfte der Elemente, Kristalle und Kräuter. Hier beschreibe ich eine Runenmagie, ein typisches Beispiel für ein in sich geschlossenes magisches System, das sich gut mit anderen Systemen verknüpfen lässt. Allerdings sind all diese Systeme für den Erfolg der Magie nicht notwendig. Im Gegenteil: Wer beim magischen Ritual nichts anderes tut, als ein paar Zauberwerkzeuge einzusetzen, wird mit Sicherheit keinen Erfolg haben. Die wahre magische Kraft finden wir in uns selbst – in unserer Beziehung zum Göttlichen.

Gleichgültig also, welches magische System Sie benutzen wollen – wichtig ist in erster Linie, dass Sie Ihre persönlichen Kräfte auf den gewünschten Effekt hin bündeln und dann freisetzen. Ihre eigenen Kräfte allein können Ihnen den Weg zu Göttin und Gott öffnen. Magie ist eine eminent religiöse Angelegenheit, in der wir uns mit unseren Göttern vereinigen, um unser Leben und die Welt zu verbessern.

Für unser Magieverständnis ist entscheidend, dass Magie

eine positive Praxis ist. *Die Wiccaner wenden niemals destruktive, manipulative oder ausbeutende Magie an.* Die magischen Kräfte kommen letztlich von Göttin und Gott, das heißt, negatives Wirken ist absolut tabu. Schwarze Magie ist für den Wiccaner, die Menschheit, die Erde, Göttin und Gott und das Universum selbst eine metaphysische Beleidigung. Was für Auswirkungen sie hat, kann man sich leicht vorstellen.

Die magischen Kräfte sind die Energien des Lebens selbst. Jeder kann Magie praktizieren, ob innerhalb eines religiösen Kontexts oder außerhalb. Wenn Ihnen während eines Zaubers spontan irgendwelche passenden Worte oder Gesten einfallen, benutzen Sie sie. Und wenn Sie einfach kein Ritual finden können, das Ihnen zusagt, schaffen Sie sich Ihr eigenes. Sie brauchen dafür keine poetischen Werke zu dichten oder eine Choreographie für dreißig singende Weihrauchträger und dreizehn singende Hohepriesterinnen zu erfinden: Notfalls zünden Sie einfach eine Kerze an, setzen sich vor sie hin und konzentrieren sich auf Ihr magisches Ziel. Vertrauen Sie sich selbst.

Wenn Sie wirklich etwas über Magie lernen wollen, dann praktizieren Sie sie! Viele fürchten sich vor ihr. Sie sind (von uneingeweihten Laien) stets vor der Gefährlichkeit der Magie gewarnt worden. Lassen Sie sich nicht ins Bockshorn jagen: Auch die Straße zu überqueren ist gefährlich – aber nur, wenn man es nicht richtig macht.

Der einzige Weg, es herauszufinden, ist, die Straße auch tatsächlich zu überqueren. Tun Sie es ohne Furcht. Wenn Ihre Magie von Liebe beseelt ist, wird für Sie nie Gefahr bestehen. Bitten Sie Göttin und Gott darum, Sie zu beschützen und Ihnen die Geheimnisse der Magie zu offenbaren. Bitten Sie Steine und Pflanzen, das Geheimnis ihrer Kräfte preiszugeben – und hören Sie ihnen gut zu. Lesen Sie, was Ihnen in die Finger kommt. Was Sie nicht gebrauchen können oder was Sie stört, werfen Sie getrost über Bord. Lernen Sie durch eigene praktische Erfahrung. Göttin und Gott werden Sie mit allem segnen, was Sie brauchen.

Kapitel 4
Magische Utensilien

Wie die meisten Religionen verwendet auch der Wicca-Kult bestimmte magische Utensilien für seine Rituale. Sie beschwören die Präsenz der Götter, verbannen negative Kräfte und kanalisieren Energien durch unsere Berührung und Willenskraft.

Ein paar dieser Hexenwerkzeuge wie zum Beispiel Besen, Kessel und Zauberstab haben einen festen Platz in den Vorstellungen, die wir uns von den Hexen machen. Die Popularisierung der Märchen und zuckersüße Zeichentrickfilme haben uns schon in frühen Kinderjahren gelehrt, dass Zaubertränke in Kesseln gebraut werden und der Zauberstab die Dinge zum Positiven wenden kann. Aber fast niemand kennt wirklich die enormen Kräfte dieser Utensilien und die tiefen, symbolischen Bedeutungen, die sich hinter ihnen verbergen.

Wenn Sie den Wicca-Kult praktizieren wollen, sollten Sie sich einige dieser Werkzeuge besorgen. Stöbern Sie in Antiquitätengeschäften, Gebrauchtwarenläden, Secondhandshops oder auf Flohmärkten. Oder schreiben Sie an einschlägige Lieferanten; Adressen finden Sie zum Beispiel im Internet oder in Büchern zum Thema. Die Suche nach solchen magischen Utensilien ist zwar nicht immer ganz einfach, aber der Aufwand lohnt sich.

Solche Hilfsmittel sind sicher kein absolutes Muss, aber wir können mit ihnen zusätzliche Energien aktivieren, die unser Ritual unterstützen. Vergessen Sie dabei jedoch nicht: Es sind Energien und Kräfte, die *Sie* ihnen geben. »Von Natur aus« haben diese Gegenstände keinerlei Macht. Es heißt oft, man sollte diese Hilfsmittel nur so lange benutzen, wie man sie wirklich braucht. Ich neige dazu, diese Aussage etwas abzuwandeln: Benutzen Sie solche Hilfsmittel so lange, wie Sie sich wohl mit ihnen fühlen.

Der Besen

Der Besen wird von Hexen vor allem für die Magie und für Rituale verwendet. Er ist Göttin und Gott heilig und seine magische Kraft hat eine lange Geschichte. Schon das alte Mexiko verehrte in Tlazelteotl eine göttliche Hexe, die nackt auf einem Besen ritt. Auch die Chinesen kennen eine Besengöttin, die in Regenzeiten gutes Wetter zu bringen vermag.

Vermutlich wegen seiner phallischen Form sah man im Besen ein mächtiges Hilfsmittel gegen Verwünschungen und böse Magier. Quer über die Schwelle gelegt, konnte er alle Flüche, die dem Haus oder seinen Bewohnern galten, abwehren. Und unter ein Kissen gelegt, brachte er schöne Träume und sicheren Schutz für den Schlafenden.

Europäische Hexen wurden geradezu mit dem Besen identifiziert. Beide galten in der religiösen und magischen Vorstellung der Menschen als etwas zutiefst Beunruhigendes. Man beschuldigte die Hexen, auf Besen zu reiten, und sah darin den Beweis ihres Bundes mit den »dunklen Mächten«. Das Besenreiten war etwas Unheimliches, Übernatürliches – etwas, in dem die Menschen das zerstörerische Treiben des Teufels sahen und nicht das heilende und liebevolle Wirken, dem die Hexen sich tatsächlich verschrieben hatten. Was Wunder also, dass dieser Aberglaube zur Zeit der Hexenverfolgung entstand.*

Auch heute noch ist die Verwendung des Zauberbesens bei Wicca-Anhängern durchaus üblich, zum Beispiel um ein Ritual zu eröffnen. Man fegt mit ihm den heiligen Bezirk (draußen oder auch im Haus), baut dann den Altar auf und holt die magischen Hilfsmittel hervor. Das Fegen ist jedoch mehr als ein bloßes physisches Reinigen. Streng genommen braucht der Besen nicht einmal den Boden zu berühren: Der Akt des Fegens hat eine

---

* Viele Wiccaner glauben, dass die Hexen, indem sie auf ihren Besen über die Felder hüpften – so wie kleine Kinder auf ihren Steckenpferden reiten –, eine Art Fruchtbarkeitsritual abhielten. Außerdem könnten Geschichten über Hexen, die auf Besen durch die Lüfte flogen, als naive Erklärungen für Sternschnuppen und andere Himmelsphänomene gedient haben.

primär spirituelle Bedeutung. Er beseitigt die astralen Energieblockaden, die überall entstehen, wo Menschen leben. So wird der magische Bezirk gereinigt und sensiblere Rituale können nun durchgeführt werden. Seine reinigende Wirkung setzt den Besen im Übrigen in eine enge Beziehung zum Element des Wassers. Er wird deshalb auch in allen Wasserzaubern verwendet, etwa im Liebeszauber.

Viele Hexen sammeln Besen. Die vielen unterschiedlichen Formen und die exotischen Materialien, aus denen sie gefertigt sind, machen dies zu einem sehr interessanten Hobby. Sollten Sie sich Ihren eigenen Zauberbesen aber lieber selbst machen wollen, so versuchen Sie es mit der alten magischen Kombination von Eschenstab, Birkenzweigen und Weidenbindung. Die Esche sorgt für den Schutz, die Birke für die Reinigung und die Weide für den Kontakt zur Göttin, der sie heilig ist.

Aber eigentlich kann jeder Zweig eines Baums oder Busches als Besen benutzt werden; selbst ein kleiner Besen aus Fichtennadeln reicht aus. Sorgen Sie aber in jedem Fall dafür, dass Sie beim Abschneiden des Zweiges dem Baum für sein Opfer danken. Einige Formulierungshilfen finden Sie in den Kräuterritualen im *Ritualbuch der Stehenden Steine* (ab Seite 137).

Bei amerikanischen Sklavenhochzeiten und bei Zigeunertrauungen war es früher üblich, das Brautpaar über einen Besenstiel springen zu lassen, wodurch die tiefe partnerschaftliche Verbindung besiegelt wurde – ein Ritual, das auch heute noch bei heidnischen oder Wicca-Trauungen vollzogen wird.

Der Besen wird bei vielen Zaubern zur Reinigung des magischen Bezirkes oder zum Schutz der eigenen Wohnung eingesetzt. Dabei wird er quer über die Schwelle, unter das Bett, auf das Fensterbrett oder auf die Tür gelegt. Wie jedes magische Hilfsmittel sollte auch der Besen ausschließlich für diesen Zweck benutzt werden. Wenn Sie sich einen Besen kaufen, holen sie sich möglichst keinen flachen, sondern einen runden Besen.

Der Zauberstab

Der Zauberstab steht symbolisch für das Element der Luft, ist den Göttern heilig und gehört zu den ältesten magischen Werkzeugen. Er wird schon seit Jahrtausenden bei magischen und religiösen Riten eingesetzt und dient vor allem der Anrufung von Göttin und Gott. Er wird aber auch dazu benutzt, Energien zu lenken, magische Symbole oder Kreise auf den Boden zu zeichnen und mögliche Gefahren aufzuzeigen, wobei er auf der Handfläche oder dem Arm der Hexe balanciert wird. Man kann mit ihm auch den Sud in einem Kessel umrühren.

Für seine Herstellung werden viele der traditionellen Hölzer verwendet, darunter Weide, Holunder, Eiche, Apfel, Haselnuss, Kirsche usw. Manche Wiccaner schneiden das Holz der Länge nach vom Ellenbogen weg in Richtung der Fingerspitzen. Aber das ist nicht unbedingt nötig. Jedes einigermaßen gerade Holz kann verwendet werden, selbst Holzstäbe aus dem Baumarkt. Im Ernst, ich habe einige wunderbar geschnitzte und bemalte Zauberstäbe aus solchem Holz gesehen.

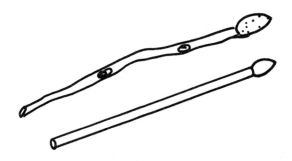

Die New-Age-Kultur und -industrie, die damit einhergeht, hat dem Zauberstab zu neuer Bedeutung verholfen. So kann man heute wunderschöne, phantasievolle Kreationen in allen Größen und Preisklassen aus Silber und Quarzkristall bekommen. Auch diese Stäbe lassen sich ohne weiteres für Wicca-Rituale verwenden, obwohl Holzstäbe natürlich auf eine längere Tradition zurückblicken.

Lassen Sie die Suche nach dem richtigen Zauberstab aber nicht in Stress ausarten: Es wird sich schon einer finden. Ich selbst habe zu Beginn meiner »Wicca-Karriere« eine Zeit lang eine Lakritzwurzel als Zauberstab benutzt und damit gute Resultate erzielt. Sie können ohnehin jeden Stab mit Kraft und Energie aufladen. Suchen Sie sich also einfach einen, mit dem Sie sich wohl fühlen.

Das Räuchergefäß

Im Räucher- oder Weihrauchgefäß wird Weihrauch verbrannt; dabei kann es sich um jede Art von Behältnis handeln, vom pendelnden Metallbehälter, wie ihn die katholische Kirche kennt, bis hin zur einfachen Seemuschel. Darin wird während des Wicca-Rituals das brennende Räucherwerk aufbewahrt.

Wenn Sie kein geeignetes Gefäß finden, machen Sie sich Ihr eigenes. Es reicht schon eine halb mit Sand oder Salz gefüllte Tasse: Salz oder Sand absorbieren die Hitze von Holzkohle bzw. Weihrauch und verhindern, dass die Schale zerplatzt. Auch Räucherstäbchen oder Duftkerzen können ins Salz gesteckt bzw. darauf gelegt werden.

Der Gebrauch von Weihrauch in Ritualen und in der Magie ist eine Kunst für sich. Wenn kein spezielles Räucherwerk empfohlen wird, vertrauen Sie einfach Ihrer Intuition und Kreativität, um die richtige Mischung zu finden. Man kann Räucherwerk in Form von Stäbchen, Hütchen oder Würfeln benutzen. Allerdings bevorzugen die meisten Wicca-Anhänger rohen oder gekörnten Weihrauch, der auf eine selbstentzündliche Holzkohle gelegt wird, die man im esoterischen Fachhandel bekommt. Welche Variante Sie wählen, bleibt natürlich Ihnen überlassen.

Man kann bei magischen Zeremonien »Geistern« befehlen, sich im wirbelnden Spiel des aufsteigenden Rauches zu manifestieren. Manchmal sieht man sogar Gott und Göttin. Aber das ist kein Muss für ein gelungenes Ritual. Es reicht schon, einfach nur dazusitzen, langsam den Rauch einzuatmen und seinem Spiel zuzusehen. Das kann einen regelrechten Trancezustand hervorrufen und in einen anderen Bewusstseinszustand hinüberführen.

Ein häusliches Ritual ist ohne Weihrauch unvollständig. Im Freien können ersatzweise Feuer und Räucherstäbchen benutzt werden, im Hause selbst aber ist er ein Muss. Der Rauch steht für das Element der Luft. Wenn Sie Bilder von Göttin oder Gott auf dem Altar stehen haben, stellen Sie das Räuchergefäß am besten davor auf.

Der Kessel

Der Kessel ist das vielleicht klassischste Hexenwerkzeug überhaupt. Als uraltes Gefäß zum Kochen und Brauen steckt er voller Geheimnisse und magischer Traditionen. In ihm findet die zauberische Transformation statt, er ist der heilige Gral, die heilige Quelle, das Urmeer vorzeitlicher Schöpfung.

Die Wiccaner sehen im Kessel das Symbol der Göttin, die Verkörperung von Weiblichkeit und Fruchtbarkeit. Er steht darüber hinaus symbolisch für das Element des Wassers, die Reinkarnation, Unsterblichkeit und Inspiration. Die keltischen Legenden über Cerridwens Kessel haben bis heute einen starken Einfluss auf den Wicca-Kult (Abb.).

Oft steht der Kessel im Mittelpunkt des Rituals. Während des Frühlings wird er manchmal mit frischem Wasser und Blumen gefüllt und im Winter kann man in ihm ein Feuer anzünden, um so die Wiedergeburt von Sonnenlicht und Wärme (Gott) aus dem Kessel (der Göttin) zu symbolisieren – ein Gedanke, der auf einen uralten bäuerlichen Mythos zurückgeht, nach dem der Gott im Winter geboren wird, im Sommer zu seiner Reife findet und nach der letzten Ernte schließlich stirbt (mehr dazu in Kapitel acht, »Die Jahresfeste – Tage der Kraft«, ab Seite 84).

Im Idealfall sollte der Kessel aus Eisen sein, auf drei Beinen stehen und eine bauchige Form haben. Kessel sind schwer zu finden und selbst nach kleineren muss man lange suchen; aber meist wird die Suche belohnt. Wenn Sie Probleme haben, einen Kessel aufzutreiben, geben Sie nicht zu schnell auf: Es wird sich mit Sicherheit einer finden. Es kann jedenfalls nicht schaden, Göttin und Gott um ein bisschen Hilfe zu bitten. Manchmal führen auch Versandhäuser Kessel – erkundigen Sie sich einfach. Es gibt sie – hat man sie erst einmal ausfindig gemacht – in allen Größen, von wenigen Zentimetern im Umfang bis zu Riesenmonstern von einem Meter.

Man kann den Kessel auch für die Weissagung nutzen. Füllen Sie ihn dazu mit Wasser und schauen Sie auf seinen pechschwarzen Grund. Natürlich kann man in ihm auch die berüchtigten Hexengebräue herstellen. Beachten Sie aber, dass Sie ein großes Feuer und viel Geduld brauchen, um den Inhalt eines größeren Kessels zum Kochen zu bringen. Heute benutzen die meisten Wiccaner Kochtopf und Herd.

Das magische Messer

Das magische Messer Athame hat eine uralte Geschichte. Es wird im Wicca-Kult allerdings nicht zum Schneiden, sondern zum Lenken von Energien benutzt, die bei den Riten und Zaubern freigesetzt werden. Ganz selten wird es auch dazu verwendet, die Götter anzurufen bzw. herbeizuzitieren, denn das Messer ist eher ein Instrument des Befehls und der Kraftlenkung. Allerdings ziehen wir es vor, Göttin und Gott um ihre Anwesenheit zu *bitten*.

Meist ist das Messer stumpf und zweischneidig, mit einem schwarzen oder dunklen Griff. Wenn es bei einem Ritual zur Energielenkung benutzt wird, absorbiert der Griff etwas von dieser Energie; nur ein kleines bisschen, aber man kann später gut darauf zurückgreifen. Manchmal verbleibt die Energie auch in der Klinge selbst. Es gibt in der mythischen Literatur viele Geschichten über Schwerter mit magischen Eigenschaften oder Namen – und Schwerter sind ja letztlich nichts anderes als große Messer. Manchmal wird im Wicca-Ritual das Schwert benutzt. Es hat dieselben Eigenschaften wie das Messer, ist aber wegen seiner Größe für Rituale im häuslichen Rahmen eher ungeeignet.

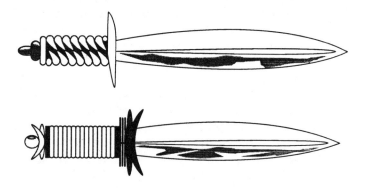

Es gibt Wicca-Hexen, die magische Symbole in ihre Messer eingravieren; aber das ist kein Muss. Wie bei den meisten magischen Werkzeugen erhält das Messer seine Kraft erst durch Ihren Gebrauch und Ihre Berührung. Trotzdem können Sie natürlich Worte, Symbole oder Runen in Klinge oder Griff eingravieren, wenn Sie wollen.

Wegen seiner starken Symbolik als Werkzeug der Veränderung wird das Messer mit dem Element des Feuers gleichgesetzt. Seine phallische Form verbindet es mit dem Gott.

Das weiße Messer

Das Messer mit dem weißen Griff wird nicht für rituelle, magische Handlungen, sondern als einfaches Messer für praktische Zwecke eingesetzt. Mit ihm kann man Zauberstäbe schnitzen, magische Kräuter schneiden, Symbole auf Kerzen, Holz, Ton oder Wachs eingravieren oder Taue für Rituale zurechtschneiden. Der weiße Griff dient zur besseren Unterscheidung vom rituellen Messer.

Einige Wicca-Traditionen schreiben vor, dass man das weiße Messer nur innerhalb des magischen Kreises einsetzen darf; dies schränkt seine Nützlichkeit natürlich stark ein. Ich persönlich meine, dass man es ohne weiteres auch außerhalb des »geheiligten Bezirks« verwenden kann, solange man es ausschließlich für rituelle Zwecke benutzt. So könnte man zum Beispiel in den Garten gehen und Blumen für den Altar damit schneiden.

Die Kristallkugel

Quarzkristall ist heute zwar in Mode, aber die Kristallkugel selbst ist ein uraltes magisches Hilfsmittel. Sie ist äußerst teuer, deshalb sind die meisten »Kristallkugeln«, die heute auf dem Markt angeboten werden, aus Glas, Bleiglas oder sogar Plastik. Echtes Quarzkristall kann man an seinem hohen Preis, der Kälte des Materials und den Unregelmäßigkeiten und Einschlüssen im Quarz erkennen.

Das Kristall wird traditionell in der Kunst der Weissagung eingesetzt. Der Weissagende vertieft seinen Blick in die Kugel, bis seine medialen Fähigkeiten aktiviert werden und Bilder auftauchen. Diese Bilder entstehen entweder vor seinem geistigen Auge oder tief in der Kristallkugel und enthalten die gewünschten Informationen.

Bei Wicca-Ritualen wird die Kugel manchmal auf den Altar

gestellt. Ihre runde Form prädestiniert sie – wie alles Kreisförmige und Runde – als Symbol der Göttin. Auch die Kälte des Kristalls steht symbolisch für die Tiefe des Meeres, des Reichs der Göttin.

Die Kristallkugel kann auch eingesetzt werden, um Botschaften von den Göttern zu empfangen oder Energien zu speichern, die bei Ritualen freigesetzt wurden. Einige Wiccaner vertiefen sich auch in die Kugel, um Bilder der Göttin oder aus früheren Leben zu erhalten. Die Kristallkugel ist ein magischer Gegenstand und steht dem Göttlichen nahe – wenn Sie eine gefunden haben, sollten Sie also gut auf sie Acht geben.

Um Ihre medialen Kräfte zu steigern, können Sie das Kristall regelmäßig dem Mondlicht aussetzen oder es mit frischem Beifuß einreiben. So empfiehlt sich die Kristallkugel auch als ideales Utensil für ein Vollmondritual.

Der Kelch

Der Kelch ist im Grunde nichts anderes als ein Kessel mit einem Stiel. Er symbolisiert die Göttin und ihre Fruchtbarkeit und ist dem Element des Wassers zugeordnet. Man kann ihn, mit Wasser gefüllt, auf den Altar stellen, oder auch rituelle Getränke darin auffangen, die während des Rituals eingenommen werden.

Der Kelch kann quasi aus jedem erdenklichen Material bestehen: zum Beispiel Silber, Messing, Gold, Ton, Speckstein, Alabaster oder Kristall.

Der Drudenfuß

Der Drudenfuß besteht normalerweise aus einer flachen Scheibe aus Messing, Gold, Silber, Holz, Wachs oder Ton, die mit bestimmten Symbolen verziert ist. Das häufigste und unerlässlichste Zeichen ist das Pentagramm, der fünfzackige Stern, der schon seit Jahrtausenden für magische Zwecke benutzt wird.

Der Drudenfuß stellt eine »Leihgabe« aus der zeremoniellen Magie dar. In dieser uralten Kunst diente er als Schutz oder zur Geisterbeschwörung. Für uns Wiccaner repräsentiert er das Erdelement und dient als praktische Ablagemöglichkeit für Amulette, Talismane und andere Objekte, die rituell gesegnet werden sollen. Manchmal wird er auch benutzt, um Göttin und Gott herbeizurufen.

Den Drudenfuß hängt man zum Schutz über Türen und Fenster oder verwendet ihn aufgrund seiner Erdverbundenheit für rituelle Geldzauber.

Das Buch der Schatten

Das Buch der Schatten ist eine Arbeitshilfe für Wiccaner. Es ist im Grunde ein Ritualbuch, aber es enthält außer Ritualen auch Beschwörungsformeln, Zaubersprüche, Runen und magische Regeln. Manchmal werden solche Ritualbücher bei der Initiation an die neuen Wicca-Hexen weitergegeben. Meistens aber schreiben die einzelnen Hexen sie selbst.

Seien Sie skeptisch, wenn Sie in anderen Büchern von einem Originaltext lesen, der von Generation zu Generation weitergereicht worden sei. Es ist immer die eigene Version des jeweiligen Wicca-Coven, die als Original ausgegeben wird. Es gibt viele solcher »Originale«, die sich naturgemäß erheblich voneinander unterscheiden. Also Vorsicht.

Obwohl die meisten Ritualbücher bis vor kurzem noch handgeschrieben waren, sind heute eher getippte oder fotokopierte Versionen gebräuchlich. Es gibt mittlerweile sogar Computerversionen – das »Disketten-Ritualbuch«, wie Freunde von mir es nennen.

Wenn Sie Ihr eigenes Buch der Schatten oder Ritualbuch verfassen wollen, besorgen Sie sich in einem Papierwaren- oder Buchladen ein leeres gebundenes Buch. Es reicht aber auch ein simples Schulheft. Tragen Sie dort einfach alle Rituale, Zaubersprüche, Beschwörungsformeln und andere magische Informationen ein, die Sie selbst verfasst oder anderswo gefunden haben und festhalten wollen.

Vergessen Sie dabei nicht: Alle Ritualbücher, auch das vorliegende, sind nichts weiter als Vorschläge. Es gibt keine »Heilige Schrift«, an deren Wortlaut Sie gebunden wären. Viele Wicca schreiben ihre Texte sogar auf Ringbuchblätter, um sie besser verändern und austauschen zu können.

Schreiben Sie – Computerzeitalter hin oder her – Ihre Zaubersprüche und Rituale mit der Hand auf. Dadurch können Sie Ihre Texte besser behalten und sie bei Kerzenlicht auch leichter lesen. Am besten lernen Sie die Texte auswendig. Es gibt nichts Störenderes, als während eines Ritus ins Buch gucken zu müssen, weil man den Text vergessen hat. Sie können die Texte natürlich auch spontan und frei erfinden. Sollten Sie aber mit vorgefertigten Texten arbeiten, stellen Sie sicher, dass Sie sie im flackernden Kerzenlicht auch wirklich entziffern können.

Die Glocke

Die Glocke hat eine uralte rituelle Geschichte. Ihr Läuten setzt Schwingungen frei, die je nach Lautstärke, Ton und Material unterschiedliche, sehr starke Wirkungen hervorbringen. Jede Art von Glocke ist für Rituale geeignet.

Es handelt sich bei der Glocke um ein weibliches Symbol, das oft zur rituellen Anrufung der Göttin benutzt wird. Man kann sie aber auch läuten, um böse Zauber oder Geister abzuwehren, Stürmen Einhalt zu gebieten oder um positive Energien freizusetzen. In Schränken oder über der Tür schützt sie das eigene Haus und bei Ritualen markiert das Läuten die verschiedenen Abschnitte sowie Anfang und Ende eines Zaubers.

Dies waren nun einige Werkzeuge, die im Wicca-Kult Verwendung finden. Sie werden feststellen, dass Sie durch die Arbeit mit ihnen und die Energien, die Sie in sie investieren, schon bald ganz selbstverständlich mit ihnen umgehen. Das eigentliche Problem ist die Beschaffung dieser Hilfsmittel. Sehen Sie es einfach als magischen Test für die Ernsthaftigkeit Ihres Interesses.

Bereiten Sie neue magische Instrumente auf jeden Fall für ihren ersten rituellen Gebrauch vor. Wenn es sich um einen älteren Gegenstand handelt, streifen Sie alle alten Aufladungen und Energien von ihm ab. Sie wissen ja nicht, wer ihn vorher besaß und wofür der Besitzer ihn benutzt hat.

Reinigen Sie den Gegenstand zunächst rein physisch mit den üblichen Methoden. Wenn er sauber und trocken ist, vergraben Sie ihn für einige Tage in der Erde oder in einer Schale Sand bzw. Salz. Das gibt den alten Energien die Möglichkeit, sich zu verflüchtigen. Alternativ können Sie das magische Werkzeug ins Meer bzw. einen See oder Fluss werfen. Auch die eigene Badewanne kann dazu benutzt werden, wenn Sie das Wasser vorher mit etwas Salz reinigen.

Ruinieren Sie durch das Wasser aber keine wertvollen Holzgegenstände und achten Sie auch darauf, dass die Oberfläche Ihres magischen Werkzeugs nicht durch das Salz angegriffen wird. Benutzen Sie die für jeden Gegenstand am besten geeignete Methode.

Nach einigen Tagen gräbt man das Objekt wieder aus, säubert es – und fertig ist das magische Utensil. Bei der Salzwassermethode belässt man den Gegenstand einige Stunden lang im Wasser und trocknet ihn dann ab. Diese Prozeduren können so lange durchgeführt werden, bis das rituelle Werkzeug sauber, von störenden Energien befreit und erneuert ist.

In diesem Buch finden Sie einige Segnungszeremonien für Ihre Werkzeuge, aber auch geeignete Kräuterrituale zur Vorbereitung. Wofür Sie sich entscheiden, bleibt letztlich Ihrer Intuition überlassen: All diese Rituale sind gleich wirksam.

Kapitel 5
Musik, Tanz und Gestus

Dass wir einen Unterschied zwischen dem Physischen und dem Nichtphysischen machen, hängt wohl mit den Beschränkungen unserer eigenen körperlichen Existenz zusammen. In jeder Religion werden nichtkörperliche Hilfsmittel eingesetzt; zu den wirkungsvollsten gehören sicherlich Musik, Tanz und Gestus.*

Diese Techniken sind sehr hilfreich. Sie wecken Energien, erweitern das Bewusstsein und verbinden uns mit Göttin und Gott. Sie können uns regelrecht in Ekstase versetzen, was sie zu einem wichtigen Element des Rituals macht. Die stärksten, effektivsten Riten bedienen sich – oftmals sogar ausschließlich –

---

* Technisch gesehen besteht Musik aus physikalisch messbaren Schallwellen. Aber man kann sie nicht anfassen – allenfalls das Instrument, auf dem sie produziert wird.

dieser Hilfsmittel. Im *Ritualbuch der Stehenden Steine* (ab Seite 137) finden Sie ein Ritual, das ausschließlich aus Gesten besteht.

Musik und Tanz gehören zu den ältesten Elementen von Magie und Religion. Vermutlich wurde eine magische Zeichen- und Körpersprache schon zu einem Zeitpunkt benutzt, als unsere verbale Sprache noch gar nicht voll entwickelt war. Auch heute noch besitzt der einfache Gestus des Zeigens große emotionale Kraft, etwa wenn im Gerichtssaal ein Zeuge auf den Täter deutet oder ein Kandidat unter vielen Mitbewerbern auserkoren wird.

Die allererste Form von Musik war wahrscheinlich rhythmischer Natur. Die Menschen entdeckten schon sehr früh, dass man durch Schlagen auf verschiedene Körperteile (besonders Oberschenkel und Brust) angenehme Klänge und Rhythmen produzieren konnte. Das Klatschen der Hände etwa erzeugt einen sehr charakteristischen, reinen Klangeffekt, der auch heute noch von einigen Wiccanern eingesetzt wird, um während eines magischen Rituals persönliche Energien freizusetzen.

Später benutzte man Rhythmusinstrumente mit einem volleren Volumen, etwa Baumstämme. Auch das Schlagen auf Steine erzeugt einen interessanten Klangeffekt. Es lassen sich also überall in der Natur problemlos neue Musikinstrumente finden. Schilfrohr, Knochen und einige Muscheln zum Beispiel produzieren einen wirkungsvollen Flüstergesang, wenn man auf ihnen bläst. Sie werden deshalb auch heute noch in schamanischen Riten eingesetzt.

Weniger intellektuelle Rituale sind oft sehr effektiv, eben weil sie das Bewusstsein umgehen und zu unseren tieferen psychischen Schichten vordringen. Aus diesem Grund sind Musik und Tanz wichtige Elemente eines Wicca-Rituals. Sie geben ihm eine stärkere emotionale Note. Vielen ist der Gedanke zu singen und zu musizieren jedoch eher peinlich – das überrascht eigentlich kaum angesichts unserer kontrollierteren Lebensweise. Allerdings singen und tanzen wir im Wicca-Ritus im Grunde nur vor den Göttern und nicht vor einem Publikum. Machen Sie sich also keine Sorgen, wenn Sie mal einen Ton nicht treffen oder ungelenk stolpern. Den Göttern ist es völlig egal und andere brauchen ja nicht zu wissen, was bei einem Ritus zwischen Ihnen und den Gottheiten vor sich geht.

Selbst der Unmusikalischste kann zwei Steine gegeneinander schlagen, eine Rassel bedienen, in die Hände klatschen oder im Kreis gehen. Bis zum heutigen Tage wenden einige der bekanntesten und wirksamsten Wicca-Covens das einfache Kreislaufen um den Altar an, um auf diese Weise Energien zu aktivieren. Man braucht also gar keine großartigen rituellen Choreographien.

Lesen Sie die folgenden Ausführungen zu verschiedenen Traditionen in Tanz, Musik und Gestik. Wenn Sie damit etwas anfangen können, integrieren Sie es einfach in Ihr eigenes Repertoire. Vielleicht noch ein letzter Hinweis: Sollten Sie feststellen, dass Ihre eigenen Riten oft eher träge und leblos sind, so könnte es an einer mangelnden emotionalen Beteiligung liegen. Nutzen Sie die Kraft von Musik und Tanz. Sie stellen eine emotionale Verbundenheit mit dem Ritus her und öffnen unser Bewusstsein für Gott und Göttin. Während des Zaubers schaffen sie zudem einen leichteren Zugang zu den Energien.

Musik

Musik ist nichts anderes als eine Neuschöpfung aus den Klängen der Natur. Das Rascheln des Windes in den Baumwipfeln, das Rauschen des Ozeans an zerklüfteten Felswänden, der prasselnde Regen, Donnerhall, Vogelruf, Tiergebrüll – dies sind nur einige »Instrumente« aus der umfassenden Musik der Natur.

Seit jeher haben die Menschen die Musik wegen ihrer starken Wirkung in ihre religiösen und magischen Rituale integriert. Die Schamanen zum Beispiel benutzen einen monotonen Trommelschlag, um ihre Trancen einzuleiten. Die Trommel bestimmt auch das Tempo des magischen Tanzes. Musik kann sogar wilde Tiere (und Menschen) besänftigen.

Auch für das moderne Wicca-Ritual ist die Musik eine wichtige Unterstützung. Suchen Sie sich also ein Musikstück, das zu Ihrem Ritual passt – vielleicht ein klassisches Stück, alte Volksmusik oder auch moderne Musik. Sie können sie an jeder Stelle einsetzen: vor, während oder nach dem Ritual. Meine besten und lebendigsten Rituale arbeiten mit Musik. Ich weiß noch, dass ich einmal in den Lagunabergen einen kleinen Kassettenrekorder hinter einem Baum platzierte. Zu meiner eigenen Überraschung störte er die Landschaft mit ihren Wildblumen, riesigen Pinien und uralten Eichen kein bisschen. Im Gegenteil, mein einsames Ritual wurde durch die Musik noch viel intensiver.

Wenn Sie ein Instrument spielen, nutzen Sie diese Fähigkeit für Ihr Ritual. Flöte, Geige, Gitarre und andere Instrumente lassen sich ohne weiteres ins Ritual integrieren, ebenso wie Trommeln, Rasseln, Glocken und selbst Wassergläser, auf denen man mit einem Messer spielt. Andere, sperrigere Instrumente können auf Kassette aufgenommen und dann während des Rituals abgespielt werden.

Man kann diese musikalischen Zwischenspiele, wie gesagt, unterschiedlich einsetzen: *vor* dem Ritual, um »in Stimmung« zu kommen, *während* des Rituals als Gabe für Göttin und Gott oder um Energien zu wecken, und *nach* dem Ritual als Ausdruck von Freude und Hochgestimmtheit. Einige Wiccaner komponieren ihre eigenen Lieder. In Wirklichkeit sind es meist eher vollständige Riten – angefangen von der Vorbereitung des heiligen Bezirks über die Anrufung der Götter bis hin zur Danksagung für ihr Erscheinen. Setzen Sie die Magie der Musik kreativ nach Ihren eigenen Vorstellungen ein.

Es gibt vier verschiedene Instrumententypen, die jeweils eine unterschiedliche Wirkung produzieren. Da wären zunächst Trommel, Rassel, Xylophon und alle anderen Perkussionsinstrumente (bis auf das Sistrum). Sie werden vom Element der *Erde* beherrscht, fördern die Fruchtbarkeit und helfen bei der Beschaffung von Geld oder Jobs. Sie können auch zur Anrufung der Göttin benutzt werden oder um Energien »zusammenzutrommeln«, die dann der Erde gesandt werden.

Die Flöte und alle anderen Blasinstrumente stehen unter der Herrschaft der *Luft*, dem intellektuellen Element. Sie eignen sich besonders dazu, die Fähigkeiten des Geistes oder der Visualisierung zu verbessern. Sie helfen aber auch, alte Weisheiten und Kenntnisse wiederzuentdecken, mediale Fähigkeiten zu entwickeln und die Götter anzurufen.

Das *Feuer* regiert die Saiteninstrumente, zum Beispiel Leier, Harfe, Gitarre, Mandoline, Ukulele. Diese Instrumente werden für Zaubersprüche oder Riten eingesetzt, in denen es um Sexualität, Gesundheit und Körperkraft geht. Sie fördern Leidenschaft, Willenskraft, Veränderungen, Entwicklung, Mut und helfen beim Ablegen alter, schädlicher Gewohnheiten. Saiteninstrumente eignen sich auch hervorragend für die Reinigung des magischen Bezirkes oder des Praktizierenden. Laufen Sie zu den Klängen eines bestimmten Liedes gegen den Uhrzeigersinn im Kreis herum. Oder singen bzw. klimpern Sie einfach auf Ihrem Instrument, bis der magische Raum in Ihrer Schwingung vibriert. Saiteninstrumente können auch zur Anrufung des Gottes eingesetzt werden.

Metallische Resonanzkörper wie Zimbel, Sistrum, Glocke und Gong stehen symbolisch für das Element des *Wassers*. Dem Wasser zugeordnet werden Heilung sowie Fruchtbarkeit, Freundschaft, mediale Fähigkeiten, spirituelle Liebe, Schönheit, Mitgefühl und Glück. Wählen Sie diese Instrumente für die entsprechenden Riten und Zauber. Metallische Resonanzkörper wie das Sistrum der Isis können die Göttin herbeirufen.

Musikalische Zauber (eine gute Alternative zu verbalen Zaubersprüchen) sind einfach und effektiv. Sie können zum Beispiel zur Geldbeschaffung eingesetzt werden. Setzen Sie sich wortlos in grüner Kleidung hin, schlagen Sie eine Trommel und visualisieren Sie, dass Sie in Geld schwimmen. Rufen Sie dabei die Göttin an, und zwar in ihrer besonderen Eigenschaft als Garantin von Fülle und Überfluss.

Fühlen Sie sich depressiv? Dann nehmen Sie doch eine Glocke mit einem angenehmen Klang. Schlagen oder läuten Sie diese Glocke zu Ihrem Ritual. Spüren Sie, wie die Vibration des

Klanges Sie allmählich von Ihren Depressionen befreit und Ihre Stimmung hebt. Es reicht oft sogar, einfach nur eine kleine Glocke bei sich zu tragen.

Wenn Sie sich fürchten, können Sie auf einer sechssaitigen Gitarre spielen oder eine Kassette mit Gitarrenmusik hören. Visualisieren sie dabei Situationen, in denen Sie selbstbewusst und mutig auftreten. Rufen Sie den Gott an, und zwar den Gehörnten mit seiner ganzen Kraft, Aggressivität und schützenden Macht.

Auch das Singen, eine Kombination aus Sprache und Musik, lässt sich gut für das Wicca-Ritual nutzen. Viele Hexen begleiten die Musik mit Mantras oder beginnen während ihrer Rituale spontan zu singen.

Es gibt natürlich auch viele Wicca-Hexen, die sich nicht weiter um die musikalische Magie kümmern und ihren Rekorder bei den Ritualen einfach nur als Hintergrundmusik laufen lassen. Das ist völlig in Ordnung, allerdings ist selbst gemachte Musik, und sei sie noch so einfach, meistens besser für ein Ritual geeignet – vorausgesetzt natürlich, Sie mögen die Musik.

Der Handel führt mittlerweile jede Art von heidnischer und Wicca-Musik. Auch wenn sie in der Qualität zum Teil sehr unterschiedlich ist, lohnt es, sich einige Kassetten zu besorgen. Viele der Lieder können ohne weiteres während des Rituals eingesetzt werden, auch wenn man die meisten wohl besser zur Vorbereitung des Rituals oder zur Entspannung danach einsetzt. Wenn Sie eine passende Musik für Ihr Ritual finden, kann das seine Wirkung jedenfalls immens erhöhen.

Tanz

Der Tanz ist eine sehr alte rituelle Praxis und zugleich eine Form von Magie. Der Körper setzt beim Tanzen starke Energien frei, dieselben Energien, die auch bei der Magie zur Entfaltung kommen. Dieses »Geheimnis« wurde schon früh entdeckt, so dass man den Tanz in Magie und Ritual integrierte. Das Tanzen kann ungenutzte oder verborgene Kräfte aktivieren, unser Bewusstsein erweitern oder einfach nur dazu dienen, Göttin und Gott zu ehren.

Viele Hexen-Covens praktizieren überlieferte Gruppentänze wie zum Beispiel den Spiraltanz. Man ist als Einzelner aber keineswegs an solche traditionellen Schrittfolgen gebunden. Bewegen Sie sich einfach so, wie es Ihnen gefällt – gleichgültig, wie kindisch oder ungelenk es aussehen mag.

Viele Wiccaner stimmen sich bei einem Ritual mit einem kleinen Zauberspruch ein oder beginnen mit einer bestimmten rituellen Handlung, indem sie zum Beispiel Runen ritzen, Knoten knüpfen, Bilder in Sand oder gemahlenen Kräutern deuten oder die Namen der Götter singen. Erst danach beginnt die eigentliche Magie: die Herbeirufung und Kanalisierung magischer Energien. Zu diesem Zweck bewegen sie sich einzeln oder in der Gruppe in immer schneller werdenden Kreisen gegen den Uhrzeigersinn um den Altar herum. Dabei betrachten sie das Kerzenlicht auf dem Altar, inhalieren den Duft des Weihrauchs und geraten durch Gesänge und intensive Visualisierungen in Verzückung. Wenn sie schließlich den Gipfel erreicht haben, genau in dem Moment, wenn der Körper keine Energie mehr herbeirufen und kanalisieren kann, wird die gesamte Kraft auf das magische Ziel hin gebündelt und freigelassen. Manchmal lassen die Wiccaner sich danach zu Boden fallen, um das Ende dessen zu signalisieren, was kurz und prägnant als »der Tanz« bekannt ist.

Das Tanzen hilft Energien freizusetzen und verbindet uns mit den Göttern. Tanzen Sie also – tanzen Sie wie ein Sturmwind, wie ein herabstürzender Wasserfall, ein brennender Baum, ein Sandsturm oder wie eine Blume, die ihre Schönheit einem windigen Sommernachmittag darbietet. Geben Sie jeder Bewegung freien Lauf, öffnen Sie sich Göttin und Gott. Denken Sie dabei stets an die wirbelnden Derwische, den ungebändigten Zigeunertanz Europas, den sinnlichen Bauchtanz des Orients und den heiligen Hula-Tanz des alten Hawaii: Der Tanz ist ein Weg zum Göttlichen.

Gesten

Gesten sind die lautlosen Brüder der Worte. Auch sie können Wicca-Rituale wesentlich bereichern. Sie werden zusammen mit Tanz und Beschwörung oder – wegen ihrer starken Wirkung – auch allein eingesetzt. Das Deuten mit dem Zeigefinger, das Victory-Zeichen, die vulgäre Gebärde des erhobenen Mittelfingers – diese Beispiele zeigen die enorme Kraft von Gesten und die Vielzahl von Botschaften, die sich gestisch vermitteln lassen.

Auch meine eigene Begegnung mit dem Wicca-Kult kam übrigens durch Gesten zustande. Im Jahr 1971 stieß ich auf einige Fotos von magischen Schutzgesten. Ich sah zum ersten Mal die *mano fica* (eine Faust, bei der der Daumen zwischen Zeige- und Mittelfinger hervorschaut) und die *mano cornuta*, bei der der kleine Finger und der Zeigefinger ein V bilden und die Hand nach unten zeigt. Beide Gesten wurden lange Zeit benutzt, um den »bösen Blick« und Unglück abzuwenden. Die zweite Geste symbolisiert im Wicca-Kult Gott in seiner Funktion als Gehörnter, allerdings mit nach oben gerichteter Hand.

Ein paar Tage später – ich war in meinem ersten Jahr auf der High School – zeigte ich diese Gesten einer jungen Frau, die ich gerade kennen gelernt hatte. Es gab keinen logischen Grund dafür, es schien mir einfach nur zu passen. Jedenfalls sah sie mich an, lächelte und fragte nur, ob ich eine Hexe sei. Ich sagte: Nein, aber ich wäre es gern. Die junge Frau wurde meine erste Ausbilderin.

Die magische Bedeutung von Gesten ist sehr komplex und spiegelt die Macht unserer Hände wider. Eine Hand kann heilen oder töten, streicheln oder zuschlagen. Sie ist ein Kanal, der die Energien vom eigenen Körper nach außen leitet. Es sind unsere Hände, die den magischen Altar vorbereiten, Zauberstab und Athame umfassen und nach Beendigung des magischen Ritus das Kerzenlicht löschen. Die Hände, durch die die meisten von uns ihren Unterhalt verdienen, sind Symbole der physischen Welt. Die fünf Finger symbolisieren außerdem das Pentagramm, das höchste magische Schutzsymbol. Es ist die Summe aus den vier Elementen und Akasha, der spirituellen Kraft des Universums.

Die Linien unserer Hände können dem geübten Auge viel über unser tiefstes Bewusstsein verraten – Dinge, die unser oberflächliches Wachbewusstsein nur schwer erkennen kann. Der Chiromant liest die Handlinien nicht wie die Straßen auf einer Landkarte, sie sind für ihn vielmehr der Schlüssel zu unserer Seele, ein fleischliches Mandala, das unsere innersten Tiefen offen legt. Darüber hinaus waren die Hände unsere ersten Rechenmaschinen. Sie wurden mit männlichen und weiblichen Qualitäten und Symbolen versehen. Überall in der Welt trug man ihre Abbildungen als Amulette.

Gesten werden im Wicca-Ritual sehr schnell zur zweiten Natur. Bei der Anrufung der Gottheiten werden die gespreizten Finger in die Höhe gestreckt, um die göttlichen Energien aufzufangen. Man kann auch die Göttin individuell anrufen, indem man Daumen und Zeigefinger der linken Hand zu einem Halbkreis formt, wobei man die übrigen Finger angelegt lässt. Dadurch symbolisiert man den Sichelmond. Um den Gott darzustellen, streckt man den Zeigefinger und den kleinen Finger aus, wobei der Daumen die beiden mittleren Finger gegen die Handfläche drückt. Diese Geste symbolisiert die Hörner des Gottes.

Auch die Elemente lassen sich mit Hilfe bestimmter Gesten beschwören. Eine parallel zum Boden und flach nach Norden ausgestreckte Hand beschwört die Erde. Spreizt man die Finger nach Osten hin, so beschwört man die Luft. Eine in südlicher Richtung geballte Faust weckt das Element des Feuers und eine nach Westen hin halb geöffnete Hand das Wasser.

Zwei Gesten bzw. Positionen dienen traditionell zur Anrufung von Göttin und Gott. Bei der Göttin-Position stellen Sie Ihre Füße etwas weiter als hüftbreit auseinander und strecken die Hände bei leicht angewinkelten Ellenbogen mit den Handflächen weit nach außen. In dieser Haltung rufen Sie die Göttin an und verbinden sich mit ihrer Energie. Bei der Gott-Position stellen Sie sich mit geschlossenen Füßen hin, kreuzen die Arme auf der Brust (normalerweise mit dem rechten Arm über

Anrufung der Göttin

dem linken) und ballen dabei die Hände zu Fäusten. Manchmal hält man auch magische Hilfsmittel wie Zauberstab oder Athame in den Fäusten – wie die ägyptischen Pharaonen, die in dieser Haltung Krummstab und Dreschflegel in den Fäusten hielten.

In Coven-Ritualen nehmen Hohepriester und Hohepriesterin bei der Anrufung der Götter oft diese Positionen ein. Wenn Sie bei Ihrem Ritual Aspekte von Göttin oder Gott in sich aktivieren oder diese selbst anrufen wollen, bieten sich diese Haltungen an.

Natürlich werden auch in der Magie Gesten verwendet. Jeder einzelne Finger steht für einen besonderen Planeten und zugleich für bestimmte uralte Götter. Durch das Zeigen mit den einzelnen Fingern (schon als solches ein magischer Akt) können also unterschiedliche symbolische Mächte aktiviert werden: Der Daumen etwa steht mit Venus und Erde in Verbindung, Jupiter (Planet und antiker Gott) herrscht über den Zeigefinger, der Gott und Planet Saturn über den Mittelfinger, der Ringfinger wird von Sonne und Apoll und schließlich der kleine Finger vom Planeten und Gott Merkur regiert. Bei vielen Zaubern werden der Jupiter- und der Saturnfinger eingesetzt, meistens um einen Gegenstand mit magischer Energie aufzuladen. Die Energie wird dabei über die Finger in den Gegenstand geleitet.

Eine andere bekannte rituelle Geste ist das »Einzeichnen« des Pentagramms. Diese Figur wird mit magischem Messer, Zauberstab oder Zeigefinger nach allen Himmelsrichtungen hin in die Luft gezeichnet. Dadurch können die elementaren Gewalten beschworen oder, je nach Fall, auch beschwichtigt werden. Der ganze Vorgang wird natürlich durch die Visualisierung unterstützt. Man kann die Hand aber auch als Kessel deuten, also als ein Gefäß, mit dem man Wasser auffängt. Außerdem dient sie bei der Magie oft als rituelles Messer zur Lenkung magischer Energien, manchmal auch als Zauberstab, da sie die Kraft der Beschwörung besitzt.

Gesten sind genauso wirksam wie die anderen magischen

Hilfsmittel, derer sich die Wiccaner bedienen. Allerdings haben sie einen großen Vorteil: Man hat sie immer »zur Hand«, wenn man sie braucht.

Kapitel 6
Rituale und ihre Vorbereitung

Das Ritual ist eine besondere Form der Gegenstandsmanipulation oder ein innerer Prozess, mit dessen Hilfe eine bestimmte Wirkung erzielt werden soll. Für den Wicca-Kult ist es aber zugleich auch eine feierliche Zeremonie, die unsere Verbindung zu Göttin, Gott und Erde vertieft.

Es ist nicht nötig, Rituale im Voraus zu planen oder einzustudieren. Es gibt keine traditionellen Muster, denen wir sklavisch folgen müssten – im Gegenteil, viele Wiccaner, mit denen ich über dieses Thema gesprochen habe, sind der Ansicht, dass spontan gestaltete Rituale oft stärker und wirksamer sind.

Ein Wicca-Ritus kann sehr einfach gehalten sein. Es reicht schon, wenn eine einzelne Person, die ein Feuer entzündet, heilige Namen anstimmt oder den Aufgang des Mondes betrachtet. Wenn aber mehrere Personen an einem Ritual beteiligt sind, können sie zum Beispiel ein Mythenspiel mit verteilten Rollen aufführen oder lange Textpassagen zu Ehren der Götter sprechen. Riten können traditionell oder gänzlich neu erfunden sein. Ihre äußere Gestalt ist nicht von Belang, solange sie unser Bewusstsein für die Wicca-Götter öffnen.

Wicca-Rituale finden meist bei Vollmond statt und zu den acht Jahresfesten, den Feiertagen der alten Ackerbaukulturen Europas. Sie sind zutiefst spirituell, können aber auch magische Elemente enthalten. Wenn Sie den Wicca-Kult »erlernen« wollen, halten Sie sich am besten zunächst an die Rituale, die im *Ritualbuch der Stehenden Steine* ab Seite 137 gesammelt sind. Mit der Zeit werden Sie durch diese oder auch eigene Rituale ein besseres Verständnis für das wahre Wesen des Wicca-Kultes entwickeln.

Viele Menschen interessieren sich für Wicca, aber sie bleiben untätig, weil sie glauben, ihnen fehle der Lehrer, die Initiation oder einfach nur das nötige Wissen, um in einer Vollmondnacht ein Ritual abzuhalten. Oft sind das nur Ausreden, denn wer wirklich Interesse hat, zögert nicht. Er fängt einfach an: Für den allein praktizierenden Wiccaner kann das kreative Erfinden eigener Rituale ein aufregendes Abenteuer sein. Versuchen Sie es, schmökern Sie nachts in den entsprechenden Büchern nach passenden Ritualen und Beschwörungen oder lassen Sie sich vom Genius des Augenblicks und der Weisheit der Götter inspirieren. Wichtig ist allein, dass Ihr Ritual einem Gefühl der Freude entspringt und nicht Verpflichtung und starren Regeln.

Als Zeitpunkte Ihrer Rituale bieten sich die Jahreszeiten, heidnische Festtage und die Mondphasen an. Mehr hierzu erfahren Sie in Kapitel acht, »Die Jahresfeste –Tage der Kraft«, ab Seite 84. Falls Sie sich aber zu anderen heiligen Kalendern hingezogen fühlen, halten Sie sich an diese. Der Wicca-Kult hat sich im Laufe seiner Geschichte viele altägyptische, indianische, hawaiische, babylonische oder andere magisch-religiöse Riten einverleibt. Der Wicca-Kult war zwar bis vor kurzer Zeit hauptsächlich europäisch und vor allem britisch geprägt, aber wir sollten uns dadurch nicht einschränken lassen: Dem allein praktizierenden Wicca-Anhänger steht es frei, die eigene Intuition walten zu lassen. Warum auch nicht? Wichtig ist, dass unsere Rituale befriedigend und wirksam sind.

Wie Sie Ihre eigenen Rituale gestalten, erfahren Sie in Kapitel dreizehn (»Die Struktur des Rituals«, ab Seite 118); dennoch seien schon an dieser Stelle ein paar Bemerkungen über die Vorbereitung eines Rituals vorweggenommen.

Tragen Sie zuallererst dafür Sorge, dass sie während Ihres Rituals ungestört bleiben. Wenn Sie es zu Hause durchführen, sagen Sie Ihrer Familie, dass Sie beschäftigt sind und nicht gestört werden wollen. Wenn sie allein leben, nehmen Sie den Hörer vom Telefon, verschließen Sie die Tür und ziehen Sie gegebenenfalls die Vorhänge zu. Sie sollten eine Weile allein und ungestört sein.

Für gewöhnlich folgt dann ein rituelles Bad. Ich konnte eine Zeit lang keine Rituale abhalten, ohne nicht noch schnell vorher in die Wanne zu springen. Das hat zum Teil natürlich auch psychologische Gründe: Wenn man sich »rein« fühlt und die Alltagssorgen abgewaschen hat, fällt es leichter, mit Göttin und Gott Kontakt aufzunehmen. Rituelle Waschungen sind in den meisten Religionen bekannt. Die Wiccaner sehen im Wasser eine spirituell reinigende Kraft, die die störenden Schwingungen des Alltagsstresses abwäscht und uns mit reinem Köper und Geist vor die Götter treten lässt.

Auf einer tiefer liegenden Ebene verbindet uns das Eintauchen ins Wasser auch mit archaischen Urerfahrungen. Ein Bad ist wie das Waten durch die Wellen des Ozeans, des Reichs der Göttin. Es bereitet uns spirituell wie physisch auf die bevorstehenden Erfahrungen vor. Deshalb wird das Reinigungsbad oft wie ein eigenes Ritual begangen: Man kann Kerzen und Weihrauch anzünden und Duftöle oder Kräutermischungen ins Wasser geben. Meine persönliche Lieblingskräutermischung besteht zu jeweils gleichen Teilen aus Rosmarin, Fenchel, Lavendel, Basilikum, Thymian, Ysop, Eisenkraut, Minze und einem Hauch Baldrianwurzel. Ich lege die Kräuter in ein Tuch, verknote es und tauche das Ganze dann ins Badewasser.

Bei Ritualen, die an einem See oder am Meer stattfinden, bietet es sich an, vorher noch eine Runde zu schwimmen, was sich bei spontanen Ritualen natürlich schwierig gestalten kann. Aber das Bad ist auch beileibe kein Muss: Wenn Sie das Gefühl haben, dass ein Bad für Ihr Ritual nicht notwendig ist, vertrauen Sie einfach Ihrem Instinkt.

Nach dem Bad ist es Zeit, sich für das Ritual umzukleiden. Viele Wiccaner ziehen es allerdings vor, die Götter nackt anzurufen: Ohne Zweifel ist dies der natürlichste Zustand für unseren Körper, aber nicht jeder fühlt sich in diesem Zustand auch wohl. Die Kirche hat viel getan, um dem nackten Körper den Stempel der Schande aufzudrücken, und diese verkorksten, unnatürlichen Empfindungen bestimmen uns auch heute noch.

Die Gründe für die rituelle Nacktheit sind vielfältig.* So glauben einige, dass der bekleidete Körper den Fluss der eigenen Energien behindert. Andererseits würden dieselben Personen wohl nicht bezweifeln, dass Rituale, die man bekleidet und in der eigenen Wohnung abhält, genauso wirksam sein können wie nackt abgehaltene Riten unter freiem Himmel. Bekleidete Wiccaner entwickeln also nicht weniger magische Kraft als nackte: Die Kleidung stellt keinerlei Hindernis bei der Lenkung und Übertragung von Energien dar.

Eine vielleicht etwas überzeugendere Begründung für die rituelle Nacktheit geht von ihrem symbolischen Gehalt aus: Die geistige, spirituelle und körperliche Nacktheit symbolisiert die Aufrichtigkeit und Offenheit der Wicca-Anhänger. Die rituelle Nacktheit findet sich, wie bereits erwähnt, in vielen alten Religionen, und auch heute noch begegnet man ihr gelegentlich. Sie ist also durchaus keine neue Idee, außer vielleicht für den westlich geprägten Menschen.

Auch wenn viele Hexenzirkel auf der rituellen Nacktheit bestehen, haben Sie als allein wirkender Wiccaner in dieser Frage völlig freie Hand. Wenn Sie sich selbst in Ihrer vertrauten Privatsphäre damit nicht wohl fühlen, lassen Sie es einfach: Es gibt Alternativen. Dazu gehören rituelle Kleidungsstücke wie Roben und Überröcke, die bei vielen Wiccanern sehr beliebt sind. Ein Grund dafür ist sicherlich, dass ein solches Gewand dem Ritual eine besondere mystische Atmosphäre verleiht. Man stellt sich quasi auf das Bevorstehende ein und kann so das rituelle Bewusstsein stärken.

Bei der Auswahl der Roben spielt die Farbe eine große Rolle, denn jede Farbe hat eine besondere Bedeutung oder Wirkung. Wenn Sie zum Beispiel einen Kräuterzauber oder ein Ritual ge-

---

* Der offensichtlichste und vielleicht überzeugendste wird eigentlich nie genannt: Wir sehen nackte Körper einfach gern. Und so finden sich zuweilen skrupellose Menschen zu Wicca-Covens zusammen, nur um gemeinschaftliche Nacktheit zu praktizieren. Dass eine solche Einstellung der Wicca-Lehre nicht gerade dienlich ist, versteht sich von selbst. Dennoch sind solche Vorkommnisse eher die Ausnahme.

gen Atomkraftwerke oder Waffen durchführen möchten, bietet sich ein grünes Gewand an. Das verbindet Ihr Ritual mit den Erdenergien. Wenn Sie ein passendes Gewand für einen besonderen Zauber suchen, können Sie sich an folgenden Farbcharakteristiken orientieren:
- **Gelb** eignet sich ausgezeichnet für Beschwörungen.
- **Violett** wird oft verwendet, wenn man mit reinen göttlichen Energien arbeitet, wie zum Beispiel Zauberer. Violett kann auch das eigene spirituelle Bewusstsein für Gott und Göttin vertiefen.
- **Blau** eignet sich für Heiler und medial Veranlagte. Es hilft zudem, sich der Göttin in ihrem ozeanischen Aspekt zu nähern.
- **Braun** schafft eine intensive Verbindung zu Tieren und unterstützt Tierrituale.
- **Weiß** symbolisiert Unschuld und einen reinen Geist. Es eignet sich deshalb hervorragend für Meditationen und Reinigungsrituale. Diese Farbe wird oft bei Vollmondritualen getragen und bringt uns der Göttin näher.
- **Orange** oder **Rot** kann man bei Sabbatfesten, Schutzritualen oder zur Annäherung an den Gott in seinem Feueraspekt getragen werden.
- **Schwarz** ist sehr beliebt. Trotz landläufiger Missverständnisse steht diese Farbe nicht für das Böse: Schwarz bedeutet vielmehr die Abwesenheit jeglicher Farbe. Es ist eine schützende Farbe, die das Universum oder Aufrichtigkeit symbolisiert. Wenn ein Wiccaner ein schwarzes Gewand trägt, zieht er die Dunkelheit des Weltraums an und damit symbolisch die Urquellen göttlicher Energie.

Wenn Ihnen dies alles zu kompliziert ist, nähen oder kaufen Sie sich einfach ein Gewand, das Ihnen gefällt, und tragen Sie es bei jedem Ritual. Ritualgewänder können sehr unterschiedlich sein: Die Bandbreite reicht vom einfachen Bademantel bis zur mönchsähnlichen Kutte mit Haube und weiten Ärmeln, die garantiert in Flammen aufgehen, wenn Sie damit der Kerze zu nahe kommen. Einige Wiccaner bevorzugen Haubengewänder, damit sie während des Rituals nicht so leicht abgelenkt werden und die Sinne besser fokussieren: Dies ist sicherlich eine gute Idee für Magie und Meditation, aber nicht für das Wicca-Ritual. Hier sollte man sich eher der Natur öffnen, anstatt sich von der Umgebung abzuschotten.

Wenn Sie solche Gewänder nicht mögen, nicht selbst nähen können oder nirgendwo finden, tragen Sie einfach Alltagskleidung, etwa aus Baumwolle, Wolle oder Seide.* Solange sie sich mit dem, was Sie anhaben (oder auch nicht anhaben) wohl fühlen, kann nichts schief gehen. Warum nicht einfach ausprobieren, was einem am besten gefällt?

Nach der Auswahl der richtigen Kleidung kommt der rituelle Schmuck. Viele Wicca-Hexen besitzen eine ganze Sammlung exotischer Schmuckstücke mit religiösen oder magischen Mustern. Auch Amulette und Talismane zur Beschwörung oder Abwehr magischer Kräfte ebenso wie Halsketten aus Bernstein oder Jett, silberne oder goldene Armbänder, Silberkopfschmuck mit eingefasstem Halbmond, Smaragd- und Perlenringe und sogar rituelle Strumpfbänder mit Silberschnallen können als Ritualschmuck dienen.

Aber es ist nicht notwendig: Halten Sie lieber alles möglichst einfach. Wenn Sie das Gefühl haben, dass ein Schmuckstück zum Ritual passt, umso besser. Wählen Sie Designs mit Halbmonden, Pentagrammen und ähnlichen Motiven; viele Versandhäuser führen solchen rituellen Schmuck. Sollten Sie sich also für Ihre Rituale etwas Schmuck kaufen wollen, nur zu. Viele tun es.

Ich werde oft gefragt, ob ich einen Glücksbringer besitze, ein besonderes Schmuckstück, ein Amulett oder einen anderen speziellen Gegenstand, den ich immer bei mir trage. Das tue ich

---

* Mir ist bewusst, dass dies ein häretischer Vorschlag ist, den viele traditionell denkende Wiccaner ablehnen. Aber ich bin der Meinung, dass saubere Alltagskleidung bei einem Ritual nicht weniger absurd ist als die obligatorischen unbequemen und heißen Roben, die bei vielen Wiccanern so beliebt sind. Jedem das Seine.

nicht. Für viele mag das eine Überraschung sein, aber es ist ein Grundelement meiner magischen Philosophie. Wenn ich einen solchen Gegenstand zum Glücksbringer oder Verbindungsglied zu den Göttern machen würde, wäre ich untröstlich, wenn er mir irgendwie abhanden käme. Ich könnte natürlich sagen, dass er seine Macht verloren hat, dass er sowieso nur Blendwerk war, dass er mir von höheren Mächten genommen wurde oder dass ich einfach nicht aufmerksam genug war. Gleichwie – am Ende wäre ich untröstlich.

Es ist unklug, seine Hoffnungen, Träume und Energien an einen Gegenstand zu binden. Wir schränken uns damit selbst ein. Ich vermute, wir sind hier Kinder des materiellen Denkens, mit dem wir aufgewachsen sind. Wie oft habe ich Sätze gehört wie: »Ich bin völlig kraftlos, seitdem ich meine Glückskette aus Mondstein verloren habe« oder »Seitdem mein Ring mit dem Gehörnten Gott weg ist, geht alles schief«. Die Gefahr eines solchen selbst beschränkenden Denkens ist groß.

Wir müssen begreifen, dass alle Kraft und alles Glück *in uns selbst begründet* liegt – und nicht in irgendeinem äußerlichen Objekt. Es sei denn, wir selbst statten es mit diesen Kräften aus: Aber dann laufen wir natürlich Gefahr, mit ihm auch einen Teil unserer eigenen Kraft und unseres Glücks zu verlieren – ein Risiko, das ich nur ungern eingehen würde.

Magisch aufgeladene Objekte und ritueller Schmuck dienen ohne Zweifel als Erinnerungshilfen für Göttin und Gott und machen uns unsere eigenen magischen Fähigkeiten bewusst. Aber mehr Bedeutung sollten wir darüber hinaus nicht in sie hineininterpretieren, denke ich. Trotzdem besitze auch ich einige Stücke, die ich manchmal bei einem Ritual trage: ein Silberpentagramm, das Bildnis der Göttin, ein ägyptisches Lebenszeichen und einen hawaiischen Fischhaken, der den Gott Maui symbolisiert. Das Tragen dieser Gegenstände animiert meine Vorstellungskraft und führt mich in den Bewusstseinszustand, der für ein wirkungsvolles Ritual notwendig ist. Ich sage also nicht, dass man auf gar keinen Fall Energien in solche Gegenstände schicken soll – schließlich entstehen auf diese Weise magische Talismane und Amulette. Nur tue ich dies nicht so gern mit persönlichen und rituellen Schmuckstücken.

Oft werden natürliche Objekte wie zum Beispiel Quarzkristalle getragen, mit denen man Energien aktivieren kann. Solche »Kraftzentren« sind sehr hilfreich, aber man sollte auf keinen Fall *ausschließlich* auf sie setzen. Wenn aber ein bestimmter Schmuck Ihr magisches Bewusstsein fördert oder Sie den Göttern durch bestimmte Bilder und Symbole näher kommen, machen Sie ruhig Gebrauch davon. Sie sollten dabei jedoch Ihr Hauptziel nicht aus den Augen verlieren: jederzeit für die verborgene Welt offen zu sein und selbst in den erniedrigendsten und zermürbendsten Wirrungen des Lebens Göttin und Gott zu spüren.

Sie sind nun also gebadet, gekleidet, geschmückt und für das Ritual bereit. Gibt es noch etwas zu bedenken? Ja, nämlich die Frage: Möchten Sie die alten Götter des Wicca-Kultes allein oder in Gesellschaft verehren? Vielleicht haben Sie sympathisierende Freunde, die Sie gern dazu einladen würden. Falls nicht, macht es auch nichts. Solo-Rituale sind im Wicca-Kult gang und gäbe. Die Anwesenheit Gleichgesinnter ist eine wunderbare Sache, aber sie kann auch störend wirken.

Es gibt darüber hinaus Rituale, an denen andere gar nicht teilnehmen *können*. Der unerwartete Anblick des Vollmondes in den Wolken kann einen Augenblick des Schweigens und der Einstimmung hervorrufen und zu einer spontanen Beschwörung oder Meditation führen. Dies gehört zu den Ritualen, die man allein mit Göttin und Gott verbringt. Die Götter bestehen nicht auf Zeremonien, denn sie sind so unvorhersehbar und fließend wie die Natur selbst.

Wenn Sie Ihr Ritual gemeinsam mit Freunden abhalten wollen, sollten sie Ihre Einstellung zum Wicca-Kult teilen. Gekicher und abschweifende Gedanken stören nur. Seien Sie auch vorsichtig, wenn Ihr Partner nur aus Liebe zu Ihnen an einem Ritual teilnimmt. Sein Interesse mag authentisch erscheinen, aber nach einer Weile könnten Sie frustriert feststellen, dass er im Grunde nicht wirklich mitmacht.

Die Arbeit mit Wicca-Zirkeln hat viele schöne Seiten. Ich habe sie selbst erlebt. Einige der gläubigsten Wiccaner finden sich in solchen Gruppen, aber leider auch einige der oberflächlichsten. Das Hauptproblem hierbei ist, dass die meisten Menschen Schwierigkeiten haben, überhaupt solche Kreise zu finden – etwa, weil sie einfach keine Freunde haben, die dieses Interesse teilen. Aus diesem Grund habe ich dieses Buch für den einzelnen, allein praktizierenden Wiccaner geschrieben. Suchen Sie während Ihrer Arbeit mit diesem oder auch einem anderen Buch dennoch weiter nach einem Lehrer oder nach Gleichgesinnten. Wenn Sie am Ende vielleicht doch fündig werden, haben Sie schon eigene praktische Erfahrungen gesammelt, die Ihnen die neue Begegnung erleichtern werden.

Trotz des hohen Stellenwertes, den Initiationen und Hexen-Covens in den meisten Büchern genießen, sollte die Tätigkeit des isoliert wirkenden Wiccaners nicht als »Notlösung« abgetan werden: Es gibt heute schließlich viel mehr vereinzelte Wicca-Anhänger als Mitglieder von Hexenzirkeln. Und ein erstaunlich hoher Anteil dieser einzelnen Hexen hat sich freiwillig für die »Isolation« entschieden. Abgesehen von den wenigen Gruppentreffen, die ich jedes Jahr habe, zähle auch ich mich zu ihnen.

Also: Entwickeln Sie nur keine Minderwertigkeitsgefühle, bloß weil Sie keinen Lehrer haben oder keinem Hexenkreis angehören. Haben Sie keine Angst, dass man Sie nicht als echten Wiccaner ansehen könnte. Diese Anerkennung ist sowieso nur für die wichtig, die glauben, diese Anerkennung verteilen oder verweigern zu können. Ansonsten spielt sie keine Rolle.

Entscheidend ist, dass Sie sich wohl fühlen und dass Sie eine enge Verbindung mit Göttin und Gott aufbauen. Erfinden Sie ruhig Ihre eigenen Rituale. Zerreißen Sie die Fesseln starrer Konvention und die Illusion einer »Heiligen Schrift«, der man sklavisch folgen muss. Wicca ist eine Religion, die sich entwickelt. In ihrem Herzen liegen die Liebe zur Natur und die Verehrung von Göttin und Gott, nicht starre Traditionen und überlieferte Riten.

Ich will damit nicht sagen, dass der traditionelle Wicca-Kult schlecht sei. Ganz im Gegenteil: Ich bin in viele Wicca-Traditionen eingeweiht worden. Jede davon hatte ihren eigenen besonderen Initiationsritus, eigene Regeln für Sabbat und Esbat, ihren eigenen Namen für Göttin und Gott und eigene Legenden und Überlieferungen. Aber nach all diesen unterschiedlichen Erfahrungen bin ich zu der Erkenntnis gelangt, dass sie sich im Grunde nicht voneinander unterscheiden. Die großen Geheimnisse dieser Lehren sind jedem zugänglich, der sich nur die Zeit nimmt, die Natur zu betrachten und sie als Manifestation von Göttin und Gott zu erkennen.

Jede einzelne Tradition oder besser vielleicht jede besondere Spielart des Wicca-Kultes ist wie ein einzelnes Blütenblatt an einer Blume. Allein ist es unvollständig: Erst alle Blütenblätter gemeinsam verschaffen der Blume Existenz. Und so ist auch der Weg des isoliert wirkenden Wiccaners ein gleichberechtigter Teil des Wicca-Kultes.

Kapitel 7
Der magische Kreis und der Altar

Der Zirkel, der magische Kreis oder auch die magische Sphäre ist ein unkörperlicher, aber dennoch sehr realer Tempel. Er bildet die persönliche Energiesphäre, in der die Wiccaner ihre Rituale und Zauber abhalten.

Der magische Kreis hat eine sehr lange Geschichte und war bereits im alten Babylon bekannt. Die Zeremonienmagier des Mittelalters und der Renaissance nutzten ihn ebenso wie die indianischen Medizinmänner, wenn auch vielleicht aus anderen Gründen. Es gibt zwei unterschiedliche Typen dieses magischen Zirkels: Den Zeremonienmagiern von gestern (und heute) diente er primär zum Schutz vor den Kräften, die sie aktivierten; im Wicca-Kult dagegen öffnet er den heiligen Raum, in dem sich Menschen und Götter begegnen können.

Das vorchristliche Europa feierte seine heidnischen Feste meist im Freien. Sie dienten der Anbetung von Sonne, Mond,

Sternen und nicht zuletzt der fruchtbaren Erde. Die vielen Menhire, Steinkreise, heiligen Gräber und Quellen sind Zeugnisse aus dieser alten Zeit. Als die heidnischen Riten durch die immer mächtiger werdende christliche Kirche verboten wurden, verschwanden sie in den Untergrund: Die Zeiten, in denen die Wiesen von den Lobgesängen an den Sonnengott widerhallten, waren endgültig vorbei. Von nun an hing der Mond nackt und unbeachtet am nächtlichen Himmel.

Die heidnische Religion verbarg ihre Riten. Einige Gruppen gingen ihnen noch im Schutze der Dunkelheit nach, andere retteten sie in den Schutzraum ihrer Häuser und Wohnungen. Der Wicca-Kult ging leider den zweiten Weg. Deshalb ist das Ritual im Freien für viele Wiccaner eine Neuheit und zugleich eine angenehme Abwechslung von den engen Praktiken in den eigenen vier Wänden. Wir betreiben vorher eine Art »Wohnzimmer-Wicca«, wie ich es gern nenne. Deshalb bietet das außerhäusliche Ritual im natürlichen Licht von Sonne oder Mond an oft unwirtlichen und einsamen Orten für uns eine ideale Alternative.

Allerdings ist es nicht leicht, Wicca-Rituale im Freien abzuhalten. Die traditionellen Rituale sind komplex und erfordern im Allgemeinen ein ganzes Arsenal von Werkzeugen und Hilfsmitteln. Außerdem ist es schwer, einen Platz fernab vom menschlichen Treiben zu finden. Und die Angst, beobachtet zu werden, ist groß. Diese Angst rührt daher, dass viele im Grunde vernünftige und verantwortungsbewusste Menschen auf unsere Religion äußerst aggressiv und feindlich reagieren. Solche angeblichen »Christen«[*] sind sicherlich selten, aber es gibt sie. Auch heute noch sind Wiccaner Psychoterror und körperlicher Bedrohung von Seiten derer ausgesetzt, die ihre eigene Religion nicht richtig verstehen.

Lassen Sie sich dadurch nicht einschüchtern. Man kann auch

---

[*] Ich setze dieses Wort hier bewusst in Anführungszeichen. Solch gewalttätige, geistlose Individuen sind alles andere als echte Christen. Selbst Fundamentalisten belassen es im Allgemeinen bei Predigten und Demonstrationen und verzichten auf Gewalt.

im Freien unauffällig und gefahrlos Rituale abhalten. Man muss ja nicht unbedingt eine schwarze Robe mit Kapuze tragen, in Kesseln rühren und im öffentlichen Park mit Messern herumfuchteln. Sollten Sie Ihr Ritual an Orten abhalten, an denen Sie gesehen werden könnten, ziehen Sie sich besser normale Alltagskleidung an. Natürlich können Sie magische Hilfsmittel benutzen – vergessen Sie aber nicht, dass sie zwar hilfreich, aber nicht unbedingt erforderlich sind. Lassen Sie sie also besser zu Hause, wenn es Probleme geben könnte.

Als ich 1987 auf Maui war, stand ich eines Morgens sehr früh auf und lief an den Strand. Die Sonne ging gerade hinter dem Haleakala auf und tauchte das Meer in leuchtendes Rosarot. Ich wanderte den Korallenstrand entlang, bis ich an eine Stelle kam, an der die Wellen gegen die Lavafelsen brandeten. Dort legte ich zu Ehren der hawaiischen Götter einen Stein im Sand nieder. Ich setzte mich vor ihn und öffnete mich der Präsenz von Akua, den Göttinnen und Göttern dieser Insel. Danach ging ich ans Wasser und warf eine Blume hinein als Gabe an Hina, Pele, Laka, Kane, Lono, Kanaloa und ihre Gefährten.[*] Ich hielt also keine großen Reden und fuchtelte auch nicht mit magischen Werkzeugen herum – und trotzdem waren alle Gottheiten präsent. Sie umgaben mich, während die Wellen gegen meine Beine schwappten, die Sonne in voller Pracht hinter dem uralten Vulkan auftauchte und das Meer smaragdgrün färbte.

Solche Rituale im Freien können sehr effektiv sein, *eben weil sie im Freien stattfinden* und nicht in einem engen Raum, der mit Stahl, Plastik und all den anderen Insignien unseres technologischen Zeitalters voll gestopft ist. Wenn jedoch ein Ritual unter freiem Himmel nicht in Frage kommt (zum Beispiel, weil das Wetter nicht mitspielt), kann man ohne weiteres sein Schlaf- oder Wohnzimmer zum magischen Bezirk machen. Hier können Sie die Götter empfangen und anbeten

---

[*] Oder, wie die Hawaiianer es ausdrücken würden, an die 4000 Götter, die 40 000 Götter, die 400 000 Götter. »Götter« meint hier Gottheiten und Halbgötter beiderlei Geschlechts.

und Göttin und Gott neu erfahren. Dieser heilige Bezirk ist auch ein magischer Raum; es kann hier also auch Magie ausgeübt werden.

Der Kreis ist im Grunde ein Muss, wenn Sie zu Hause arbeiten wollen. Er steckt den rituellen Bezirk ab, nimmt Ihre persönlichen Energien auf und hält störende Kräfte ab – kurz, er schafft die richtige Atmosphäre für den Ritus. In der Mitte dieses magischen Kreises zu stehen, die leuchtenden Kerzen auf dem Altar zu betrachten, den Weihrauch zu riechen und dabei uralte Namen anzustimmen – das ist schon eine herrlich inspirierende Erfahrung. Wenn man es richtig macht, kann der magische Kreis uns Göttin und Gott sehr viel näher bringen.

Die magische Sphäre wird mit Hilfe der eigenen Energie geschaffen, die vom Körper ausströmt und durch das magische Messer in die Luft fließt. So entsteht schließlich ein Energieraum, der den gesamten Wirkungsbereich umfasst. Im Grunde ist der Begriff »Kreis« missverständlich: Es handelt sich eher um eine Energiesphäre, eine Kugel, in deren Mitte wir stehen. Der Kreis bildet nur die Stelle ab, an der diese Energiesphäre den Boden berührt und in die Erde fortsetzt, wo sich die zweite Hälfte oder Halbkugel befindet.

Oft werden die Umrisse dieser Sphäre auf dem Boden gekennzeichnet. Den Kreis kann man mit einer Kordel ziehen, mit Kreidekreis oder mit Blumen (ideal für Frühlings- und Sommerriten), Fichtenzweigen (für Winterfeste), Steinen, Muscheln, Quarzkristallen oder sogar Tarotkarten. Benutzen Sie Gegenstände, die Ihre Fantasie anregen und zum Ritual passen. Weiteres hierzu finden Sie in Kapitel dreizehn, »Die Struktur des Rituals« (ab Seite 118).

Der Kreis hat im angelsächsischen Sprachraum meist einen Umfang von neun Fuß*, aber im Grunde kann auch jede andere Größe gewählt werden. Die wichtigsten Punkte werden in diesem Kreis mit brennenden Kerzen oder anderen rituellen Gegenständen markiert. So kann man im Norden des Kreises

---

* Die Zahl Neun ist der Göttin zugeordnet.

ein Pentagramm oder eine Schale mit Reis oder Erde platzieren. Hier befindet sich das Reich der Erde, das stabile, fruchtbare und nährende Element, das die Grundlage der drei anderen Elemente bildet. Das Räuchergefäß mit dem brennenden Weihrauch gehört in den Osten, die Heimat des geistigen Elementes, der Luft; Sie können auch frische Blumen oder Weihrauchstäbchen verwenden. Die Luft ist das Element des Geistes und steht für Kommunikation, Bewegung, Weissagung und asketische Spiritualität.

| Göttin | beide Gottheiten | Gott |

Bereiche der Gottheiten auf dem Altar

Im Süden des Kreises steht die Kerze. Sie symbolisiert das Feuer, das Element der Verwandlung. Zu diesem Element gehören Leidenschaft, Veränderung, Erfolg, Gesundheit und Kraft. Sie können auch eine Öllampe oder einen Lavastein in diesen Bereich stellen. Das letzte Element, das Wasser, wird durch eine

Tasse oder Schale Wasser repräsentiert, die man im Westen des Kreises deponiert. Das Wasser ist das Reich der Emotionen, der medialen Seele, der Liebe, Heilkraft, Schönheit und emotionalen Spiritualität. Man kann diese Gegenstände auch auf dem Altar platzieren. Sie sollten dann allerdings in der jeweiligen Himmelsrichtung ausgerichtet werden.

Sobald Sie den Kreis gezogen haben, kann das Ritual beginnen. Die Luft in der magischen Sphäre wird oft heiß und stickig, denn sie ist mit Energie und lebendiger Kraft aufgeladen und fühlt sich deutlich anders an als außerhalb des Kreises. Diese magische Sphäre besteht aus freigesetzten Energien und besitzt eine deutlich spürbare Substanz, ist also weit mehr als ein gewöhnlicher Kreis aus Blumen. Der Kreis stellt eine solide und lebendige Abgrenzung zur Umgebung dar.

Für die Wiccaner verkörpert der Kreis die Göttin selbst, den spirituellen Aspekt der Natur sowie Fruchtbarkeit, Unsterblichkeit, Ewigkeit und nicht zuletzt die Erde. In der Mitte des Kreises steht der Altar mit den magischen Hilfsmitteln. Er kann aus allen möglichen Materialien bestehen, obwohl im Allgemeinen Holz bevorzugt wird: Eichenholz für Kraft und Stärke und Weide für die Göttin, der sie heilig ist.

Nach unserer Vorstellung sind Göttin und Gott nicht substanziell im Altar gegenwärtig. Obwohl er ein Ort der Macht und Magie ist, ist er also dennoch nicht sakrosankt. Normalerweise wird er für jedes Ritual eigens aufgebaut, einige Wicca-Anhänger haben zu Hause allerdings ihren Altar fest installiert. Auch Sie können Ihren Schrein ohne weiteres zu einem solchen Altar ausbauen.

Die Form des Altars ist oft rund, um die Göttin und die Spiritualität darzustellen; ein rechteckiger Altar wiederum symbolisiert die vier Elemente. Überhaupt muss ein Altar keine komplizierte Konstruktion sein. Im Grunde kann alles als Altar dienen: ein abgestecktes Stück Erde, eine mit Tuch bedeckte Holzkiste, ein Brett auf zwei Holzböcken, ein Kaffeetisch, ein Baumstumpf oder ein großer, flacher Stein draußen im Freien. Sie können auch ein Feuer als Altar benutzen und den Kreis durch

Weihrauchstäbchen abstecken. Entscheidend ist hier letztlich allein die Kraft des Geistes.

Die magischen Utensilien werden in einem ansprechenden Muster auf dem Altar verteilt, der im Zentrum des Kreises steht und nach Norden ausgerichtet ist. Diese Himmelsrichtung steht für Kraft und Macht. Der Norden symbolisiert auch die Erde, und da sie unsere Heimat ist, empfinden wir dieses Arrangement als äußerst stimmig. Einige Wiccaner osten ihren Altar auch, da im Osten Sonne und Mond aufgehen.

Die linke Hälfte des Altars gehört der Göttin. Hier werden alle ihr heiligen Gegenstände aufgestellt: Kelch, Pentagramm, Glocke, Kristall und Kessel. Man kann hier auch ein Bildnis von ihr platzieren oder einen Besen an die linke Altarseite lehnen.*
Wenn Sie kein Bild für die Göttin finden oder Bilder grundsätzlich ablehnen, können Sie stattdessen eine grüne, weiße oder silberne Kerze aufstellen. Sollte der Kessel zu groß sein, kann er links vom Altar auf den Boden gestellt werden.

Die rechte Hälfte des Altars betont den Aspekt des Gottes. Deponieren Sie hier eine rote, gelbe oder goldene Kerze, eine passende Statue, ein Weihrauchfass, einen Zauberstab, das magische Messer Athame oder das weiße Messer.

Die Mitte des Altars eignet sich für Blumen, zum Beispiel in einer Vase oder einem kleinen Kessel. Auch ein Weihrauchgefäß lässt sich hier aufstellen, sozusagen als Gabe an beide Gottheiten. In diesem Falle können Sie das Pentagramm auch vor das Räuchergefäß legen.

Einige Wiccaner bevorzugen eine naturnähere Gestaltung des Altars. Sie symbolisieren die Göttin zum Beispiel durch einen runden, möglichst mit einem Loch versehenen Stein, eine Strohpuppe oder eine Muschel. Fichtenzapfen, spitze Steine und Eicheln repräsentieren hingegen den Gott. Nutzen Sie bei der Gestaltung des Altars am besten Ihre eigene Fantasie.

---

* Einige Wiccaner, besonders die Vertreter der weiblichen Spiritualität, legen eine doppelseitige, rituelle Axt (Labrys) auf die linke Altarseite. Die Labrys ist ein Symbol für die Mondphasen und für die Göttin und wurde besonders auf Kreta sehr häufig benutzt.

```
Abbild der Göttin                    Abbild des Gottes
  oder Kerze                           oder Kerze

              Räuchergefäß

Schale mit Wasser                    Schale mit Salz

              Pentagramm

      Kelch                            Weihrauch

              Kessel oder
              Zauberwerkzeug

    Zauberstab                           Messer

    Glocke                             weißes Messer
```

Vorschlag für die Altargestaltung

Wenn Sie innerhalb des Kreises Magie praktizieren wollen, sollten Sie die notwendigen Materialien griffbereit haben. Deponieren Sie sie vor dem Ritual auf oder unter dem Altar. Vergessen Sie auf keinen Fall die Streichhölzer und eine kleine Schale für die abgebrannten Hölzer. Es ist sehr unhöflich gegenüber den Göttern, sie in das Räuchergefäß oder den Kessel zu werfen.

Auch wenn wir mit Bildnissen von Göttin und Gott arbeiten, sind wir keine Götzendiener: Für uns ist die Statue oder der Steinhaufen nicht die Gottheit selbst. Wir verehren zwar die Natur, aber wir beten nicht einzelne Bäume, Tiere oder Steine an. Wir erfreuen uns an ihnen als Abbildern und Manifestationen der universellen schöpferischen Urkräfte: Göttin und Gott.

Der Altar und der magische Kreis, in dem er steht, sind sehr persönliche Arrangements. Entscheidend ist deshalb, dass Sie selbst Freude daran haben. Meine erste Wicca-Lehrerin widmete sich dieser Aufgabe mit echter Hingabe. Ich erinnere mich noch an eines ihrer Vollmondrituale: Sie breitete ein weißes Satintuch über den Altar, stellte Kristallständer mit weißen Kerzen darauf und rundete das Ganze durch einen Silberkelch und weiße Rosen ab. Es duftete nach einer Räuchermischung aus weißen Rosen, Sandelholz und Gardenien. Der leuchtend weiße Altar ließ den Raum vor lunarer Energie vibrieren. Das Ritual dieser Nacht ist für mich unvergesslich geblieben und ich hoffe, auch Sie werden solche Rituale erleben.

Kapitel 8
Die Jahresfeste – Tage der Kraft

Früher, als die Menschen noch mit der Natur lebten, hatten die Jahreszeiten und Mondphasen für sie eine große Bedeutung. Das spiegelte sich auch in ihren religiösen Festen wider. Sie erkannten im Mond ein Symbol der Göttin und hielten ihr gewidmete Rituale und Magien im Mondlicht ab. Der engere Naturbezug brachte es mit sich, dass man auch das Herannahen des Winters, die ersten Anzeichen des Frühlings, den warmen Sommer und die Ankunft des Herbstes mit Ritualen beging.

Wir Wiccaner sind Nachfahren dieser alten vorchristlichen Naturreligionen Europas und feiern auch heute noch den Vollmond und die jahreszeitlichen Wechsel. Der religiöse Kalender des Wicca-Kultes enthält dreizehn Mondfeste und acht Sabbate oder Tage der Kraft. Vier dieser Festtage (oder besser gesagt -nächte) orientieren sich an Sonnenwende und Tagundnachtgleiche. Sie markieren den Beginn einer neuen Jahreszeit.* Die

---

* Spuren dieses alten Brauchs finden sich selbst im Christentum: Ostern zum Beispiel liegt auf dem Sonntag nach dem ersten Vollmond, der der Frühlings-Tagundnachtgleiche folgt – unverkennbar eine heidnische Terminwahl für dieses religiöses Fest.

anderen vier rituellen Anlässe basieren auf alten Volksfesten, die zum Teil aus dem Nahen Osten stammen. Diese Rituale geben dem Wicca-Jahr Struktur und Ordnung und erinnern uns an den endlosen Kreislauf der Natur, der noch Bestand haben wird, lange nachdem wir verschwunden sind.

Vier der Sabbattage (vermutlich die ältesten) gehen wohl auf Rhythmen zurück, die sich an der Landwirtschaft und der Wurfzeit der Tiere orientieren. Es handelt sich dabei um *Imbolc* (2. Februar), *Beltane* (30. April), *Lughnasadh* (1. August) und *Samhain* (31. Oktober). Die Namen sind keltischen Ursprungs und jedem Wiccaner vertraut, doch es gibt noch viele andere Bezeichnungen für diese Feste.

Das sorgfältige Studium des Himmels führte bald zur Entdeckung des astronomischen Jahres, das von nun an den religiösen Kalender bestimmte. Die Menschen feierten nun auch Tagundnachtgleiche und Sonnenwende.* Wer die ersten Menschen waren, die all diese kosmologischen Anlässe feierten, werden wir wahrscheinlich niemals wissen; fest steht aber, dass diese heiligen Tage und Nächte in den 21 Wicca-Festen weiterleben.

Aber auch in anderen Religionen und in unserem Alltag leben sie in veränderter Form weiter. Der Maifeiertag, Halloween, Lichtmess und natürlich auch das Erntedankfest – sie alle haben ihre Wurzeln in diesen alten heidnischen Festen. Auch die katholische Kirche hat in gleichwohl stark abgewandelter Form viele Sabbate aus dieser Zeit adaptiert.

Sabbate sind ursprünglich Sonnenrituale, die die Wendepunkte des Sonnenjahres markieren, und haben Eingang in den Wicca-Kalender gefunden. Esbate wiederum sind Vollmondfeste, die zu Ehren der Göttin abgehalten werden. Natürlich wird auch der Gott an diesem Fest nicht vergessen, denn unsere Rituale gelten immer beiden Gottheiten.

Es gibt jedes Jahr zwölf bis dreizehn Vollmondnächte, eine alle 28 ¼ Tage. Der Mond ist Symbol der Göttin und Kraftquel-

---

* Sie liegen um den 21. Tag der Monate März, Juni, September und Dezember. Das genaue Datum variiert von Jahr zu Jahr.

le und deshalb werden an den Esbat-Festen auch oft magische Rituale praktiziert. Die großen Energieaufkommen in diesen Nächten werden quasi angezapft und magisch nutzbar gemacht.

Einige der alten heidnischen Feste sind durch die Herrschaft des Christentums ihrer heiligen Qualität völlig beraubt worden. So ist Samhain (das heutige Allerheiligen) in den USA völlig unter die Herrschaft der Süßigkeitenindustrie geraten und auch das Julfest, einstmals das heiligste der heidnischen Feste, befindet sich im Klammergriff wirtschaftlichen Profitdenkens: Sein später Nachfahr, das Weihnachtsfest, geht heute völlig im Lärm der Registrierkassen unter. Doch noch immer wohnt diesen Tagen und Nächten eine uralte Magie inne, so dass wir Wiccaner sie nach wie vor feiern.

Rituale können sehr unterschiedlich sein, aber alle beziehen sich auf Göttin und Gott und auf unsere Heimat, die Erde. Sie werden meistens nachts abgehalten, was nicht nur praktische Gründe hat: Die Nacht ist generell offener für das Mysterium. Sabbatfeste hingegen sind als Sonnenfeste besser für die Mittagszeit oder den Abend geeignet, aber das wird heute kaum noch befolgt. Die Sabbate erzählen den Mythos von Göttin und Gott und erinnern an ihre Beziehung und ihre Bedeutung für die Fruchtbarkeit der Erde. Es gibt viele unterschiedliche Versionen dieses Mythos, doch übereinstimmend berichten alle, dass die Göttin am Jultag einen Sohn gebar, den Gott.

Das Julfest fällt auf die Tage um den 21. Dezember und doch ist diese Geschichte beileibe keine Adaption der christlichen Weihnachtsgeschichte – im Gegenteil: Die Wintersonnenwende galt schon viel früher als Zeitpunkt göttlicher Geburt. So soll etwa auch der indoiranische Gott Mithras um diese Zeit geboren worden sein. Das Christentum übernahm diesen Termin im Jahre 273 einfach für seine eigenen Zwecke.

Das Julfest ist eine Zeit der tiefsten Finsternis und markiert den kürzesten Tag des Jahres – ein Phänomen, das die Menschen schon früh erkannten und auf das sie mit inständigen Bitten an die Naturkräfte reagierten, die Tage wieder länger und die Nächte kürzer werden zu lassen. Im Wicca-Kult wird dieses Fest oft kurz vor Sonnenaufgang gefeiert, so dass das Erscheinen der Sonne wie eine Belohnung für die rituellen Anstrengungen wirkt.

Da der Gott mit der Sonne identisch ist, steht das Julfest gleichzeitig für die Wiedergeburt der Sonne: daher auch die vielen Feuer und Kerzen, die an diesem Festtag angezündet werden. Sie symbolisieren die Wiederkehr der Sonne. Die Göttin aber, die den Winter über in ihren Wehen lag, ruht nun eine Zeit lang nach ihrer Niederkunft.

Das Julfest ist ein Überbleibsel sehr früher Rituale, die das Ende des langen Winters beschleunigen und den Frühling mit seiner Fülle herbeibeschwören sollten, damit das Hungern und Vorrathalten ein Ende hatte. Für den modernen Wicca-Kult ist es auch eine Erinnerung daran, dass jeder Tod in eine Wiedergeburt mündet (Näheres dazu siehe in Kapitel neun: »Die Spirale der Wiedergeburt«, ab Seite 91).

Imbolc oder Lichtmess liegt auf dem 2. Februar. Dieser Tag erinnert an die Genesung der Göttin nach ihrer Niederkunft: Die nunmehr längeren Phasen des Lichts wecken sie aus ihrem Schlaf. Der Gott, nun schon ein junger, lebhafter Knabe, zeigt seine Macht in den länger werdenden Tagen, seine Wärme düngt die Erde (die Göttin) und bringt die Samen zum Wachsen und Sprießen. Der Frühling ist gekommen.

Dieser Tag ist ein Sabbat der Reinigung. Die Kräfte der Sonne erneuern das Leben, das der Winter eingeschlossen hatte. Er ist aber auch ein Fest des Lichtes und der Fruchtbarkeit, das man in Europa mit großen Feuern und Fackelzügen feierte. Das Feuer symbolisiert unsere eigene Inspiration und Erleuchtung ebenso wie Wärme und Licht.

Imbolc ist unter vielen anderen Namen bekannt: zum Beispiel als Fest der Fackeln, Oimelc, Lupercalia, Panfest, Fest des zunehmenden Lichtes oder Tag der Birgit. Einige Wiccanerinnen befolgen noch heute den alten skandinavischen Brauch und setzen sich eine Krone mit brennenden Kerzen aufs Haupt. Aber sie sind nicht die Einzigen, die dieses Fest auf besondere Art begehen: Imbolc wird traditionell für Initiationen in Hexenzirkeln genutzt und ist zudem ein guter Zeitpunkt für Rituale der Selbstweihe, wie sie in Kapitel zwölf (ab Seite 111) beschrieben werden.

Das Ostara-Fest, das etwa um den 21. März liegt, ist der Tag der Frühlings-Tagundnachtgleiche; er markiert den Beginn des eigentlichen Frühlings. Die Energien der Natur verändern sich allmählich, die Kraftlosigkeit des Winters weicht dem überschäumenden Erwachen des Lebens. Die Göttin erwacht und schüttet das Füllhorn der Fruchtbarkeit über die Erde aus. Auch der Gott wächst und reift heran; er geht über die grünen Felder und erfreut sich an der Fülle der Natur.

An Ostara sind Tag und Nacht gleich lang. Das Licht beginnt nun, die Dunkelheit zu überholen. Göttin und Gott drängen die wilden Tiere der Erde, sich zu vermehren. Es ist auch ganz allgemein eine Zeit des Beginnens, der Aktivität. Jetzt ist auch der richtige Moment, Zaubersprüche zu säen, damit in der Zukunft geerntet werden kann. Es ist auch der ideale Zeitpunkt, den rituellen Garten zu bestellen.

Beltane oder Walpurgis (30. April) kennzeichnet den Übergang des jungen Gottes ins Mannesalter. Die Energien, die sich in der Natur entfalten, wecken sein Verlangen nach der Göttin. Beide werden von der Liebe ergriffen, betten sich in Gras und Blüten und vereinigen sich: So empfängt die Göttin vom Gott. Dieses Wicca-Ritual feiert die Fruchtbarkeit der Göttin.

Beltane blickt auf eine lange und reiche Tradition zurück: Seit dem Mittelalter feiert man in Deutschland diesen Tag, indem man Maibäume aufstellt, die im Grunde nichts anderes sind als Phallussymbole. Die Menschen brachen an Walpurgis auf Feldern und in Gärten Blumen und grüne Zweige und schmückten damit ihre Maibäume, ihre Häuser und sich selbst. Beltane markiert die Wiederkehr von Lebenskraft, Leidenschaft und Hoffnung; die Blumen und das Grün stehen in diesem Ritual für die Göttin, der Maibaum für den Gott.

Auch heute noch wird der Maibaum manchmal bei Wicca-Ritualen eingesetzt. Aber es ist der Kessel, der das eigentliche Zentrum der Zeremonie darstellt: Er symbolisiert natürlich die

Göttin, das Wesen des Weiblichen, die Stillung aller Bedürfnisse, das Gegenteil und die Entsprechung des Maibaumes und damit des Gottes.

Mittsommer, die Sommersonnenwende um den 21. Juni herum, ist auch als Litha bekannt. Es ist der Tag, an dem der Sommer seinen Zenit erreicht. Die Erde wuchert mit der Fruchtbarkeit von Göttin und Gott. Früher zündete man Freudenfeuer an, um Fruchtbarkeit, Reinigung, Gesundheit und Liebe zu fördern. Das Feuer repräsentiert hier wieder die Sonne, deren längsten Tag man feiert. Mittsommer ist ein klassischer Tag für Magie jeglicher Art.

Lughnasadh (1. August) ist die Zeit der ersten Ernte. Die Frühlingspflanzen verwelken und werfen ihre Früchte und Samen ab; sie schenken uns den Fortbestand ihrer Art, damit wir sie nutzen können. Auch der Gott verliert jetzt allmählich seine Kraft: Die Sonne geht jeden Tag ein Stückchen südlicher auf, die Nächte werden länger. Die Göttin betrachtet dies mit Trauer und Freude. Sie sieht den Gott sterben und weiß doch zugleich, dass er in ihr als Kind weiterlebt. Lughnasadh ist auch als Fest des Brotes, Fest des Lichtgottes und Lammas bekannt. Ursprünglich fand es gar nicht an diesem Datum statt, sondern fiel mit der ersten Reife zusammen.

Während der Sommer langsam seine Kraft verliert, nutzen die Wiccaner ihre Mahlzeiten, um sich seiner ganzen Wärme und Fülle zu erinnern. Jedes Mahl ist eine Erinnerung an die Natur und daran, dass nichts im Universum Bestand hat.

Mabon (etwa um den 21. September) ist der Tag der Herbst-Tagundnachtgleiche. Er beendet die Ernte, die mit Lughnasadh begann. Wieder sind Tag und Nacht gleich lang und halten sich die Waage. Der Gott bereitet sich jetzt darauf vor, seinen physischen Körper zu verlassen und seine große Reise ins Unbekannte anzutreten, wo die Göttin sich erneuert und wiedergeboren wird.

Die Natur nimmt ihre Fülle zurück und bereitet sich auf den Winter und die Ruhephase vor. Die Göttin nickt der schwächer werdenden Sonne zu, aber das Feuer brennt in ihrem Schoß weiter. Sie spürt die Präsenz des Gottes auch noch in seinem Verschwinden.

Zu Samhain (am 31. Oktober) verabschieden sich die Wiccaner vom Gott. Er verschwindet jedoch nicht in ewiger Finsternis, sondern bereitet sich auf das Julfest und seine neuerliche Wiedergeburt durch die Göttin vor. Samhain, auch bekannt als Totenfest, Apfelfest und Halloween, war einst die Zeit der Opfergaben. An einigen Orten wurden an diesem Tag Tieropfer dargebracht, um so die Ernährung während des Winters zu sichern. Der Gott, der mit den Tieren gleichgesetzt wird, muss sterben, damit wir überleben können.*

Samhain ist die Zeit des In-sich-Gehens, des Rückblicks auf das Jahr und der Fügung in jene unumstößliche Tatsache des Lebens, über die wir keine Kontrolle haben: den Tod. Die Wiccaner spüren, dass der Grat zwischen physischer und spiritueller Realität jetzt sehr schmal ist. Sie erinnern sich an ihre Vorfahren und alle, die ihnen vorausgegangen sind. Nach Samhain feiern wir wieder das Julfest. Der Kreis des Jahres schließt sich endlich wieder.

Doch es gibt noch so manches Mysterium zu klären. Warum ist der Gott einmal der Sohn und dann wieder der Liebhaber der Göttin? Das ist sicher kein Fall von Inzest, sondern Symbolik. In diesem bäuerlichen Mythos, von denen es im Wicca-Kult viele gibt, wird die stets sich wandelnde Fruchtbarkeit der Erde durch Göttin und Gott symbolisiert. Der Mythos behandelt die Mysterien von Geburt, Tod und Wiedergeburt. Er feiert die geheimnisvolle und zugleich wunderbare Wirkung der Liebe und ehrt die Frauen, die unseren Fortbestand sichern. Aber er stellt auch unsere Abhängigkeit von Erde, Sonne und Mond heraus und zeigt die Bedeutung der Jahreszeiten für unser alltägliches Leben.

Für Bauernvölker ist der wichtigste Aspekt dieses Mythen-

---

* Die Vegetarier und Tierfreunde unter den Wiccanern werden das nicht gern hören, aber die Tradition schrieb es früher so vor. Natürlich opfern wir heute in unseren Ritualen keine Tiere mehr. Die Opferung war nur als *Symbol* für den Tod des Gottes zu verstehen.

zirkels sicherlich die Gewinnung der Nahrungsmittel durch den Austausch zwischen Göttin und Gott. Unsere Nahrung, ohne die wir nicht überleben könnten, ist untrennbar mit den Gottheiten verknüpft. Und tatsächlich sehen die Wicca-Anhänger im Essen nur eine weitere Manifestation göttlicher Energien.

Das Feiern der Sabbate beschert uns Wicca-Hexen ein harmonisches Verhältnis zur Erde und zu den Göttern: Wir versichern uns dadurch unserer Verwurzelung in der Erde, während die Vollmondrituale unsere Verbindung zur Göttin erneuern.

Der weise Wiccaner tut also gut daran, Sabbate und Esbate einzuhalten, denn es sind schließlich Zeiten symbolischer und realer Macht. Sie wie auch immer zu ehren ist ein wesentlicher Bestandteil unseres Kults.

Kapitel 9
Die Spirale der Wiedergeburt

Wohl kaum ein Thema wird heute so kontrovers diskutiert wie die Reinkarnation. Jedes Jahr erscheint eine Reihe von Büchern darüber, so als ob unsere westliche, moderne Welt dieses uralte Problem erst jetzt entdeckt hätte.

Die Lehre von der Reinkarnation stellt vielleicht eines der wichtigsten Elemente des Wicca-Kultes dar. Das Wissen darum, dass wir mehr als ein Leben haben und dass wir nicht aufhören zu existieren, wenn unser Körper stirbt, sondern in einem anderen Körper wiedergeboren werden, kann viele Fragen beantworten. Aber es wirft auch viele neue Fragen auf. Zum Beispiel: Warum werden wir überhaupt wiedergeboren? Wie viele andere Religionen auch geht die Wicca-Lehre davon aus, dass die Reinkarnation unserer Seele uns die Möglichkeit bietet, uns zu vervollkommnen. Eine Lebensspanne reicht dafür nicht aus: Unser Bewusstsein (unsere Seele) muss mehrfach geboren werden. Jedes Leben erteilt uns eine neue Lektion, bis wir schließlich Vollkommenheit erlangen.

Niemand weiß, wie viele Leben dazu nötig sind. Als Menschen verfallen wir nur allzu schnell in entwicklungsfeindliche, starre Gewohnheiten. Gier, Zorn, Eifersucht, Besessenheit und andere negative Emotionen behindern zudem unsere Entwicklung. Ein zentrales Ziel des Wicca-Kultes ist es daher, Körper, Geist und Seele zu stärken. Wir führen ein reiches, produktives Leben. Aber wir versuchen, anderen dabei nicht zu schaden und Alternativen zum Konkurrenzkampf, zur Ellenbogenmentalität und Selbstsucht unserer heutigen Gesellschaft zu finden.

Die Seele ist alterslos, geschlechtslos und unkörperlich. In ihr leuchtet der himmlische Funke von Göttin und Gott. Jede Manifestation der Seele, jeder Körper also, den sie bewohnt, ist anders. Keine zwei Körper und keine zwei Leben gleichen sich. Wäre das nicht so, würde die Seele stagnieren. Geschlecht, Rasse, Geburtsort, Klassenzugehörigkeit, jeder einzelne individuelle Charakterzug der Seele wird durch das Verhalten in den vergangenen Leben bestimmt. Dies sind die Lehren, die unserem jetzigen Leben aufgegeben sind.

Damit haben wir einen wesentlichen Grundsatz der Wicca-Philosophie isoliert: *Wir selbst* bestimmen, wie unsere Leben verlaufen – und nicht irgendein Gott oder Fluch. Es gibt keine mysteriöse Macht, kein unabwendbares Schicksal, das wir für die leidvollen Prüfungen unserer Existenz verantwortlich machen könnten. Wir selbst entscheiden, was wir für unsere Weiterentwicklung brauchen und in unserer nächsten Inkarnation hoffentlich auch dazulernen. Schaffen wir das nicht, so sinken wir in Dunkelheit zurück.

Eine wichtige Hilfe für die Lehren, die wir aus jedem Leben zu ziehen haben, ist ein Phänomen, das als Karma bekannt ist. Es wird allerdings häufig missverstanden. Karma hat nichts mit Bestrafung und Belohnung zu tun; es ist vielmehr eine Orientierungshilfe für die werdende Seele. Wenn ein Mensch Negatives tut, wird er ein negatives Feedback erhalten. Und ebenso bringt Gutes wieder Gutes hervor. Hat man dies einmal verstanden, so hat man einen guten Grund, negative Handlungen zu unterlassen. Karma bedeutet Handlung und ist ein Hilfsmittel für uns, keine Bestrafung. Man kann seinem Karma zwar nicht entgehen, aber nicht jedes schreckliche Ereignis in unserem Leben ist deshalb gleich ein Produkt unseres Karmas.

Man kann aus seinem Karma nur lernen, wenn man es auch kennt. Das ist der Grund, warum viele Hexen ihre früheren Leben erforschen. Sie wollen ihre alten Fehler erkennen und dadurch besser verstehen, was sie in diesem Leben in ihrer Weiterentwicklung behindert. Trance und Meditationen können hier gute Dienste leisten. Aber der wahre Königsweg ist die *Selbsterkenntnis*.

Rückführungen in frühere Leben können allerdings sehr gefährlich sein. Ich kann kaum noch sagen, wie viele Kleopatras, Merline, Marias, Nofretetes und andere historische Persönlichkeiten mir schon in modernen Tennisschuhen und Jeans begegnet sind. Unser Wachbewusstsein lässt sich auf der Suche nach früheren Inkarnationen leider nur allzu gern von solchen romantischen Idealen verführen.

Wenn Sie unsicher sind und lieber nicht in Ihre früheren Leben zurückblicken wollen, schauen Sie sich Ihr jetziges an. Sie können alles Wichtige über Ihre damaligen Existenzen ebenso gut aus Ihrem jetzigen Leben lernen. Probleme, die Sie bereits in einer früheren Existenz gelöst haben, werden Sie jetzt sicherlich nicht mehr behelligen. Aber die ungelösten Probleme, die Sie damals nicht bewältigen konnten, kehren in Ihrem jetzigen Leben wieder. Sehen Sie es sich also genau an.

Lassen Sie abends noch einmal den Tag vor dem geistigen Auge vorüberziehen. Registrieren Sie sowohl positive wie negative Handlungen und Impulse. Blicken Sie auf die letzte Woche zurück, das letzte Jahr, das letzte Jahrzehnt. Lesen Sie in alten Tagebüchern, Briefen und Zeitschriften, um Ihr Gedächtnis wieder aufzufrischen. Machen Sie immer wieder die gleichen Fehler? Falls ja, entwickeln Sie ein Ritual, in dem Sie sich schwören, diese Fehler nicht mehr zu begehen.

Treten Sie zum Beispiel vor den Altar oder Schrein und schreiben Sie alle Fehler auf ein Stück Papier: Ihre negativen Gefühle, Ängste, Maßlosigkeiten, Ihre Beeinflussbarkeit, Ihre emotionale Abhängigkeit von einem Partner, dem Sie gleichgültig sind, und so weiter. Visualisieren Sie all dies, während Sie es aufschreiben – aber *als etwas Vergangenes*, etwas bereits Überwundenes.

Zünden Sie dann eine rote Kerze an. Halten Sie das Papier in die Flamme und werfen Sie es in den Kessel oder einen anderen feuerfesten Behälter. Sagen Sie mit lauter Stimme, dass Sie diese alten Fehler überwunden haben; wichtig ist, dass Sie selbst davon überzeugt sind. Stellen Sie sich nun Ihr zukünftiges Leben vor, ohne diese destruktiven Behinderungen und Verhaltensweisen. Wiederholen Sie diesen Zauber gegebenenfalls, am besten in einer abnehmenden Mondnacht, um so auch das Schwinden dieser negativen Eigenschaften zu unterstützen.

Wenn Sie Ihre Entscheidung, sich in diesem Leben weiterzuentwickeln, durch ein Ritual untermauern, wird sie an Durchschlagskraft gewinnen. Bei Rückfällen in alte Verhaltens-, Denk- oder Empfindungsmuster rufen Sie sich einfach dieses Ritual ins Gedächtnis zurück und nutzen seine Kraft, um der Versuchung zu widerstehen.

Was geschieht nach dem Tod? Nur der Körper stirbt. Die Seele aber lebt weiter. Sie wandert nach der Vorstellung einiger Wiccaner in ein anderes Reich, das mal als Feenland, dann wieder als Land des Licht oder der Jugend bezeichnet wird.[*] Dieses Reich liegt weder im Himmel noch in der Unterwelt. Es ist einfach da, eine unkörperliche Existenzform, die viel weniger Dichte hat als unsere eigene. In anderen Wicca-Traditionen ist es ein Land des ewigen Sommers, mit Graslandschaften und lieblichen Flüssen, vielleicht die Erde vor der Ankunft des Menschen. Andere wiederum stellen es sich als ein Reich ohne Formen vor, in dem Energiewirbel in Harmonie mit den größten Energien existieren: Göttin und Gott in ihrer himmlischen Identität.

Die Seele, so sagen einige, blickt auf ihre vergangenen Leben zurück, vielleicht in irgendeiner geheimnisvollen Verbindung mit den Gottheiten. Es ist kein richtender, urteilender

---

[*] Diese Namen stammen aus dem Keltischen. Ein weiterer Wicca-Begriff dafür lautet Sommerland und ist theosophischen Ursprungs.

Blick, sondern ein Überblick über die eigenen Inkarnationen. Gelernte und verpasste Lektionen treten dabei gleichermaßen ins Licht. Nach einer gewissen Zeit, wenn die entsprechenden Bedingungen auf der Erde gegeben sind, kann die Seele sich reinkarnieren und das Leben beginnt erneut.

Eine Frage ist noch ungeklärt: Was geschieht nach der letzten Inkarnation? Die Wicca-Lehre ist hier etwas vage; aber sie geht im Prinzip davon aus, dass Seelen, die den Spiralzyklus von Leben, Tod und Wiedergeburt vollendet haben, frei werden und auf ewig bei Göttin und Gott bleiben. Nichts geht verloren. Die Energien unserer Seele kehren nur zu dem göttlichen Ursprung zurück, aus dem sie kamen.

Die Reinkarnationslehre nimmt den Wicca-Hexen die Angst vor dem Tod. Er ist für sie kein Absturz ins absolute Nichts, kein endgültiges Ende unserer irdischen Existenz. Er ist vielmehr eine Durchgangsstation zu neuer Geburt. Und so ist unser Leben symbolisch mit dem ewigen Kreislauf der Natur verknüpft, der unseren Planeten geformt hat.

Versuchen Sie dennoch auf keinen Fall, sich dazu zu »zwingen«, an die Reinkarnation zu glauben. Wissen ist hier allemal wertvoller als bloßer Glaube, denn der Glaube ist für die Unwissenden. Es ist nicht klug, eine so wichtige Doktrin wie die Reinkarnation blindlings zu übernehmen, ohne zu überprüfen, ob sie einem überhaupt etwas sagt.

Seien Sie auch vorsichtig mit der Vorstellung der Seelenverwandtschaft – egal, wie tief Ihre Verbindung zu Ihren Lieben sein mag. Seelenverwandte sind Menschen, die wir in früheren Leben bereits geliebt haben und die wir deshalb jetzt wieder lieben müssen. Unser Gefühl mag hier echt und tief sein, aber es muss sich deshalb noch lange nicht auf Fakten zurückführen lassen. Sind also die wenigen Menschen, mit denen wir auf einer Wellenlänge sind, wirklich Seelenverwandte?

Das Problem bei der Seelenverwandtschaft ist, dass sie uns untrennbar mit der Seele eines anderen verbindet. Wenn seine Seele uns tatsächlich bei unseren Inkarnationen begleitet, haben wir nicht wirklich dazugelernt. Zu behaupten, dass man einen Seelenverwandten getroffen hat, kommt also dem Eingeständnis gleich, dass man auf der Spirale der Reinkarnation stehen geblieben ist.*

Vielleicht werden Sie eines Tages zweifelsfrei *wissen*, dass die Reinkarnation so real ist wie die Metamorphosen einer Pflanze: Auch sie wächst, blüht, wirft ihren Samen ab und verwittert, nur um dann in einer neuen Pflanze weiterzuleben, die ihr Ebenbild ist. Dieser reale Vorgang in der Natur könnte ohne weiteres der erste Auslöser für die Lehre der Reinkarnation gewesen sein. Überdenken, wägen Sie die Reinkarnationslehre daher sorgfältig und entscheiden Sie dann selbst, was Sie davon halten.

Kapitel 10
Die Initiation

Fast alle schamanischen und magischen Religionen kennen den Initiationsritus. Er macht den Außenstehenden zum vollwertigen Mitglied einer bestimmten Religion, Gesellschaft, Gruppe oder eben eines Hexen-Covens. Daher markiert die Initiation einen entscheidenden Wendepunkt im Leben des Novizen.

Es ist unter den Wiccanern viel über den Initiationsritus gesprochen worden. Jede Tradition hat ihre eigene Zeremonie, die bei den anderen Gruppen nicht immer auf Zustimmung stößt. Aber in einem Punkt sind sich doch fast alle einig: Wicca kann nur werden, wer eine solche Initiation erfährt.

Die meisten Initiationsriten sind nichts anderes als Zeremonien, die die Aufnahme eines neuen Mitglieds in einen Hexenzirkel einleiten und seinem Bekenntnis zu Göttin und Gott Ausdruck verleihen. Manchmal wird dem neuen Mitglied dabei auch »magische Macht« verliehen. Für Außenstehende mag diese Zeremonie vielleicht wie ein Bekehrungsritual wirken, aber das ist

---

* Mir ist bewusst, dass ich mich hier auf dünnes Eis begebe. Trotzdem habe ich viele, viele Leute getroffen, die sich sicher waren, Seelenverwandte getroffen zu haben, und später zugeben mussten, dass sie sich geirrt hatten.

sie nicht. Der Gedanke, andere bekehren zu wollen, ist dem Wicca-Kult fremd. Wir verdammen die Götter nicht, die wir vielleicht früher angebetet haben – wir wenden uns nicht einmal von ihnen ab.

Der Initiationsritus* ist besonders wichtig für Wicca-Covens, die ihre Riten geheim halten wollen. Jeder, der einer solchen Gruppe beitreten möchte, wird einer strengen Initiation unterzogen, die ihn unter anderem zu absoluter Geheimhaltung verpflichtet. Das ist in diesem Falle durchaus sinnvoll, aber nicht das Entscheidende.

Mir sind viele Menschen begegnet, die der festen Überzeugung waren, sich einer solchen Initiation unterziehen zu *müssen*. Offenbar fürchteten sie, ohne diese offizielle Einweihung kein echter Wiccaner werden zu können. Wer dieses Buch aber bis hierhin gelesen hat, weiß, dass das nicht stimmt.

Bis vor etwa zehn Jahren noch war Wicca eine hermetische, geheime Religion; heute ist sie das nicht mehr: Die Geheimnisse der Wicca-Lehre stehen nunmehr jedem offen, vorausgesetzt, er kann lesen und hat eine »Antenne« für diese Dinge. Sicher gibt es noch einige Geheimnisse, ein paar Geheimrituale, Zaubersprüche, Götternamen usw. Aber das sollte Sie nicht beunruhigen. Für jedes Geheimritual und für jeden Namen der Göttin gibt es Dutzende, wenn nicht Hunderte anderer, die genauso gut und jedem zugänglich sind. Es gab noch nie so viele Veröffentlichungen über den Wicca-Kult wie heute. Der Geheimlehre von einst sind kaum noch Geheimnisse geblieben.**

Trotzdem halten viele eisern an der Notwendigkeit der Initiation fest – vermutlich, weil sie glauben, dass dieser magische Ritus ihnen Einblick in die *Geheimnisse des Universums* und Zugang zu *ungeahnter Macht* gewährt. Einige besonders elitäre

---

* Man sollte hier vielleicht besser von Initiationsriten sprechen, denn in vielen Gruppen werden drei aufeinander folgende Rituale ausgeführt.
** Es gibt Covens, die ihr eigenes Ritualbuch schreiben und es nur Eingeweihten zugänglich machen. Damit gewährleisten sie eine gewisse Geheimhaltung – aber das heißt nicht, dass sie dadurch auch ehrwürdiger oder besser als andere Zirkel werden.

Wiccaner glauben sogar, dass Göttin und Gott nur dem zuhören, der Besitzer eines Athame-Messers ist und einem Hexen-Coven angehört. Nichts könnte weiter von der Wahrheit entfernt sein: Die Initiation ist im Grunde keine rituelle Einweihung, die ein Mensch einem anderen zukommen lassen kann, selbst wenn man einmal davon ausgeht, dass er während des Ritus mit besonderer göttlicher Macht ausgestattet ist. Die wahre Initiation ist vielmehr ein innerer Prozess, eine allmähliche, zuweilen auch spontane Annäherung der Seele an Göttin und Gott. Das Initiationsritual ist nur ein äußeres Zeichen für diesen inneren Prozess. Die wirkliche, *innere* Initiation kann Wochen oder Monate nach diesem formellen Akt oder sogar schon weit vorher erfolgen.

Es ist also ohne weiteres denkbar, dass ein Wicca-Anhänger seine eigentliche Initiation bereits Jahre vor dem ersten Kontakt mit einer Wicca-Gruppe erfahren hat. Ist diese Initiation darum weniger authentisch oder real, nur weil sie nicht durch ein formelles Ritual durch die Vermittlung eines anderen erfolgte? Wohl kaum. Seien Sie also beruhigt, Sie brauchen weder Hexen-Covens noch Lehrer, um eine echte Wicca-Initiation zu erfahren. Es kann sogar sein, dass Sie Ihre eigene Initiation nicht einmal bewusst wahrnehmen. Ihr Leben verändert sich unmerklich und plötzlich stellen Sie fest, dass Sie Vögel und Wolken anders wahrnehmen und mit Pflanzen und Tieren sprechen oder dass Sie in einsamen Nächten den Mond anstarren und beim Anblick des Sonnenuntergangs zu meditieren beginnen.

Möglicherweise haben Sie sich bereits unbemerkt dem Rhythmus der Jahreszeiten angepasst und Ihre Körperenergien harmonieren mit der äußeren Natur. Oder Göttin und Gott begleiten Ihre Gedanken schon wie eine leise, zarte Melodie und Sie praktizieren Rituale, ohne es selbst zu merken. Sie können sich ab jenem Augenblick mit Fug und Recht zu den Wiccanern zählen, da unsere alten Wege Ihr Leben zu bestimmen beginnen und Sie eine echte Beziehung zu Göttin und Gott hergestellt haben. Wenn Sie dann noch Ihre magischen Hilfsmittel beisammen haben und Ihre Riten und Magien mit Freude im Herzen ausüben, ist Ihre Initiation abgeschlossen.

Vielleicht aber sind Sie ehrgeiziger und möchten mit Hilfe eines Lehrers noch weiter kommen. Auch das ist in Ordnung. Sollten Sie aber keinen Lehrer finden, so können Sie sich beruhigt sagen, dass Ihre Zeit nicht vertan war. Sie haben nicht passiv darauf gewartet, dass Ihnen die Geheimnisse in den Schoß fallen, sondern sich in der alten Magie geübt und mit Göttin und Gott kommuniziert. Sie haben sich ohne fremde Hilfe spirituell weiterentwickelt, sich dem Wohl unserer Erde verschrieben und so die fehlende formelle Initiation durch die viel entscheidendere Veränderung Ihrer Lebens- und Denkweise mehr als wettgemacht.

Wenn Sie zu einem Lehrer oder einem Wicca-Coven Kontakt aufnehmen, wird man Sie sicherlich mit offenen Armen aufnehmen. Falls Sie aber doch Probleme bekommen sollten, zum Beispiel mit dem dortigen Wicca-Verständnis oder mit den Wiccanern selbst, nehmen Sie es nicht zu schwer. Sie können jederzeit zu Ihrer eigenen Wicca-Praxis zurückkehren und Ihre Suche dann in Ruhe fortsetzen.

Unser Weg kann sehr einsam sein. Es gibt nicht allzu viele, die die alten Pfade gehen. Und es ist manchmal ziemlich frustrierend, wenn man die Natur verehrt, aber gleichzeitig mit ansehen muss, wie sie unter Bergen von Zement erstickt, ohne dass sich jemand daran stört.

Wenn Sie Gleichgesinnte finden wollen, können Sie sich aus Büchern oder im Internet Adressen besorgen und ihnen schreiben. Lesen Sie die Neuerscheinungen über den Wicca-Kult und die Göttin. Bleiben Sie auf dem Laufenden über das, was in der Welt des Wicca passiert. Schreiben Sie neue Rituale und Zaubersprüche und legen Sie eine Sammlung an. Sorgen Sie dafür, dass Ihr Wissensstand nicht veraltet.

Sicherlich werden viele Leser ihre innere Entscheidung für ein Leben mit Wicca durch eine Selbst-Initiation auch äußerlich besiegeln wollen. Ein geeignetes Ritual dafür findet sich in Teil II auf Seite 115. Aber auch dieses Ritual ist wiederum nur ein Vorschlag. Zögern Sie nicht, es nach Ihren Vorstellungen zu verändern.

Wenn Sie Freunde und Interessenten zu Ihren Riten einladen, lassen Sie sie nicht einfach zusehen, wie Sie »Hohepriesterin« oder »Hexenmeister« spielen. Beziehen Sie sie in die rituelle Handlung mit ein und benutzen Sie Ihre Erfahrung und Ihre Fantasie, um sie in die Rituale zu integrieren.

Wenn Sie unbeschreibliche Freude bei Sonnenuntergang oder Mondaufgang empfinden, wenn Sie Göttin und Gott in den Baumwipfeln der Bergrücken oder in den sich durch die Felder schlängelnden Flüssen sehen oder mitten im Stadtlärm die Energien der Erde pulsieren fühlen, haben Sie die wahre Initiation bereits erfahren und stehen in Kontakt mit den altehrwürdigen Kräften und Wegen der Götter.

»Nur ein Wiccaner kann uns zum echten Wiccaner machen«, sagen einige. Ich persönlich meine, nur Göttin und Gott können uns zu wahren Wicca-Anhängern machen. Denn wer wäre wohl qualifizierter als sie?

Teil II
Die Praxis

Kapitel 11
Übungen und magische Techniken

Auf den folgenden Seiten lernen Sie einige Übungen und Techniken kennen, die Sie in Ihrem »wiccanischen Wachstum« voranbringen werden. Für diese Übungen brauchen Sie nicht mehr Zeit als ein paar Minuten täglich. Trotzdem sollte ihre Bedeutung nicht unterschätzt werden: Sie sorgen dafür, dass uns die wiccanischen Riten und Zauber leichter von der Hand gehen. Integrieren Sie diese Übungen also in Ihre tägliche Routine und Sie werden erstaunt sein, wie schnell Sie dann weiterkommen.

Das Spiegelbuch

Beginnen Sie damit, dass Sie in einem so genannten »Spiegelbuch« Ihre Fortschritte und Erfahrungen notieren. Sie können ein abschließbares Tagebuch oder ein einfaches Ringbuch dafür benutzen. Beginnen Sie am besten gleich nach der Lektüre dieses Kapitels und halten Sie darin alle Gedanken und Gefühle fest, die Sie im Zusammenhang mit Wicca haben: Gelesenes, magische Erfolge und Misserfolge, Zweifel und Ängste, wichtige Träume – selbst Ihre Alltagssorgen.

Dieses Buch ist allein für Ihre Augen bestimmt. Niemand anders wird es jemals zu Gesicht bekommen. Es ist ein »Spiegel« Ihres spirituellen Innenlebens und kann Ihnen wichtige Aufschlüsse über Ihren Fortschritt in der Wicca-Praxis und im Leben selbst geben. Auf diese Weise werden Sie mit Hilfe des Buches zu Ihrem eigenen Lehrer. Lesen Sie also öfter darin, suchen Sie nach wiederkehrenden Problemen und Rückschritten und packen Sie diese an.

Die beste Zeit für Ihre Aufzeichnungen ist meiner Erfahrung nach direkt vor dem Schlafengehen. Datieren Sie unbedingt Ihre Einträge; Sie können auch die Mondphasen darin notieren und alle astronomischen Daten, die Ihnen wichtig erscheinen (Wetter, Mondfinsternisse etc.).

Eines der höchsten Ziele des Wicca-Kults ist die Selbsterkenntnis; dafür bietet Ihnen das Spiegelbuch eine wertvolle Hilfestellung.

Das Atmen

Das Atmen ist normalerweise ein unwillkürlicher Akt, den wir während des ganzen Lebens ständig ausführen. In der Magie wie auch im Wicca-Kult allerdings machen wir uns das Atmen gezielt zunutze, um uns selbst zu disziplinieren und unser Bewusstsein zu erweitern. Denn wer richtig meditieren will, muss erst lernen, richtig zu atmen. Das Atmen ist also eine sehr wichtige Übung, aber glücklicherweise auch sehr einfach.

Um richtig und tief zu atmen, braucht man die gesamte Lungenkapazität und das Zwerchfell. Letzteres liegt etwa zwei Fingerbreit unterhalb des Rippenbogens. Drücken Sie diese Region beim Einatmen nach außen und Sie werden merken, wie viel mehr Luft Sie nun einatmen können.

Suchen Sie sich für die Atemübungen eine bequeme Stellung im Sitzen oder Liegen (obwohl man in fast jeder Position tief atmen kann). Entspannen Sie nun Ihren Körper. Atmen Sie langsam durch die Nase ein und zählen Sie bis zehn. Wichtig ist, dass Sie stets dabei entspannt sind und auch nicht vergessen, auch in die Zwerchfellregion zu atmen. Halten Sie die Luft eine Weile an und atmen Sie dann wieder langsam zählend aus.

Wiederholen Sie diese Übung einige Male und atmen Sie von Mal zu Mal tiefer und langsamer. Halten Sie die Luft aber immer nur so lange an, wie es angenehm für Sie ist. Das Einatmen, Luftanhalten und Ausatmen sollte immer entspannt, ruhig und kontrolliert erfolgen. Konzentrieren Sie sich auf den Atemvorgang. Atmen Sie Liebe, Gesundheit und inneren Frieden ein. Sie können sich diese positiven Energien vielleicht am besten als golden schimmernde Luft vorstellen. Lassen Sie umgekehrt beim Ausatmen Hass, Krankheit und Zorn aus Ihren Lungen austreten wie schwarzen Rauch. Stellen Sie sich dieses Bild konkret vor.

Der Sauerstoff ist der Atem des Lebens, ohne ihn könnten wir nicht existieren. Wenn Sie lernen, richtig zu atmen, wird es Ihnen helfen, besser mit Ihrem Leben zurechtzukommen und auch ein besserer Wiccaner zu werden. Das tiefe Atmen wird vor jedem Ritual und jedem Zauber eingesetzt und ist ein wichtiges Element bei Konzentrations- und Visualisierungsübungen. Atmen Sie tief, wenn Sie vor Wut schier platzen könnten – lassen Sie die Aggression mit der Luft aus Ihrem Körper heraus und atmen Sie inneren Seelenfrieden ein.

Machen Sie diese Atemübungen täglich und steigern Sie allmählich Ihre Fähigkeit, die Luft anzuhalten. Es ist ratsam, diese Übung gelegentlich auch am Meer oder im Wald fernab von unserer verpesteten Stadtluft zu machen: Das tiefe Atmen in der Natur ist nämlich nicht nur friedvoller, sondern auch gesünder.

Meditation

Das Meditieren ist eine wichtige Technik, um tiefe, totale Entspannung herzustellen. Kaum jemand findet heute noch wirklich Zeit, den Alltagsstress loszuwerden – hier kann die Meditation einen wichtigen Ausgleich bieten. Was aber noch wichtiger ist: Sie verschafft uns die innere Ruhe, Göttin und Gott und auch uns selbst wieder näher zu kommen. Die Meditation eröffnet einen Freiraum, in dem die Herrschaft des pragmatischen Alltagsbewusstseins über unsere medialen Fähigkeiten für einen Moment außer Kraft gesetzt ist; deshalb eignet sie sich gut als Einstieg für magische und rituelle Handlungen.

Die ideale Position für die Meditation ist das Sitzen, besonders für Praktizierende, die dazu neigen, während der Übung einzuschlafen. Setzen Sie sich also auf einen Stuhl mit gerader

Rückenlehne und legen Sie ein Kissen zwischen Rücken und Lehne, wenn es für Sie angenehmer ist. Halten Sie den Kopf gerade und schließen Sie die Augen. Setzen Sie sich nun aufrecht hin und lassen Sie die Hände mit den nach oben gedrehten Handflächen entspannt auf den Knien ruhen. Achten Sie darauf, dass Sie mit geradem Oberkörper, aber entspannt und bequem sitzen. Es kann eine Weile dauern, wenn Sie Haltungsprobleme haben, aber geben Sie nicht auf.

Atmen Sie einige Minuten tief durch. Entspannen Sie. Vergessen Sie alles. Visualisieren Sie, wie die unzähligen Alltagssorgen und Spannungen Ihren Körper mit Ihrem Atem verlassen. Lassen Sie sich entspannt noch ein Stück tiefer in den Stuhl sinken.

Öffnen Sie jetzt Ihr Bewusstsein, halten Sie es aufnahmebereit und wachsam. Sprechen Sie mit Göttin und Gott. Lassen Sie ihre Symbole vor Ihrem geistigen Auge erscheinen oder stimmen Sie einen ihrer Namen an. Das wird Ihnen das Eintauchen in die Dämmerwelt erleichtern.

Sie sollten Zeit und Ort Ihrer Meditation mit Bedacht wählen. Außerdem muss die Beleuchtung möglichst dezent sein: Ideal wäre Kerzenlicht – Sie können weiße oder blaue Kerzen anzünden. Auch Weihrauch passt zu einer Meditation, obwohl natürlich zu viel davon das Atmen erschwert.

Notieren Sie sich unmittelbar nach der Meditation alle Bilder, Gedanken und Gefühle in Ihr Spiegelbuch.

Visualisierung

Die Visualisierung ist zugleich die grundlegendste und fortgeschrittenste Technik für Magie und Wicca. Die Fähigkeit, vor seinem geistigen Auge Dinge erscheinen zu lassen, die physisch nicht vorhanden sind, ist ein effizientes magisches Werkzeug, das bei vielen Wicca-Ritualen genutzt wird. Zum Beispiel hängt das Öffnen des magischen Kreises nicht unwesentlich von der Fähigkeit ab, die eigenen Energien zu visualisieren und als helles Licht den rituellen Raum ausfüllen zu lassen. Die Visualisierung kanalisiert also lediglich die Energien, die den Zirkel erschaffen – Sie stellt sie nicht selbst her.

Visualisierungen können uns helfen, unser Leben und Denken zu verändern. All die zahlreichen Bücher über dieses Thema, die es auf dem Markt gibt, versprechen, die Geheimnisse der Visualisierung zu lüften. Aber im Grunde verfügen wir tief in uns selbst über diese Fähigkeit: Sie mag vielleicht nicht voll entfaltet sein, aber auch hier macht Übung den Meister. Können Sie sich jetzt zum Beispiel vorstellen, wie Ihr bester Freund oder Ihr Lieblingsschauspieler aussieht? Oder wie steht es mit Ihrem Haus, Ihrem Badezimmer, Ihrem Auto oder Ihrer Lieblingskleidung?

Genau das ist bereits Visualisierung. Es ist die Kraft, die Dinge mit dem Geist anstatt mit den Augen zu sehen. Magische Visualisierung heißt etwas zu sehen, was physisch gerade nicht vorhanden ist. Das kann ein magischer Zirkel sein, ein weit entfernter Freund oder ein magischer Talisman.

Wir können uns zum Beispiel auf unsere Körperenergien konzentrieren, sie mittels Visualisierung aus der Handfläche strömen und zu einer leuchtenden Kugel werden lassen. Zweierlei geschieht dabei: Wir verdichten die Energie *physisch* wie einen Schneeball und bearbeiten sie zugleich *geistig*, indem wir ihr in unserer Vorstellung eine von uns gewünschte Form geben.

Das macht die Visualisierung für die Magie ideal. Man kann Energien aktivieren und gleichzeitig das Bild von einem gewünschten Gegenstand vor seinem Geiste erscheinen lassen: zum Beispiel von einem neuen Auto. Man visualisiert das Auto, die Unterzeichnung des Kaufvertrages, eine Spritztour, das Tanken und die Ratenzahlungen. Dann lenkt man die aktivierten Energien auf die Visualisierung, um ihr Kraft zu geben und sie Wirklichkeit werden zu lassen. Die Visualisierung »steuert« oder »programmiert« also die Energie und ist daher eine Form von mentaler Magie. Wir stellen nicht den physischen Gegenstand her, sondern sein geistiges Bild in unserem Kopf.

Aber Gedanken sind dinglicher Natur. Sie bestimmen nachhaltig unser Leben. Wenn wir ständig darüber klagen, dass wir kein Geld haben, und uns dann vielleicht gerade mal fünfzehn Minuten lang ausmalen, wie wir welches verdienen könnten, bleiben immer noch mehr als 23 Stunden des Tages übrig, in denen wir uns selbst negativ programmieren. Wir müssen also lernen, unser Denken mit unseren Wünschen und Bedürfnissen in Einklang zu bringen – durch Visualisierung.

Um diese Technik weiterzuentwickeln, sollten Sie die folgenden einfachen Übungen versuchen, die unter den Wiccanern sehr verbreitet sind.

Erste Übung

Setzen oder legen Sie sich mit geschlossenen Augen bequem hin. Entspannen Sie Ihren Körper. Atmen Sie tief ein und aus und lassen Sie Ihren Geist zur Ruhe kommen. Es werden Ihnen dabei viele Bilder durch den Kopf gehen. Wählen Sie eines aus und halten Sie es fest – lassen Sie keine anderen Bilder dazwischenkommen. Konzentrieren Sie Ihre Gedanken auf dieses eine Bild. Halten Sie es so lange fest, wie Sie können, und lassen Sie es erst dann wieder los. Beenden Sie danach die Übung. Wenn es Ihnen gelingt, ein solches Bild länger als eine Minute festzuhalten, gehen Sie zur nächsten Übung über.

Zweite Übung

Entscheiden Sie sich für ein Bild und halten Sie es vor Ihrem geistigen Auge fest. Suchen Sie sich dafür zunächst einen realen dreidimensionalen Gegenstand, etwa eine Pyramide oder einen Apfel; Sie können aber auch etwas Komplexeres nehmen, zum Beispiel Botticellis berühmte Venus, die dem Meer entsteigt. Sehen Sie sich den gewünschten Gegenstand genau an: Studieren Sie jedes Detail – die Schatten, die auf ihn fallen, seine Beschaffenheit, die Farbe, vielleicht sogar seinen Geruch.

Nachdem Sie ihn gründlich studiert haben, schließen Sie die Augen und betrachten den Gegenstand noch einmal – nur diesmal mit geschlossenen Augen. Betrachten Sie ihn nur mit Ihrer magischen Fantasie, durch die Kraft Ihrer Visualisierung. Wenn

Sie das Bild fünf Minuten halten können, gehen Sie zur nächsten Stufe über.

Dritte Übung

Diese Übung ist schon etwas schwieriger und wirklich magischer Natur. Visualisieren Sie etwas, egal was. Wichtig ist nur, dass Sie den Gegenstand vorher noch nie gesehen haben: zum Beispiel Gemüse vom Jupiter, violett, rechteckig, etwa dreißig Zentimeter lang, voller grüner Haare und gelber Punkte.

Schließen Sie jetzt die Augen und schauen Sie sich das Jupitergemüse an. *Sehen* Sie es vor Ihrem geistigen Auge. Sie *erschaffen* es mit der Kraft Ihrer magischen Visualisierung. Lassen Sie dieses Gemüse Realität werden. Drehen Sie es in Gedanken, betrachten Sie es von allen Seiten und dann lassen Sie es verschwinden. Wenn Sie ein solches selbst erschaffenes Bild etwa fünf Minuten halten können, gehen sie zur nächsten Übung über.

Vierte Übung

Dies ist die schwierigste Übung. Halten Sie ein selbst erschaffenes Objekt wie das Jupitergemüse *bei geöffneten Augen* in Ihrem Geist fest. Bemühen Sie sich, es sichtbar, real, gegenständlich werden zu lassen. Blicken Sie auf eine Wand, den Himmel oder eine belebte Straße. Das Gemüse muss überall erscheinen. Lassen Sie es so real werden, dass Sie es berühren können. Versuchen Sie, es auf einen Tisch oder unter einen Baum zu legen.

Wenn die Visualisierung zu Veränderungen in der wirklichen Welt und nicht nur im Dämmerreich hinter unseren Augenlidern führen soll, müssen wir sie auch bei offenen Augen beherrschen lernen. Diese Fähigkeit, visualisierte Gegenstände oder Strukturen real und Teil unserer Welt werden zu lassen, ist der ultimative Test für die Visualisierung. Wenn Sie diese Übung beherrschen, haben Sie einen entscheidenden Fortschritt gemacht.

Das Spiel mit den Energien

Die Energien und magischen Kräfte, die Wicca aktiviert, sind höchst real. Sie stammen nicht aus irgendeiner abgehobenen Astralebene, sondern finden sich ganz konkret auf der Erde und auch in uns selbst. Sie sind es, die unser Leben erhalten. Jeden Tag verbrauchen wir unsere Energievorräte und jeden Tag müssen wir sie durch die Luft, die wir atmen, durch unser Essen und die Kräfte, die von Sonne und Mond auf uns herabströmen, wieder erneuern.

Diese Kräfte sind also physischer Natur. Sicherlich haftet ihnen auch etwas Geheimnisvolles an – aber eigentlich nur, weil sich kaum jemand mit Magie beschäftigt. Die folgenden Übungen sollen dieses Defizit ein wenig ausgleichen helfen. Wenn Sie wollen, können Sie auch noch einmal Kapitel drei, »Magie«, ab Seite 36 lesen.

Werden Sie ruhig und atmen Sie tief ein und aus. Reiben Sie nun Ihre Handflächen zwanzig Sekunden lang gegeneinander. Beginnen Sie zunächst langsam und reiben Sie dann immer schneller. Spüren Sie, wie sich Ihre Muskeln anspannen und die Handflächen warm werden. Hören Sie dann abrupt auf und halten Sie Ihre Handflächen etwa fünf Zentimeter weit auseinander. Spüren Sie das Kribbeln? Es ist eine Manifestation von Kraft. Durch das Reiben der Hände und die Muskelbewegungen in Armen und Schultern haben Sie Energie aktiviert – magische Kraft, die jetzt von Ihren Handflächen ausströmt.

Falls Sie nichts spüren, machen Sie diese Übung ein- bis zweimal täglich. Aber versuchen Sie nicht, diese Kräfte gewaltsam zu spüren. Wenn Sie sich zwingen, erreichen Sie überhaupt nichts. Entspannen Sie sich und *lassen Sie diese Erfahrungen einfach zu*.

Wenn Sie diese Energie deutlich gespürt haben, beginnen Sie damit, sie zu formen. Benutzen Sie dafür Ihre Visualisierung. Stellen Sie sich direkt nach dem Reiben, wenn die Hände noch kribbeln, kleine (hellblaue oder violette) Energiestöße vor, die von Ihrer rechten Handfläche zur linken gehen. Ihre rechte Hand steht für den Aspekt des Schutzes, die linke für das Aufnehmen. Wenn Sie Linkshänder sind, lassen Sie die Energiestöße in umgekehrter Richtung fließen.*

Stellen Sie sich nun vor, wie diese Energie langsam im Uhrzeigersinn zwischen Ihren Handflächen kreist. Machen Sie daraus einen glühenden, pulsierenden Energieball. Sehen Sie sich seine Form und seine Farben genau an. Fühlen Sie auf Ihren Handflächen seine Kraft und seine Wärme: Es ist die Energie aus Ihrem Körper. Es steckt nichts Übernatürliches dahinter. Legen Sie nun die Hände um diesen Ball. Lassen Sie ihn größer und wieder kleiner werden – *durch die Kraft Ihrer Visualisierung*. Drücken Sie die Energie schließlich in Ihren Bauch zurück und nehmen Sie sie wieder in Ihr System auf.

Das macht nicht nur großen Spaß, es ist auch eine wertvolle magische Erfahrung. Wenn Sie das Spiel mit dem Energieball beherrschen, arbeiten Sie auf der folgenden Stufe mit den Energiefeldern weiter.

Setzen oder stellen Sie sich vor irgendeine Pflanze, am besten eine blühende. Notfalls tun es aber auch Schnittblumen. Atmen Sie tief ein und aus und lassen Sie die Gedanken zur Ruhe kommen. Halten Sie Ihre rezeptive linke Handfläche ein paar Zentimeter über die Pflanze (bei Linkshändern ist dies die rechte Hand, bei Rechtshändern die linke). Gehen Sie mit dem Bewusstsein ganz in Ihre Handfläche. Fühlen Sie dort ein leichtes Pulsieren, Summen, eine Hitzewelle oder eine leichte Energieverschiebung? Fühlen Sie die innere Kraft der Pflanze?

Wenn Sie das geschafft haben, versuchen Sie, die Energien von Steinen und Kristallen zu fühlen. Legen Sie einen

---

* Denken Sie an Sciencefiction- und Fantasyfilme, in denen der Zauberer seine Kraft wie Blitze aus den Händen schießen lässt. Vergegenwärtigen Sie sich dieses Bild und benutzen Sie es als Muster, um Ihre eigenen magischen Kräfte zu kanalisieren und Energie aus den Händen strömen zu lassen.

Quarzkristall vor sich auf den Tisch und halten Sie Ihre rezeptive Hand darüber. Erweitern Sie Ihre Sensibilität und erspüren Sie die unsichtbaren Energien, die in dem Kristall pulsieren.

Sie wissen ja, alle natürlichen Gegenstände sind Manifestationen der göttlichen Energie. Mit etwas Übung können Sie diese göttliche Energie überall spüren. Wenn es Ihnen zu Anfang noch ein wenig Probleme bereiten sollte, diese Kräfte zu fühlen, reiben Sie sich leicht die Hände, um sie zu sensibilisieren, und versuchen Sie es dann noch einmal.

Diese Energie ist im Übrigen dieselbe Kraft, die wir in uns selbst spüren, wenn wir wütend, nervös, ängstlich, glücklich oder sexuell erregt sind. In der Magie machen wir uns diese Energie zunutze, indem wir sie entweder aus uns selbst oder aus Göttin und Gott, Pflanzen, Steinen und anderen Objekten nehmen. Die Magie arbeitet mit dem Urstoff der Schöpfung.

Sie haben jetzt ein sicheres Gespür für diese Kräfte entwickelt. Jetzt ist es an der Zeit, sie mit Hilfe der Visualisierung zu bewegen. Sie brauchen nun nicht mehr die Hände zu reiben, um die Energien zu wecken. Es genügt bloße Konzentration. Eine der leichtesten Übungen ist das Anspannen der Muskeln: Spannen Sie Ihren Körper an, dadurch werden Energien aktiviert. Das ist auch der Grund, warum wir bei der Meditation entspannen. Die Meditation senkt unsere Energien und ermöglicht es uns dadurch, aus dieser Welt in andere Bewusstseinszustände zu driften.

Wenn Sie dann das Gefühl haben, vor Kraft schier zu platzen, strecken Sie die rechte, Schutz spendende Hand aus und lenken Sie die Energie aus Ihrem Körper über Ihren Arm durch die Fingerspitzen nach außen. Sehen und fühlen Sie, wie die Energie ausströmt.

Stellen Sie sich zur Übung irgendwo in Ihrem Haus oder Ihrer Wohnung hin und lassen Sie die Energie in sich anwachsen. Lenken Sie sie jetzt in jedes Zimmer. Visualisieren Sie dabei, wie sie in jede Ritze und Wand eindringt und sich um Fenster und Türen legt. Sie bauen keine Alarmanlage, sondern einen magischen Schutzschild auf. Visualisieren Sie also, wie die Energie eine Barriere aufbaut, die für jede Negativität und jeden unerwünschten Eindringling undurchlässig ist.

Nachdem Sie Ihr Heim auf diese Weise »versiegelt« haben, fixieren Sie diesen Energiezustand. Visualisieren Sie, wie der Energiefluss stoppt, und schütteln Sie dazu die Hand. Spüren Sie, wie die schützende Energie Ihre Wände verstärkt. Ein sicheres, behütetes Gefühl wird Sie durchströmen, wenn Sie sich jetzt in Ihrem neu beschirmten Heim aufhalten.

Ja, Sie haben das alles mit Ihrem Geist bewerkstelligt, aber ebenso auch mit Kraft. Energien sind Realitäten. Unsere eigene Fähigkeit, diese Energien zu lenken, bestimmt, wie effektiv unser magischer Kreis und unsere Rituale sind.

Arbeiten Sie täglich mit diesen Energien. Fühlen und lenken Sie sie und machen Sie aus dieser Übung ein magisches Spiel. Irgendwann kommen Sie an den Punkt, an dem Sie nicht mehr ängstlich fragen: »Schaffe ich das überhaupt? Kann ich diese Mächte aktivieren?«

Sie werden wissen, dass Sie es können.

Kapitel 12
Die Selbstweihe

Wenn man sich innerlich ernsthaft für Wicca entschieden hat, könnte der Wunsch auftauchen, sein Leben ganz Göttin und Gott zu weihen. Diese Selbstweihe ist ein formelles Ritual, mit dem wir bekunden, dass wir uns bewusst und von ganzem Herzen für diesen neuen Weg entschieden haben – und das ist das Wesen des Wicca-Kults.

Ich zögerte ein wenig, ein solches Ritual in dieses Buch aufzunehmen, denn die besten Weiherituale sind ohnehin selbst gemacht. Ich habe schon so viele Geschichten über Männer und Frauen gehört, die sich vom Wicca-Kult angezogen fühlten, aber einfach nicht an Hexen-Covens oder entsprechende Bücher kamen. Sie haben schließlich einfach eine Kerze angezündet, ein Gläschen Wein getrunken und den Göttern ihre Absichten mitgeteilt. Das ist vielleicht auch der beste Weg der Selbstweihe: einfach, aber er kommt von Herzen.

Trotzdem fühlt sich mancher mit einem richtigen, formellen Ritual vielleicht wohler. Am Ende dieses Kapitels finden Sie ein Beispiel dafür: Es ist anders als die meisten anderen Rituale, die in der Literatur auftauchen, denn es findet draußen im Freien statt und konzentriert sich darauf, den Kontakt zu den Energien von Göttin und Gott herzustellen.

Dieses Ritual steht jedem offen, der sich seiner bedienen möchte. Bevor Sie sich entscheiden, sich den Göttern ganz zu weihen, sollten Sie sich allerdings völlig sicher sein. Studieren Sie unseren Kult, bis Sie mit absoluter Sicherheit sagen können, dass es das ist, was Sie wirklich wollen. Das setzt ständiges Lernen voraus. Lesen Sie alle Bücher, die Sie über unseren Kult finden – die guten wie die schlechten. Machen Sie sich mit deren Ideen vertraut. Auch wenn einige Autoren sehr selbstbewusst daherkommen und ihre Lehre für die allein selig machende ausgeben, lassen Sie sich davon nicht abschrecken. Lesen Sie auch diese Bücher – aber nehmen Sie nicht alles, was veröffentlicht wird, für bare Münze. Seien Sie kritisch. Vertrauen Sie Ihrem eigenen Instinkt.

Studieren Sie neben den Büchern besonders die Natur. Achten Sie auf die Vögel, die über Ihrem Kopf durch die Lüfte segeln, wenn Sie über die Straße gehen. Oder beugen Sie sich hinunter, um eine Ameisenkolonie zu beobachten, so wie ein Wahrsager eine Kristallkugel studiert. Feiern Sie die Jahreszeiten und die Mondphasen mit Ritualen.

Sie können Ihre Seele auch mit Musik füllen, wenn Sie mögen. Besorgen Sie sich über das Internet oder den Versandhandel Wicca-Kassetten – oder hören Sie einfach der Musik der Natur zu: Suchen Sie Plätze auf, an denen der Wind durch die Blätter oder um die Baumstämme rauscht. Lauschen Sie dem Spiel des Wassers, das glucksend über Steine springt oder sich mit Getöse gegen die Klippen wirft. Konzentrieren Sie Ihre Wahrnehmung auf das Miauen einer Katze, die den Tagesanbruch begrüßt. Oder machen Sie einfach Ihre eigene Musik, wenn Sie ein Instrument spielen.

Lassen Sie sich emotional berühren – ob nun durch Flöte, Trommel, Vögel, Flüsse oder Winde ist unwichtig. Ihre Entscheidung für Wicca sollte weder einseitig vom Verstand noch nur den Gefühlen bestimmt sein. Sie sollte von der *ganzen* Person getroffen werden.

Wenn Sie sich wirklich entschieden haben, bleiben Sie ein paar Nächte lang wach oder stehen Sie mit dem Morgengrauen auf. Schreiben Sie für sich in einfachen Worten auf, was Sie sich von Wicca versprechen. Das kann spirituelle Erfüllung sein, ein tieferes Verhältnis zu Göttin und Gott, ein besseres Verständnis für Ihren Platz in dieser Welt, Ordnung in Ihrem Leben oder ein harmonisches Koexistieren mit den Jahreszeiten und der Erde – oder was auch immer.

Seien Sie ehrlich, hart und genau. Wenn Sie mit der Liste unzufrieden sind, wenn sie irgendwie nicht ganz stimmt, fangen Sie noch einmal von vorn an. Niemand braucht sie jemals zu sehen. Übertragen Sie die endgültige Liste in Ihr Spiegelbuch und verbrennen Sie die Entwürfe.

Wenn Sie all das getan haben, beginnen Sie am nächsten Abend oder Morgen eine neue Liste. Halten Sie auf dieser Liste fest, was Sie Wicca *geben* wollen. Das mag Sie vielleicht überraschen, aber jede Religion wird auch immer durch ihre Gläubigen bestimmt. Im Unterschied zu den meisten orthodoxen Religionen will der Wicca-Kult nicht Ihr Geld. Schreiben Sie also nicht »ein Zehntel meines Einkommens« oder so etwas. Missverstehen Sie mich nicht: Wicca verachtet das Geld nicht oder hält es etwa für unspirituell. Aber es ist nun einmal von fast allen etablierten Religionen schändlich missbraucht worden: Deshalb leben wir nicht von unserem Kult.

Da wir weder die Menschen bekehren wollen noch Führer, Tempel oder Verwaltungsorgane haben, fragen Sie sich jetzt vielleicht, was Sie überhaupt für Wicca tun können. Es gibt vieles, was Sie geben können: und nicht nur Ihre Zeit, Energie, Hingabe und so weiter – auch sehr viel konkretere Dinge.

Treten Sie zum Beispiel einer nationalen Wicca-Organisation bei. Dadurch kommen Sie mit Gleichgesinnten in Kontakt, wenn auch häufig nur per Post oder Telefon. Gehen Sie zu einem der öffentlichen Treffen, die bestimmt auch in Ihrem Land von Wiccanern oder Anhängern anderer heidnischer Religionen organisiert werden.

Spenden Sie einer ökologischen Organisation, die es sich zum Ziel gesetzt hat, unsere Erde zu retten, Geld. Jeden Tag vergiften wir unseren Planeten ein Stückchen mehr. Als ob wir irgendwann unsere Sachen packen und ihn einfach verlassen könnten! Es ist höchste Zeit, aktiv zu werden. Die finanzielle Unterstützung von Organisationen, die die Umweltverschmutzung bekämpfen, sich für gefährdete Tiere einsetzen und die gesamte unsinnige Entwicklung aufzuhalten versuchen, ist ohne Frage ein wertvolles Geschenk, das man Wicca machen kann.

Das gilt auch für Organisationen, die gegen den Hunger in der Welt kämpfen: Denn es ist einer unserer fundamentalsten Grundsätze, das Leben, das uns heilig ist, zu schützen. Sie können auch damit anfangen, Abfälle zu recyceln, wenn es nicht ohnehin schon in Ihrem Ort praktiziert wird. Seit fast einem Jahrzehnt trenne ich jetzt meinen Abfall. Ich lebe in einer Großstadt, wo es genug Möglichkeiten gibt, Altpapier, Glas, Aluminium usw. ökologisch zu entsorgen. Manchmal bekommen Sie sogar etwas Geld für die Wertmetalle; aber die eigentliche Belohnung liegt in dem Bewusstsein, etwas Gutes für die Ressourcen unserer Mutter Erde getan zu haben.

Wenn es in Ihrer Nähe keine Container geben sollte, gehen Sie bewusster mit Ihrem Abfall um. Vermeiden Sie Plastikverpackungen, ebenso farbige Verpackungen: Die Färbemittel tragen schließlich zur Vergiftung unserer Flüsse und Seen bei. Verzichten Sie auf Einwegverpackungen jeder Art. Plastik zum Beispiel ist biologisch nicht abbaubar, dafür teuer und noch in zwanzigtausend Jahren wird man seine Form erkennen können.

Wenn Sie sich jetzt fragen, was all dies mit Wicca zu tun hat, sollten Sie dieses Buch weglegen oder noch einmal von vorn beginnen. *Wicca verehrt die Natur als Manifestation von Göt-*

tin und Gott. Sich um die Erde zu kümmern ist wie ein Dienst an der Göttin. Dies sind nur Anregungen. Suchen Sie Ihre eigenen Wege, Wicca zu dienen. Ein kleiner Tipp: Alles, was Sie für die Erde oder die Wesen auf ihr tun, dient unserem Glauben.

Das folgende Ritual zur Selbstweihe kann Sie nicht zum Wiccaner machen. Das kommt mit der Zeit und mit Ihrer eigenen Hingabe. Initiationsriten allein reichen da nicht aus. Dieser Ritus ist in einem mystischen Sinn nur ein erster Schritt, Ihre persönlichen Energien mit den göttlichen zu vereinigen. Es ist ein wirklich magischer Schritt, der Ihr Leben auf immer verändern kann.

Wenn Sie sich unsicher sind, lesen Sie dieses Buch besser noch einmal. Sie werden spüren, wann Sie so weit sind.

Ein Selbstweiheritual

Lassen Sie sich zur Vorbereitung des Rituals ein warmes Bad ein. Fügen Sie dem Wasser gut einen Esslöffel Salz und etwas Duftöl wie etwa Sandelholz hinzu. Falls Sie keine Badewanne haben, nehmen Sie eine Dusche. Füllen Sie etwas Salz in einen Waschlappen, beträufeln Sie ihn mit etwas Duftöl und reiben Sie sich damit ein. Wenn Sie das Ritual irgendwo am Wasser machen, können Sie auch schwimmen gehen.

Bereiten Sie sich während des Bades auf das kommende Ritual vor. Öffnen Sie Ihren Geist für ein höheres Bewusstsein. Atmen Sie tief ein und aus und reinigen Sie Körper und Geist.

Nach dem Bad trocknen Sie sich ab und kleiden sich für die Reise. Gehen Sie in die freie Natur, dorthin, wo Sie sich sicher fühlen und ungestört sind. Es muss eine Stelle sein, an der die Erdkräfte und die Elemente deutlich zu spüren sind: vielleicht ein Berggipfel oder eine Höhle, ein dichter Wald, ein Fels, der ins Meer hineinragt, oder eine kleine Insel mitten auf einem See. Sogar eine einsame Ecke in einem öffentlichen Park oder Garten würde es schon tun. Lassen Sie sich bei der Auswahl des richtigen Ortes von Ihrer Phantasie leiten.

Sie brauchen nichts weiter mitzunehmen als ein Fläschchen Duftöl: Sandelholz, Weihrauch, Zimt würden sich anbieten, aber es sind auch andere Öle möglich. Wenn Sie Ihren rituellen Ort erreicht haben, ziehen Sie die Schuhe aus und sitzen Sie eine Weile still da. Kommen Sie zur Ruhe, wenn Sie angestrengt sind. Atmen Sie tief ein und aus, um ruhiger zu werden, und halten Sie Ihren Geist frei von Gedankenstürmen. Öffnen Sie sich den natürlichen Energien, die Sie umgeben.

Wenn Sie ganz ruhig geworden sind, stehen Sie auf und drehen sich langsam im Kreis, um die Umgebung nach einem idealen Standort abzusuchen. Versuchen Sie nicht, ihn krampfhaft zu suchen. Er wird sich Ihnen von selbst zeigen. Wenn Sie ihn gefunden haben, setzen oder knien Sie sich dorthin oder legen Sie sich auf den Rücken. Stellen Sie das Öl neben sich. Bleiben Sie nicht stehen, sondern suchen Sie den Kontakt zur Erde.

Atmen Sie ruhig weiter. Fühlen Sie die Energien um sich herum. Rufen Sie Göttin und Gott mit Ihren eigenen Worten oder benutzen Sie die folgende Anrufung. Lernen Sie aber die Worte vorher auswendig, damit sie Ihnen mühelos von den Lippen gehen.

> *O Mutter Göttin,*
> *o Vater Gott,*
> *ihr Antworten auf alle Mysterien*
> *und selbst doch der Mysterien größte.*
> *Hier an diesem Ort der Macht*
> *will ich Euch mich öffnen,*
> *Eurem Wesen.*
> *Hier und jetzt werde ich ein anderer;*
> *von nun an wandle ich auf Wiccas Wegen.*
> *Ich weihe mich Euch,*
> *Mutter Göttin und Vater Gott.*

Ruhen Sie sich einen Moment aus und schweigen Sie. Fahren Sie dann so oder ähnlich fort:

Ich sauge Eure Energien in meinen Körper ein,
mische, verbinde, vereine sie mit meinen,
damit ich in der Natur das Göttliche erkenne
und die Natur im Göttlichen;
damit ich das Göttliche finde
in mir und überall.
O Große Göttin,
o Großer Gott,
macht mich eins mit Eurem Wesen,
macht mich eins mit Eurem Wesen,
macht mich eins mit Eurem Wesen.

Es könnte sein, dass Sie nach dem Ritual voller Kraft und Energie sind oder auch ganz ruhig und friedlich. Ihr Geist ist danach möglicherweise wie ein Wirbelwind und die Erde unter Ihnen wie ein aufgewühltes Energiemeer. Es kann sein, dass sogar wilde Tiere vorbeikommen, weil sie sich von diesem magischen Ereignis angezogen fühlen und Ihnen einen Besuch abstatten wollen.

Die Göttin

Der Gott

Die Symbole von Göttin und Gott

Was aber auch immer geschieht, Sie *wissen* jetzt, dass Sie sich Göttin und Gott geöffnet haben und von ihnen erhört worden sind. Wahrscheinlich fühlen Sie sich jetzt auch anders, irgendwie eins mit sich selbst oder einfach stärker.

Benetzen Sie nach der Anrufung Ihre Finger mit dem Öl und zeichnen Sie die Symbole von Göttin und Gott irgendwo auf Ihren Körper – es ist nicht entscheidend, wohin: auf Brust, Stirn, Arme, Beine, wohin Sie wollen. Während Sie sich salben, visualisieren Sie, wie das Öl zu leuchten beginnt und in Ihren Körper einzieht. Von da aus breitet es sich wie eine Armee von winzigen Lichtpunkten in Ihrem ganzen Körper aus.

Der formelle Akt der Selbstweihe ist nun vorbei. Danken Sie Göttin und Gott für ihre Aufmerksamkeit. Sitzen und meditieren Sie noch einen Moment, bevor Sie den Weiheort verlassen. Wenn Sie wieder zu Hause angekommen sind, feiern Sie dieses Ereignis gebührend.

Kapitel 13
Die Struktur des Rituals

Der dritte Teil dieses Buches enthält ein komplettes System von Wicca-Ritualen. Es ist besonders für diejenigen gedacht, die bisher Probleme hatten, authentische Rituale für die eigene Praxis zu finden. Das soll aber nicht heißen, dass die hier beschriebenen Rituale sklavisch befolgt werden müssen. Sie haben eher Beispielcharakter und sollen Ihnen zeigen, wie ein Wicca-Ritualbuch überhaupt aussieht.

Sie sollen die Freiheit behalten, Ihre eigenen Rituale zu entwickeln. Dafür müssen Sie natürlich zunächst die Struktur der Wicca-Rituale kennen lernen. Diese Struktur war lange Zeit ein wohl gehütetes Geheimnis, doch die Zeiten haben sich geändert. Die Meinungen darüber gehen auseinander: Manche begrüßen es, dass diese Geheimniskrämerei endlich ein Ende hat, andere vermissen den romantisch verklärenden Schleier, der über dem Wicca-Kult lag. Auch wenn ich Letzteres gut nachvollziehen kann, denke ich doch, dass unsere Religion allen zugänglich sein sollte.

Vielleicht wird das vorliegende Kapitel manchem etwas kühl erscheinen, wirft es doch ein recht kaltes, analytisches Licht auf ein spirituelles Geheimnis. »Wicca ist wie eine schöne Blume«, hat meine Freundin Barda einmal gesagt. »Wenn man all seine Blütenblätter zerpflückt, weiß man zwar, aus welchen Bestandteilen die Blume besteht, aber sie hat ihre Schönheit verloren.«

Ich hoffe dennoch, dass ich Ihnen in diesem Kapitel nicht nur die leblosen Bestandteile der Blume zeige.

Sie erhalten hier eine Art Grundgerüst für Ihre eigenen Rituale. Jedes Wicca-Ritual besteht normalerweise aus neun Grundbausteinen, doch es müssen nicht immer unbedingt alle enthalten sein. Verstehen Sie das folgende Gerüst also lieber als Orientierungshilfe, nicht als zwanghaftes Korsett.

Die neun Grundbausteine des Wicca-Rituals:
- Selbstreinigung
- Reinigung des Raumes
- Öffnung des heiligen Bezirks
- Anrufung
- Feierlicher Anlass (Sabbat und Esbat)
- Aktivierung der Energien (Magie)
- Erdung der Restenergie
- Danksagung an Göttin und Gott
- Aufheben des Kreises

Selbstreinigung

Das war im Grunde schon Thema des sechsten Kapitels: Rituale und ihre Vorbereitung. Nehmen Sie ein Bad, salben Sie Ihren Körper mit Öl, meditieren und atmen Sie tief ein und aus. Reinigen Sie Körper, Geist und Seele und bereiten Sie sich auf das kommende Ritual vor.

Die Selbstreinigung soll Sie von den Problemen und Sorgen des Alltags befreien, denn das Ritual ist eine Zeit der Ruhe und des Friedens. Das rituelle Bad ist das bekannteste Mittel zur Selbstreinigung, aber es gibt noch andere Möglichkeiten. Sie können sich zum Beispiel auch in den Wind stellen und alle negativen Gedanken und Gefühle wegpusten lassen.

Oder versuchen Sie es doch einmal mit Musik. Ein paar Minuten leises Trommeln ist ein hervorragendes Reinigungsritual (auch wenn Ihre Nachbarn möglicherweise anders darüber denken, dann sollten Sie allerdings einen anderen Ort wählen). Unterstützung bei der Selbstreinigung bieten auch Glocke,

Gong und Sistrum als Repräsentanten des reinigenden Wassers und Gitarre, Violine, Harfe und Mandoline als Stellvertreter des reinigenden Feuers.

Die Bedeutung der Selbstreinigung sollte jedoch nicht überschätzt werden: Unsere Körper sind schließlich keine Brutstätten für Geister oder gefährliche Mächte. Aber wir sind über Zeitung und Fernsehen jeden Tag extremer Negativität ausgesetzt, Bildern des Grauens und der Zerstörung. Und auch unsere eigene Seele hat manchmal ihre Abgründe. Die Selbstreinigung soll uns von diesen negativen Energien befreien.

Vergessen Sie nicht, auch Ihre Gedanken von allem Negativen zu reinigen. Machen Sie Ihre Seele für das Ritual bereit. Ein Kahuna, ein hawaiischer Weiser, hat mir einmal gesagt, das Ritual beginne schon in dem Moment, in dem man zum ersten Mal daran denkt. Ab diesem Zeitpunkt fließen bereits Energien und das Bewusstsein erfährt eine leichte Veränderung.

Mit der vorbereitenden Reinigung haben Sie in gewisser Weise bereits die Kerzen angezündet, den magischen Kreis gezogen und Göttin und Gott angerufen. Denken Sie an das Ritual nicht als an etwas Zukünftiges. Es ist mit der Vorbereitung bereits im Gange. Wie verwirrend dies alles auch sein mag, so ist es doch auch ein gutes Training im rituellen Denken.

Reinigung des Raumes
Raum bezeichnet den Bereich, in dem Sie Ihr Ritual abhalten wollen. Freilufttrituale bedürfen einer solchen Reinigung eigentlich selten, im Gegensatz zu häuslichen Ritualen: Die meisten Wohnräume sammeln eine Art »Astralmüll« an, kleine Mengen negativer Energie, die sich überall absetzen, wo Menschen sich aufhalten. Diese Energien können sehr störend wirken und deshalb muss der rituelle Bezirk vor seiner Benutzung gesäubert werden.

Es ist hier, wie gesagt, grundsätzlich zwischen außerhäuslichen und heimischen Ritualen zu unterscheiden. Beginnen wir mit den häuslichen Ritualen. Wenn Sie allein zu Hause sind, verschließen Sie die Tür, legen Sie den Hörer neben das Telefon und ziehen Sie die Vorhänge zu. Sorgen Sie einfach für absolute Ungestörtheit während des Rituals. Wenn Sie Mitbewohner haben, sagen Sie ihnen, dass Sie unter keinen Umständen gestört werden möchten. Falls das schwierig sein sollte und Ihre Mitbewohner sich nicht daran halten, weichen Sie auf die Nacht oder die frühen Morgenstunden aus.

Reinigen Sie den Boden – nicht symbolisch, sondern ganz real: Greifen Sie zum guten alten Besen, zum Mopp oder zum Staubsauger. Erst danach, wenn der Boden physisch sauber ist, kommt der Hexenbesen an die Reihe.

Der magische Besen braucht zwar den Boden nicht einmal zu berühren, Sie sollten aber trotzdem mit Inbrunst fegen. Fegen Sie alles Negative, Kranke und Schlechte hinweg. Sie können sich zur Unterstützung sogar vorstellen, wie Funken und blauviolette Flammen aus dem Besen schießen und alles Negative restlos verbrennen. Visualisieren Sie die magische Reinigung der Ritualsphäre und sie wird sich vollziehen.

Sie können den Bezirk aber auch mit Salz reinigen. Streuen Sie es pur oder vermischt mit Thymian, Rosmarin, Weihrauch, Kopalharz, Salbei, Drachenblut oder anderen getrockneten Kräutern aus.* Auch Salzwasser eignet sich gut dafür. Durch das Verstreuen wird die in Salz und Kräutern eingeschlossene Energie befreit und kann, durch Ritual und Visualisierung verstärkt, die störenden Energien vertreiben. *Begleiten Sie den Reinigungsprozess mit Ihrer ganzen Kraft.*

Alternativ können Sie die Reinigung auch mit Hilfe von Musik vornehmen: Gehen Sie den heiligen Raum im Uhrzeigersinn ab und lassen Sie in jeder der vier Himmelsrichtungen ein Instrument Ihrer Wahl erklingen. Spielen Sie aufsteigende Tonfolgen – das reinigt. Sie können auch singen, besonders Melodien, die für Sie etwas Beschützendes und Klärendes haben. Experimentieren Sie, trainieren Sie Ihre medialen Fähigkeiten. Sie werden die richtigen Melodien schon finden.

---

* Wenn Sie Kräuter für magische Zwecke verwenden, nehmen Sie sie in die Hand und stellen sich vor, wie Ihre persönliche Kraft auf sie übergeht. Das erhöht ihre Wirksamkeit.

Ebenso können Sie einfach Kräuter verbrennen, deren reinigende Qualitäten bereits erwähnt wurden. Dazu gehören etwa Weihrauch, Myrrhe, Salbei, Thymian und Rosmarin. Sie können sie einzeln verwenden oder in Kombination mit anderen. Räuchern Sie den heiligen Bezirk damit und visualisieren Sie, wie der Rauch das Negative vertreibt.

Bei Freilufttritualen ist die Situation einfacher. Natürliche Umgebungen sind spirituell nicht so stark verunreinigt wie menschliche Behausungen. Es reicht hier oft schon ein leichtes Abfegen des Bezirks. Entfernen Sie mit dem magischen Besen Blätter, Steine und alles Negative. Unterstützen Sie diesen Prozess durch Visualisierung. Sie können den Bereich auch mit reinem Wasser besprengen. Lassen Sie das Salz hier aber besser weg, da es den Pflanzen schaden könnte.

Öffnung des heiligen Bezirks

Dieser Abschnitt beschäftigt sich mit der Gestaltung des Altars und dem Ziehen des magischen Kreises. Da ich diese Themen bereits im siebten Kapitel ausführlich abgehandelt habe, will ich mich hier auf einige wenige Kommentare beschränken.

Die meisten Wicca-Anhänger, aber beileibe nicht alle, stellen den Altar in die Mitte des heiligen Bezirks. Manche platzieren ihn auch an den Rand des Kreises, meistens nach Norden oder Osten hin. Das soll die Bewegung um den Kreis herum erleichtern. Ich habe genau die gegensätzliche Erfahrung gemacht. Außerdem lassen sich so nicht alle Möglichkeiten, den Kreis zu ziehen, ausschöpfen. Und doch ist es im Grunde gleichgültig, welche Anordnung Sie wählen. Probieren Sie einfach ein bisschen herum und finden Sie heraus, welche besser für Sie ist.

Ich arbeite mit zwei Altären, einem fest installierten und einem flexiblen, den ich nur für Rituale aufbaue. Ich stelle den Altar immer in die Mitte des Kreises und richte ihn nach Norden aus. Vielleicht bin ich einfach nur daran gewöhnt, aber wenn er am Rande stünde, würde ich ihn wahrscheinlich versehentlich umstoßen.

Nun zum Kreis selbst, der eigentlichen »Sphäre der Macht«.

Im *Ritualbuch der Stehenden Steine* finden Sie eine häufig angewandte Methode, den Kreis zu ziehen; es gibt natürlich noch viele andere, außerdem lässt sich die dort beschriebene nicht in jeder Situation einsetzen. Vielleicht ist eine der folgenden Alternativen eher nach Ihrem Geschmack (oder für Ihre rituelle Sphäre besser geeignet).

Die erste Methode setzt besonders stark auf Ihre Visualisierung und magischen Fähigkeiten. Sie verwenden im Grunde kein anderes Werkzeug als Ihren Geist. Um die Visualisierung zu unterstützen, können Sie aber zum Beispiel mit einem violetten Band die Peripherie des Kreises andeuten. Stellen Sie sich vor den Altar oder in die Mitte des Kreises, falls Sie keinen Altar aufbauen können, was im Freien schon einmal der Fall sein kann. Wenden Sie sich nach Osten oder in die von Ihnen bevorzugte Richtung. Bauen Sie Energie in sich auf. Wenn sie ein ausreichendes Niveau erreicht hat (mit etwas Übung spüren Sie den Zeitpunkt sehr genau), strecken Sie Ihre rechte Schutzhand etwa in Hüfthöhe und Ihre Finger zum Rand des geplanten Kreises hin aus.

Sehen und spüren Sie regelrecht, wie die Energie als vibrierendes, rotviolettes Licht aus Ihren Fingern strömt. Schreiten Sie im Uhrzeigersinn langsam den Kreis ab. Drücken Sie die Energie aus sich heraus und verwandeln Sie sie mittels Ihrer Visualisierung in ein kreisendes magisches Lichtband, das sich genau mit dem Kreisumfang deckt. Dieses strahlende Licht sollte den Altar und Sie selbst umgeben.

Lassen Sie das wirbelnde Lichtband nun aufsteigen und sich ausbreiten. Beobachten Sie, wie es immer weiter und größer wird. Formen Sie es zu einem Energiedom, der den gesamten Ritualraum umgibt und genau am Kreisumfang auf die Erde stößt. Lassen Sie das Licht nun in die Erde treten und zu einer vollen Energiekugel werden, mit Ihnen selbst im Zentrum.

Der magische Kreis sollte lebendige Realität sein. Fühlen Sie seine vibrierende Energie. Ertasten Sie seinen Rand. Spüren Sie die unterschiedlichen Vibrationen innen und außen. Vielleicht wurde Ihnen gesagt, dass es zu astralen Schäden führen kann, wenn Sie die Hand in einen magischen Kreis hineinhalten oder gar hindurchlaufen. Aber das ist Unsinn: Sonst wäre es ja auch gefährlich, durch den magischen Schutzschild Ihres eigenen Hauses zu laufen. Sie erhalten höchstens einen kleinen Energiestoß und vielleicht wird der energetische Kreis dadurch vorübergehend etwas schwächer. Formen Sie ihn dann einfach wieder neu.

Wenn die Sphäre Ihnen abgeschlossen und stabil erscheint, stoppen Sie den Energiefluss aus Ihrer Schutzhand. Drücken Sie dazu die Hand nach unten und ziehen Sie sie an den Körper heran. Lassen Sie den Strom abreißen, indem Sie notfalls kräftig Ihre Hand ausschütteln.

Als nächsten Schritt könnten Sie die Herrscher der vier Kreisviertel anrufen. Es gibt im Wicca-Kult viele Lehren und Theorien über diese Herrscher. So werden Sie unter anderem mit den Elementen in Verbindung gebracht. Den Herrscher oder Geist des Ostens ordnet man der Luft zu, den Süden dem Feuer, den Westen dem Wasser und den Norden schließlich der Erde.

Die Verbindung zu den Elementen ist aber, wie gesagt, nur eine von vielen Theorien. Eine andere sieht in den Herrschern einfach die Wächter der vier Himmelsrichtungen, die vielleicht von vorzeitlichen Göttern dorthin abgestellt worden sind. Einer dritten Theorie zufolge sollen es Menschen sein, die auf der Spirale der Reinkarnation zur Vollkommenheit gelangt sind und nun mit Göttin und Gott leben. Diese mächtigen Übermenschen wurden von der Mythologie mit den vier Himmelsrichtungen in Verbindung gebracht.

Am besten stellen Sie selbst Kontakt zu diesen Energien her und bilden sich ein eigenes Urteil. Wie immer auch Ihr Bild von den Herrschern sein mag, wichtig ist, dass Sie sich ihnen bei der Anrufung ganz öffnen. Es reicht nicht, nur die rituellen Worte zu sprechen und ein paar Farben zu visualisieren. Erweitern Sie vielmehr Ihr Bewusstsein, spüren Sie die Präsenz der Herrscher und achten Sie auf den genauen Zeitpunkt ihres Erscheinens.

Nur allzu oft bedienen sich die Wicca-Anhänger ritueller Worte, ohne mit dem Herzen dabei zu sein. Aber im Grunde sind Worte das Unwichtigste bei einem Wicca-Ritual; ihre Funktion besteht lediglich darin, unser eigenes rituelles Bewusstsein zu unterstützen. Man kann mit ihnen sicher nicht die Herrscher herbeirufen, aber wenn man sie richtig verwendet, schulen sie die Aufmerksamkeit und fokussieren Bewusstsein und Emotionen. Für die Öffnung des Kreises können Sie die in diesem Buch vorgeschlagenen Anrufungen oder aber Ihre eigenen benutzen.

Wenn Sie den Kreis während des Rituals verlassen wollen, schneiden Sie einen Durchlass hinein (siehe Seite 149). Dadurch bleibt der Energiefluss des übrigen Kraftkegels erhalten. Verlassen Sie den Kreis möglichst nur an dieser einen Stelle und vergessen Sie nicht, sie danach wieder zu schließen.

Eine andere, einfachere Methode, den Kreis zu ziehen, greift auf körperliche Bewegung zurück. Sie ist besonders zu empfehlen, wenn man noch nicht so vertraut mit der Aktivierung von Energien ist. Stellen Sie sich an den Rand des Kreises und blicken Sie nach Norden. Wenden Sie sich nach rechts und zeichnen Sie mit den Füßen langsam den Kreisumfang nach.* Bewegen Sie sich weiter im Uhrzeigersinn und erhöhen Sie langsam das Tempo. Die Energie gleitet von Ihrem Körper herab und wird durch Ihren Schwung im Kreis verteilt.

Gehen Sie schneller. Spüren Sie Ihre eigene Energie. Es kann sein, dass Sie das Gefühl bekommen, in Wasser zu laufen. Das ist der Widerstand der Energie, die Sie beim Ziehen des Kreises bereits abgegeben haben. Fühlen Sie, wie Ihre eigene Energie den Energiekreis um den Altar erschafft. Wenn er stabil genug ist, rufen Sie die Kreisviertel an und beginnen Sie den Ritus.

Beide dargestellten Methoden sind für magische Rituale ide-

---

* Die meisten Wiccaner in der nördlichen Hemisphäre ziehen den Kreis im Uhrzeigersinn, außer bei einigen Bannritualen. Auf der südlichen Erdhalbkugel (zum Beispiel in Australien) kann der Kreis gegen den Uhrzeigersinn gezogen werden. Das ist die Richtung, in der die Sonne sich dort bewegt.

al. Bei rein religiösen Riten sind sie aber nicht unbedingt erforderlich. Der magische Kreis ist zwar eine besondere »Zwischenwelt«, in der man mit Göttin und Gott kommunizieren kann, aber streng genommen brauchen wir solche medialen Räume gar nicht, um den Gottheiten der Natur zu begegnen. Und sie erscheinen übrigens auch nicht wie Schoßhündchen, wenn wir sie in die Kraftsphäre hereinrufen. Das Wicca-Ritual soll *unser* Bewusstsein verändern, nicht das der Götter.

Die in Teil III bereits beschriebenen komplexen Methoden sind also nicht unbedingt erforderlich. Das gilt besonders für Rituale unter freien Himmel: Hier kommen Sie mit aufwendigen Methoden oft nicht weit. Aber zum Glück gibt es auch wesentlich einfachere Techniken.

Es reicht oft schon, wenn Sie in jedem Kreisviertel ein Räucherstäbchen in die Erde stecken. Beginnen Sie im Norden und gehen Sie im Uhrzeigersinn weiter. Rufen Sie dabei jedes einzelne Viertel an. Sie können den Kreis auch ziehen, indem Sie mit Finger, Zauberstab oder weißem Messer einen Kreis in den Sand zeichnen. Das bietet sich idealerweise bei Ritualen am Meer oder im Wald an.

Oder Sie markieren den Kreis einfach mit Gegenständen. Bei Ritualen in der freien Natur können Sie auf Pflanzen zurückgreifen: Blumen in Frühling und Sommer, Nadelzweige und Stechpalmenblätter in Herbst und Winter (weitere Einzelheiten finden Sie im Kräuterritualbuch ab Seite 185). Auch ein Ring aus glatten Flusssteinen oder Quarzkristallen ist eine gute Idee.

Einige Wiccaner benutzen für die Kreismarkierung auch getrocknete Kräuter, Mehl*, farbigen Mineralstaub, Sand oder Salz. Gehen Sie im Uhrzeigersinn den Kreis ab und streuen Sie eine dieser Substanzen auf die Linie. Man kann aber, wie gesagt, auch ganz einfach eine Kordel nehmen und damit den Kreisumfang abstecken.

---

* Mehl wurde schon in antiken Ritualen zu diesem Zweck benutzt. Auch heute findet man es noch in rituellen Zusammenhängen, etwa im Voodoo.

Wenn Sie noch weitere Informationen zur Errichtung des Kraftkegels benötigen, schlagen Sie im *Ritualbuch der Stehenden Steine* ab Seite 137 nach.

Die Anrufung

In gewisser Weise ist die Beschwörung das Herz des Wicca-Rituals und der einzige wirklich zwingend notwendige Bestandteil. Unsere Riten sind Verschmelzungen mit Göttin und Gott, alles andere ist letztlich nur Beiwerk.*

Der Begriff der »Anrufung« sollte nicht allzu wörtlich verstanden werden. Normalerweise erfolgt sie durch ein gesprochenes Gebet oder einen Vers, kann aber genauso gut auch aus Musik, Tanz, Gestik und Liedern bestehen. Sie finden im *Ritualbuch der Stehenden Steine* verschiedene Anrufungen für Göttin und Gott. Orientieren Sie sich an ihnen, wenn Sie eigene Rituale entwerfen wollen. Vergessen Sie aber nicht, dass spontane Anrufungen oftmals effektiver sind als jedes altehrwürdige Gebet.

Wenn Sie eigene Beschwörungstexte schreiben wollen, können Sie sich des Reims bedienen. Er ist nicht umsonst in der langen magischen Tradition immer sehr beliebt gewesen, zumal man so die Verse einfach besser behält. Der Reim steht außerdem mit dem Unterbewusstsein und unseren medialen Fähigkeiten in Beziehung. Er umgeht unser sozial, materiell und intellektuell dominiertes Wachbewusstsein und lässt uns in eine Art rituelle Geisteshaltung eintauchen.

Machen Sie sich keine Sorgen, wenn Sie bei der Anrufung etwas falsch aussprechen, ein Wort oder sogar den ganzen Text vergessen. Das passiert jedem und ist Ausdruck von Erschöpfung, Stress oder einer vielleicht zu sklavischen Bindung an das Wort. Das einzig Wichtige bei der Anrufung ist die Bereitschaft, sich Göttin und Gott zu öffnen. Eine perfekte Show ist gar nicht notwendig. Die meisten Rituale beginnen mit der Anrufung, so dass sich schon gleich zu Beginn herausstellt, was Ihr Ritual

---

* Obwohl dieses »Beiwerk« natürlich unsere rituelle Präsenz fördert. Rituale im Freien erfordern selten dieselbe eindringliche Art der Anrufung, denn wir sind ja bereits von den natürlichen Manifestationen der Gottheiten umgeben.

taugt: Wenn Ihre Anrufung nämlich nicht authentisch und echt ist, werden Sie keinen Kontakt zu den Göttern herstellen können und das ganze Ritual bleibt eine leere Hülse.

Trainieren Sie die Anrufung von Göttin und Gott – nicht nur bei Ritualen, sondern jeden Tag. Wicca ist nicht auf Vollmonde und Sabbate beschränkt; es ist vielmehr eine Lebensphilosophie, die jeden Moment unseres Lebens bestimmt.

Metaphysisch betrachtet, ist die Anrufung ein zweiseitiger Akt. Göttin und Gott werden angerufen und gleichzeitig wird ein Teil von uns aktiv, der selbst göttlicher Natur ist – unser unverletzliches, unwandelbares Wesen: unsere Verbindung zu den uralten Kräften. Richten Sie Ihre Anrufung also nicht allein an höhere Mächte. Beschwören Sie auch das Göttliche, das Sie in sich selbst haben, den Funken göttlicher Energie, den alle Lebewesen besitzen.

Alle Gottheiten, so verschieden sie auch sein mögen, sind letztlich Ausdruck von ein und derselben Kraft. Sie wohnt allen Menschen inne. Das erklärt auch, warum die Religionen sich im Kern kaum unterscheiden. Jede Religion bezieht sich auf denselben letzten Ursprung und kann deshalb die spirituellen Bedürfnisse ihrer Anhänger gleichermaßen voll befriedigen. Gäbe es nur einen wahren Weg zur Gottheit, so gäbe es auch nur eine Religion. Aber das ist Spekulation.

Der Gedanke, dass Göttin und Gott in uns sind, mag egozentrisch und anmaßend erscheinen. Doch nur auf den ersten Blick: Sicher gibt es Menschen, die sich deshalb selbst zu Göttern erklären. Aber man muss diesen Gedanken richtig zu Ende denken: Sobald man anerkennt, dass jeder Mensch, ja jedes Leben dieses Göttliche in sich trägt, relativiert sich dieser Gedanke sofort.

In gewisser Weise sind wir unsterblich, ganz sicher sind es jedenfalls unsere Seelen. Aber wir sind deshalb nicht automatisch die unsterblichen, zeitlosen, universalen und transzendenten Wesen, die in allen Religionen verehrt werden. Rufen Sie Göttin und Gott einfach mit Liebe und offenem Herzen und Ihr Ritual wird mit Erfolg gesegnet sein.

Feierlicher Anlass

Wenn das Ritual an einem Sabbat oder Esbat stattfindet, sollten Sie den besonderen Anlass an dieser Stelle würdigen. Passend wäre auch ein Ritus der Meditation, der Verwandlung, des Dankes oder einfach nur der Zwiesprache. Hier bleibt es Ihnen selbst überlassen zu entscheiden, ob es sich um einen feierlichen Anlass handelt oder nicht.

Versuchen Sie bei der rituellen Feier nicht gar so würdevoll und steif zu sein. Natürlich ist unsere Religion eine ernste Sache, aber das heißt nicht, dass die Götter keinen Spaß verstehen.* Lachen hat durchaus eine rituelle und auch magische Funktion. Wenn Sie zum Beispiel über einen Fluch von Herzen lachen, kann ihn das entkräften. Das Lachen entfaltet eine schützende Energie, die uns umgibt und negative Kräfte abwehrt. Es enthält eine geballte Ladung persönlicher Energie.

Sollten Sie also einmal das Salz verschütten, eine Kerze umstoßen oder einen Vers vergessen, lachen Sie einfach darüber und fangen Sie noch einmal an. Gerade Anfänger treten oft mit einer zu ernsten Feierlichkeit in den magischen Kreis. Aber eine solche spröde Festlichkeit ist dem Wicca-Kult eigentlich fremd: Entspannen Sie sich lieber. Wicca ist eine Religion des Friedens und des Glücks – und auch des Lachens. Wicca-Rituale brauchen keinen steifen Pomp.

Aktivierung der Energien

Im Grunde stellt genau dies die Formel für Magie dar. Magie ist die Aktivierung und Lenkung von natürlichen Energien zu dem Ziel, eine wünschenswerte Veränderung zu erreichen. Man kann bei fast allen Wicca-Ritualen magische Energie aktivieren. Die klassischen Termine allerdings sind Vollmonde, Tagundnachtgleichen und Sonnenwenden: An diesen Tagen stehen

---

* Fast jeder Wiccaner kann eine Geschichte von einem rituellen Missgeschick erzählen. Mir selbst fiel einmal die doppelseitige Axt auf den Boden und während der Kraftbeschwörung rammte ich den Kerzenleuchter, der über dem Altar hing. Es war ein recht lustiges Ritual.

besondere Erdenergien zur Verfügung, die sich gut zur Unterstützung der eigenen Magie nutzen lassen.

Aber die Magie ist beileibe nicht der Hauptzweck eines Wicca-Rituals. Obwohl sie an den acht Jahresfesten durchaus erlaubt, ja sogar traditionell üblich ist, wird sie nur selten praktiziert. Die meisten Wiccaner nutzen diese besonderen Tage eher zur Zwiesprache und Feier mit den Göttern.

Dennoch macht die Akzeptanz der Magie einen der Hauptunterschiede zwischen Wicca und den meisten anderen Religionen aus. Bei uns hat jeder die Möglichkeit, Magie zu praktizieren – und zwar wirklich jeder. Mit anderen Worten, es gibt keinen Oberpriester, der Wunder wirkt, während wir anderen nur zuschauen dürfen. Wenn Sie also Magie praktizieren wollen, tun Sie es mit ruhigem Gewissen. Aber tun Sie es nur, wenn es wirklich nötig ist – das heißt, wenn Sie ein echtes Bedürfnis danach haben und die innere Gewissheit, dass Ihre Magie mit Erfolg gesegnet sein wird. Häufig sind die einfachsten Methoden die besten: Ich selbst zum Beispiel benutze nach all den Jahren immer noch farbige Kerzen, Öle und Kräuter zur Fokussierung der Energie. Aber es gibt hier unzählige Arten und Wege. Finden Sie Ihren eigenen Weg.

Magie ist nicht im eigentlichen Sinne religiös. Magie ist Magie. Allerdings wird sie im Wicca-Ritual mit der Anrufung von Göttin und Gott verknüpft. Wir bitten sie um ihr Erscheinen und um Unterstützung unseres Vorhabens, wir kooperieren also mit den Göttern und borgen uns ihre Kräfte. Das erst macht die Wicca-Magie religiös.

Der magische Kreis bzw. die magische Sphäre hat auch den Zweck, die aktivierten Energien zu bündeln. Bei den traditionellen Methoden (Tanz, Gesang, Visualisierung etc.) versuchen die Wicca-Anhänger, die Energie so lange in ihrem Körper zurückzuhalten, bis sie ihren Höhepunkt erreicht hat. Erst dann lassen sie die Energie los und lenken sie auf das magische Ziel. Aber es ist nicht so leicht, diese Energie zu stoppen, besonders beim Tanzen. Hier kommt uns der Kreis unterstützend zu Hilfe: Er hält die versehentlich abgegebene Energie zurück. Erst wenn

Sie die Energie willentlich losschicken, öffnet sich der Kreis und die magische Kraft kann ungehindert ihr Ziel erreichen.

Der Kreis ist für die Magie nicht unbedingt erforderlich, aber er kann die zusätzlichen Energien, die Göttin und Gott Ihnen gewähren, so lange festhalten, bis Sie sich entscheiden, sie loszuschicken.

Bitten Sie Göttin und Gott darum, dass sie Ihre Kräfte verstärken und Ihnen helfen, Ihre Ziele zu erreichen.* Dadurch schärfen Sie Ihre Wahrnehmung für das Göttliche, das Sie in sich tragen, und öffnen einen Kanal, durch den diese göttliche Energie nach außen treten kann. Bedanken Sie sich bei Göttin und Gott, wenn Sie das Ritual beenden. Zünden Sie eine Kerze an oder legen Sie ein Trank- oder Speiseopfer auf einen Gabenteller oder in die Erde.

Ich denke, über die »schwarze Magie« brauchen wir hier nicht viele Worte zu verlieren. Sobald Magie anderen Geschöpfen Schaden zufügen oder in irgendeiner Form Kontrolle über sie erlangen soll, handelt es sich um schwarze Magie. Selbst wenn Sie glauben, nur zum Besten der betroffenen Personen zu handeln, bleibt Ihre Magie manipulativ und damit negativ. Sie haben sich dem Negativen geöffnet und können nun selbst sein Opfer werden. Negative Magie ist das Gegenteil von Wicca-Magie.

Wenn Sie den Zauber abgeschlossen haben, gönnen Sie sich eine kleine Verschnaufpause. Schauen Sie auf die Kerzen oder die Bilder von Göttin und Gott. Richten Sie Ihren Blick auf die Weihrauchschwaden oder auf eine Vase mit frischen Blumen. Denken Sie über die Gottheiten nach, über Ihre Beziehung zu ihnen und Ihren Platz im Universum. Konzentrieren Sie Ihre Gedanken auf andere Dinge, nur nicht auf das Ritual.

Wahrscheinlich sind Sie jetzt leer und erschöpft. Das ist ein gutes Zeichen, denn es beweist, Sie haben tatsächlich Kräfte losgeschickt. Lehnen Sie sich also einen Moment zurück und entspannen Sie. Dies ist eine eher kontemplative Phase, die langsam in den nächsten rituellen Schritt übergeht.

---

* Freilich setzt das voraus, dass Ihre Ziele ausschließlich positiv sind.

Erdung der Restenergie
Nach dem Abschicken der Energie bleibt meist noch etwas Restenergie in Ihnen zurück. Auch im Kreis finden sich Spuren davon. Diese Energiereste sollten unbedingt *geerdet* werden – das heißt, sie müssen umprogrammiert und in den normalen Energiekreislauf zurückgeführt werden. Selbst wenn Sie keine Magie praktiziert haben, ist es ratsam, das Ritual mit einer solchen Erdung zu beschließen. Denn diese Phase hat eine starke sakrale Bedeutung, besonders wenn sie eine Mahlzeit beinhaltet.

Dieser Schritt wird manchmal auch als »Brot und Wein« oder »Brot und Bier« bezeichnet. Ich habe ihn im *Ritualbuch der Stehenden Steine* »einfaches Festmahl« genannt. Man nimmt in dieser Phase Essen und Trinken zu sich, um wieder aus der Ekstase zurückzukehren. Essen versetzt unseren Körper in einen anderen Zustand. Es ist ein Produkt der Erde und kann deshalb unseren Geist allmählich in die physische Realität zurückführen. Nahrung ist aber auch eine Manifestation göttlicher Energie, was das Essen zugleich zu einer Kommunion macht.

Das einfache Festmahl kann aus einem leichten Snack bestehen. Kekse und Milch, Saft und Brot, Käse und Wein, vielleicht auch Sichelmondkuchen (siehe Seite 180) und etwas Wein*: Es sind alle Kombinationen denkbar. Sie können das Essen vorher auch segnen (Rituale siehe ab Seite 152).

Bringen Sie Göttin und Gott vor dem rituellen Mahl ein kleines Opfer dar. Streuen Sie dafür ein paar Brotkrumen auf den Boden und vergießen Sie ein paar Tropfen des Getränks. Wenn Sie das Ritual zu Hause machen, können Sie eine kleine Opferschale benutzen. Vergraben Sie ihren Inhalt danach sobald wie möglich irgendwo draußen in der Erde.

Es gibt natürlich noch andere Methoden, sich selbst und die überschüssige Energie zu erden. Zum Beispiel könnten Sie auch etwas Salz kosten und es auf den Boden streuen. Oder Sie ver-

---

* Rezepte finden Sie im *Ritualbuch der Stehenden Steine* ab Seite 137.

suchen es mit Visualisierung. Stellen Sie sich die überschüssige Energie als violetten Nebel vor, der im magischen Kreis und in Ihnen umherschwebt. Halten Sie dann ein magisches Werkzeug in die Luft, zum Beispiel Messer, Stein oder Pentagramm. Visualisieren Sie, wie das Messer den Nebel absorbiert. Halten Sie den Gegenstand am besten in Ihrer linken, rezeptiven Hand (bei Rechtshändern, bei Linkshändern ist es die rechte Hand). Wenn der Nebel verschwunden ist und Sie sich wieder normal fühlen, legen Sie das Hilfswerkzeug zurück. Beim magischen Messer Athame kann diese absorbierte Energie später für Zaubersprüche und zum Ziehen des magischen Kreises benutzt werden. Eine andere Möglichkeit wäre, unter dem Altar Kerzen aufzustellen und die Restenergie dort hineinzuleiten.

Danksagung an Göttin und Gott

Es ist jetzt an der Zeit, Göttin und Gott für ihre Gegenwart und Unterstützung zu danken. Das kann auf unterschiedliche Weise geschehen, etwa durch Gesten, Gesang oder Musik. Sie können natürlich auch spontan improvisieren. Die Danksagung bedeutet natürlich nicht, dass wir die Götter nach getaner Arbeit entlassen. Ein Gedanke, bei dem mir wirklich schaudert – als ob wir kleinen Wiccaner den Göttern die Erlaubnis erteilen könnten, nunmehr zu gehen.*

Danken Sie ihnen einfach für ihre Hilfe und bitten Sie sie, wiederzukommen. Mehr ist gar nicht nötig.

Aufheben des Kreises

Welche Methode Sie hier anwenden, hängt davon ab, wie Sie den magischen Kreis gezogen haben. Für die im *Ritualbuch der Stehenden Steine* beschriebene Methode benutzen Sie am besten das entsprechende Begleitritual (siehe Seite 149). Hier aber wollen wir uns auf die Varianten konzentrieren, die unter »Öffnung des heiligen Bezirks« vorgeschlagen wurden.

---

* Übrigens könnten wir das gar nicht. Die Götter existieren ja in uns und der Natur.

Die erste Methode ist vielleicht die einfachste. Sie wird angewendet, wenn der Kreis als Energie imaginiert wird, die um die eigene Person und den Altar kreist. Danken Sie den Herrschern für ihre Präsenz. Stellen Sie sich vor den Altar und strecken Sie Ihre rezeptive Hand aus. Visualisieren Sie, wie die Energie, die den Kreis ursprünglich schuf, jetzt wieder von Ihnen absorbiert wird. Fühlen Sie, wie die Energie in Ihre Handfläche und Ihren Körper zurückkehrt. Sie können auch das magische Messer nehmen und den Kreis damit »zerschneiden«. Visualisieren Sie, wie die Energie in Klinge und Griff zurückkehrt.

Die nächste Methode ist im Wicca-Kult nicht ganz unumstritten, wenngleich sie auf orthodoxen Wicca-Vorstellungen basiert. Sie können Sie anwenden, wenn Sie den Kreis durch Abschreiten der Kreislinie im Uhrzeigersinn gezogen haben. Stellen Sie sich in den Norden und gehen Sie langsam über West, Süd und Ost zurück nach Norden. Nehmen Sie dabei die Energie des Kreises wieder in sich auf.*

Bei den restlichen Methoden muss man einfach den Kreis wieder rückgängig machen. Wenn Sie um den Altar einen Ring aus Steinen, Blumen oder Ähnlichem gelegt haben, heben Sie diese Objekte einfach wieder auf. Falls Sie Kräuter, Salz oder Mehl benutzt haben, fegen Sie alles auf.

Achten Sie bei all diesen Methoden aber unbedingt darauf, dass Sie den Herrschern der Kreisviertel für ihre Anwesenheit danken, und bitten Sie sie darum, auch über Ihre zukünftigen Rituale zu wachen. Wenn der Kreis verschwunden ist, sammeln Sie die Ritualwerkzeuge ein. Falls Sie Salz und Wasser benutzt haben wie bei der Methode aus dem *Ritualbuch der Stehenden Steine*, bewahren Sie das Salz für spätere Zwecke auf,

---

* Südlich des Äquators werden diese und alle Kreisbewegungen in entgegengesetzter Richtung ausgeführt. Doch diese Kreisbewegungen entgegen dem Uhrzeigersinn werden oft mit Negativität assoziiert, obwohl sie hier einen anderen, positiven Sinn haben. Wenn Sie sich aber wirklich unwohl mit dieser Methode fühlen, gehen Sie den Kreis eben im Uhrzeigersinn ab und nehmen Sie so Ihre Energie zurück.

während Sie das Wasser der Erde zurückgeben. Opfergaben und Weihrauchasche werden vergraben, Sie können die Asche allerdings auch für spätere Zauber und Riten aufheben.

Sie brauchen den Altar nicht sofort abzubauen. Lassen Sie ihn ruhig noch die Nacht oder den Tag über stehen. Beim Abräumen der magischen Hilfsmittel sollten die Kerzen aus symbolischen Gründen erst am Ende gelöscht werden. Nehmen Sie dafür am besten eine Lichtputzschere oder die Klinge Ihres weißen Messers und säubern Sie beides danach von Wachs und Ruß. Löschen Sie zunächst die Kerzen der Kreisviertel und dann alle anderen, die Sie benutzt haben. Zuletzt machen Sie die Kerze des Gottes und schließlich die der Göttin aus. Ihr Ritus ist damit beendet.

Teil III
Das Ritualbuch
der Stehenden Steine

Einführung

Dieses Buch der Schatten ist komplett und sozusagen für den sofortigen Gebrauch geeignet. Ich habe es vor einigen Jahren einmal für Interessenten verfasst, die sich gern in Wicca einarbeiten wollten, aber einfach keine Zirkel finden konnten. Dieses Buch enthält im Grunde keine großen Geheimnisse; ich orientiere mich auch nicht an anderen Wicca-Schulen, außer vielleicht im allgemeinsten Sinne.

Ich gebe in diesem Ritualbuch keine ausführlichen Kommentare ab. Es ist im Wesentlichen ein praktisches Buch. Wenn sich während der Arbeit mit ihm Fragen ergeben, vertrauen Sie auf Ihre Intuition; Sie können auch noch einmal Kapitel dreizehn über die Struktur des Rituals lesen (ab Seite 118). Unbekannte Begriffe stehen im Glossar.

Vergessen Sie bitte nicht, dass dies nur *ein* Ritualbuch unter vielen ist. Jedes dieser Bücher hat seine spezifischen Stärken und Schwächen. Mein Buch der Schatten versteht sich ganz bewusst *nicht* als Heilige Schrift, denn es enthält kein geoffenbartes Wort. Ich habe zudem einen etwas romantisch und vielleicht auch pathetisch anmutenden Stil gewählt, der die Phantasie des Lesers anregen soll.

Dieses Buch ist primär ein Arbeitsbuch: Arbeiten Sie also mit ihm. Nehmen Sie Veränderungen vor, wo es Ihnen sinnvoll erscheint. Ich will hier keine neue Wicca-Lehre aufstellen, sondern Sie mit diesem Buch motivieren, selbst kreativ zu werden. Die beschriebenen Riten sind für Einzelpersonen bestimmt, für Gruppenrituale müssten also einige kleinere Veränderungen vorgenommen werden

Ich habe mein Ritualbuch den »Stehenden Steinen« gewidmet, weil ich schon immer fasziniert von den Megalithkulturen Großbritanniens und Europas war. Ihre Steinkreise und Menhire regen einfach meine Phantasie an und ich frage mich immer, wie wohl die Riten ihrer vorzeitlichen Erbauer aussahen.*

Ich habe die magische Sphäre hier als einen sowohl psychischen als auch physischen Steinkreis konzipiert. Wenn Sie damit nichts anfangen können, verändern Sie das Ritual einfach: Diese Alternative haben Sie immer. Sie werden sich nicht mit einem lauten Knall in Rauch auflösen, wenn Sie etwas umstellen oder austauschen. Auch die Götter werden Ihnen sicherlich nicht zürnen – es sei denn, Ihr Ritual verlangt nach Tod oder Blutopfern, will jemanden verletzen oder ihm Ihren Willen aufzwingen.

Vergessen Sie bei Ihren Ritualen nicht, die Energien bildlich zu visualisieren, sie zu fühlen und zu bewegen. Spüren Sie die Anwesenheit von Göttin und Gott. Sonst bleibt jedes Ritual nur eine leere Hülle.

Ich hoffe, dieses Ritualbuch kann Ihre Phantasie anregen und Sie auf den Pfad der Wicca-Lehre bringen. Der Weg steht jedem Interessenten offen. Mögen Sie gesegnet sein!

Das Ritualbuch der Stehenden Steine

Grußwort an die Weisen

O Töchter und Söhne der Erde, verehrt Göttin und Gott und seid gesegnet mit der Fülle des Lebens.

Wisst, dass sie euch zu diesen Schriften führte, damit ihr den Wächtern der Wahrheit dient und die heilige Flamme des Wis-

---

* Es waren übrigens nicht Druiden. Die erschienen erst tausend Jahre später auf der Bildfläche und hatten mit Anlagen wie Stonehenge überhaupt nichts zu tun.

sens hütet. In diesen Schriften findet ihr die Wege der Wicca. Übt eure Riten mit Liebe und Freude und Göttin und Gott werden euch segnen mit allem Nötigen. Die aber, die schwarze Magie praktizieren, werden ihren unbarmherzigen Zorn zu spüren bekommen.

Vergesst nicht, dass ihr nunmehr auf Wicca-Pfaden wandelt. Die Zeiten der Zweifel sind vorbei. Eure Wege sind erleuchtet und führen hinauf von den Schatten ins lichte Reich höherer Existenz. Wenn wir auch die Wahrheit besitzen, so wollen doch nur wenige sie hören. Und so üben wir unsere Riten abseits in den Schatten monddurchfluteter Nächte – und sind dennoch glücklich.

Lebt in vollen Zügen, denn das ist des Lebens Zweck. Entzieht euch nicht eurer irdischen Existenz: Aus ihr erwächst unser Lernen und Verstehen. So werden wir wiedergeboren, um mehr zu lernen und den Kreislauf schließlich zu vollenden, in der Gemeinschaft mit Göttin und Gott.

Wandelt durch Felder und Wälder. Erfrischt euch am kühlen Wind und dem Gruß nickender Blumen. Der Gesang von Mond und Sonne erklingt in wilden, alten Gefilden: am verlassenen Strand, in der öden Wüste, unter dem tosenden Wasserfall. Aus der Erde kommen wir. Lasst uns ihr also die ihr gebührende Ehre erweisen.

Feiert die Riten an den Tagen der Macht. Ruft Göttin und Gott um Beistand an. Bedient euch dieser Mächte nur, wenn es sein muss; nie aber für frevelhafte Ziele. Denn das ist eine Sünde am Leben selbst.

Aber ihr, die ihr liebt und Liebe verbreitet, euch soll ein reiches Leben zuteil werden. Die Natur wird euch feiern. Lebt also in Liebe zu Göttin und Gott und schadet niemandem!

Die Marksteine unseres Weges

- Suchen Sie für Ihre Riten möglichst Wälder, Strände, verlassene Berggipfel oder einsame Seen auf. Falls das nicht möglich ist, geht es auch in einem Garten oder in einem Raum –

sofern beide mit Weihrauch und Blumen vorbereitet und geschmückt werden.
- Forschen Sie in Büchern, alten Manuskripten und kryptischen Gedichten nach der Wahrheit, wenn Sie wollen. Aber suchen Sie sie auch im einfachen Stein, in zarten Kräutern und im Ruf des Wildvogels. Lauschen Sie dem flüsternden Wind und dem tosenden Wasser. Darin finden Sie Magie, denn hier sind die uralten Wahrheiten noch lebendig.
- Bücher enthalten Worte. Bäume aber enthalten Energien und Weisheiten, die von Büchern unerreicht bleiben.
- Vergessen Sie nie, dass die Alten Wege sich überall enthüllen. Seien Sie deshalb wie das Weidenholz am Fluss, das sich mit dem Winde beugt und wiegt. Was unverändert bleibt, überlebt sich selbst. Nur was wächst und sich wandelt, wird leuchten in der Zeit.
- Es kann kein Monopol an Wissen geben. Teilen Sie es also auch mit anderen Suchenden. Aber schützen Sie unser mystisches Wissen vor den Blicken Übelwollender, denn es würde ihre Zerstörungswut nur mehren.
- Sie dürfen sich nicht über Rituale und Zaubersprüche anderer erheben. Denn wer sagt, dass Ihre eigenen besser und weiser sind?
- Ihre Handlungen müssen stets ehrenhaft sein: Was Sie auch tun, Gutes oder Böses, es kehrt eines Tages mannigfach zu Ihnen zurück.
- Seien Sie auf der Hut vor allen, die Sie unter ihren Willen zwingen wollen und sich Ihrer Arbeit und Religiosität nur bedienen. Wahrer Glaube ist stets innerlich. Seien Sie argwöhnisch gegen jeden, der Ihren Glauben für seine eigenen Zwecke funktionalisieren will. Aber empfangen Sie Priesterinnen und Priester, die aus Liebe wirken, mit offenem Herzen.
- Ehren Sie alles Lebendige, denn auch Sie sind wie die Vögel, die Fische, die Bienen. Zerstören Sie also niemals Lebendiges, es sei denn zur Erhaltung Ihres eigenen Lebens.

Dies sollen die Marksteine unseres Weges sein.

Vor aller Zeit

Vor aller Zeit war das Eine und das Eine war alles und alles war das Eine.

Und die große Weite, Universum genannt, war das All-Eine: allwissend, allgegenwärtig, allmächtig und allzeit im Wandel.

Und der Raum geriet in Fluss. Das All-Eine formte Energie zu einem Doppelwesen, das sich gleich war und doch gegensätzlich. So entstanden Göttin und Gott aus dem All-Einen und in ihm.

Göttin und Gott wuchsen und dankten dem All-Einen. Aber Finsternis umgab sie. Sie waren allein, ihr einziger Gefährte war das All-Eine.

Und so verwandelten sie Energie in Gase und Gase in Sonnen, Planeten und Monde. Sie bevölkerten das Universum mit kreisenden Kugeln. Und die Dinge nahmen die Gestalt der Hände von Göttin und Gott an.

Es ward Licht und der Himmel erhellte sich mit Milliarden von Sonnen. Göttin und Gott sahen ihr Werk mit Wohlgefallen und sie liebten und vereinigten sich.

Aus ihrer Vereinigung entsprang der Same allen Lebens, aus dem auch wir Menschen kommen. Hier begann der Weg unserer Inkarnation, der uns auf unsere Erde brachte.

Die Göttin wählte den Mond zum Symbol, der Gott aber die Sonne. Sie sollten die Menschheit an ihre Schöpfer erinnern.

Alles entsteht, alles lebt und stirbt und entsteht wieder im Licht von Sonne und Mond. Alles ereignet sich hier. Und alles hat den Segen des All-Einen, das da war vor aller Zeit.

Das Lied der Göttin*

Ich bin die Große Mutter, verehrt von der ganzen Schöpfung, vor der ich lange war. Ich bin das Urweibliche, grenzenlos und ewig.
Ich bin die keusche Göttin des Mondes, Herrin aller Magie. Winde und treibende Blätter singen meinen Namen. Ich trage den Sichelmond auf der Stirn und stehe im Sternenhimmel. Ich bin alle ungelösten Rätsel und der neu betretene Pfad. Ich bin das jungfräuliche Feld, unberührt noch vom Pfluge. Freut euch meiner und genießt die Fülle der Jugend.

Ich bin die gesegnete Mutter, gnädige Herrin der Ernte. Mein Gewand ist das tiefe, kühle Wunder der Erde und das Gold kornschwerer Felder. Meine Gezeiten beherrschen die Erde. Alles gelangt zur Frucht im Rhythmus meiner Jahreszeiten. Ich bin Zuflucht und Heilung. Ich bin die Mutter, die das Leben schenkt, geheimnisvoll fruchtbar.

Ehrt mich als alte Frau, Hüterin des ewigen Kreislaufs von Tod und Geburt. Ich bin das Rad, der Schatten des Mondes. Ich beherrsche die Gezeiten von Frau und Mann und gebe der müden Seele Erneuerung und Erlösung. Der finstere Tod ist mein Reich und die Freude der Geburt mein Geschenk.

---

* Dieses Lied basiert auf Morgans Anrufung. Morgan war meine erste Lehrerin und schrieb diesen Text vor etwa einem Jahrzehnt. Diese Anrufung wie auch die nachfolgende ist nicht ausschließlich für das Sprechen im Ritual bestimmt. Man kann beide auch als Erbauungsliteratur lesen oder sie zum Meditieren benutzen, um mehr über Göttin und Gott zu erfahren. Mit leichten Abwandlungen (»er« und »sie« statt »ich« etc.) können die Texte auch in vielen anderen Ritualen verwendet werden.

Ich bin die Göttin des Mondes, der Erde und Meere. Meine Namen und Kräfte sind ohne Zahl. Aus mir strömen Macht und Magie. Aus mir kommen Frieden und Weisheit. Ich bin die ewige Jungfrau, die Mutter aller und das alte Weib der Dunkelheit. Ich sende euch den Segen meiner grenzenlosen Liebe.

Der Ruf des Gottes

Ich bin der strahlende König des Himmels und gebe der Erde Wärme. Ich schenke Licht und Form dem verborgenen Samen der Schöpfung. Ich hebe den glänzenden Speer und erleuchte alles Leben. Ich schenke der Erde mein tägliches Gold und vertreibe die dunklen Mächte.

Ich bin Herr der wilden und freien Tiere. Ich laufe mit dem schnellen Hirsch und fliege mit dem heiligen Falken durch schimmernde Himmel. Uralte Wälder und wilde Gefilde verströmen meine Macht. Die Vögel der Lüfte singen von meiner Heiligkeit.

Ich bin die letzte Ernte, schenke Frucht und Korn der Sichel der Zeit, um alle zu nähren. Denn ohne Pflanzen gibt es kein Ernten, ohne Winter keinen Frühling.

Verehrt mich als namenreiche Schöpfersonne, als unbändigen Geist des gehörnten Hirsches und endlose Ernte. In den alljährlichen Festen erkennt meinen Zyklus aus Geburt, Tod und Wiedergeburt – und wisst, dies ist die Bestimmung aller Geschöpfe.

Der Steinkreis

Der Steinkreis wird bei häuslichen Ritualen zur Aktivierung von Energien, Meditation und zu vielen anderen Zwecken benutzt. Beginnen Sie mit der Reinigung der rituellen Sphäre, am besten mit dem Hexenbesen.

Für den Kreis brauchen Sie vier große, flache Steine – oder Sie markieren die vier Hauptpunkte des Kreises mit Kerzen, am besten grünen oder weißen. Sie können natürlich auch die Farben der vier Himmelsrichtungen nehmen: Grün für den Norden, Gelb für den Osten, Rot für den Süden und Blau für den Westen.

Platzieren Sie den ersten Stein (oder die erste Kerze) im Norden, um damit den Geist des Nordsteins zu symbolisieren. Die Anrufung der Steingeister aktiviert die Energien der jeweiligen Himmelsrichtung und die entsprechenden Elemente.

Wiederholen Sie diesen Vorgang für den Osten, Süden und Westen. Die Steine oder Kerzen sollten im Quadrat angeordnet sein und in etwa den rituellen Raum abstecken. Das Quadrat repräsentiert unsere physische Existenzgrundlage: die Erde.

Nehmen Sie nun eine lange Schnur oder Kordel (violett oder weiß) und legen Sie sie in Kreisform um die vier Steine oder Kerzen herum. Man braucht etwas Übung dafür, denn die Steine oder Kerzen sollten sich *innerhalb* des Kreises befinden. Rechteck und Kreis (das Symbol für die spirituelle Wirklichkeit) berühren sich. Diese Struktur steht für die Quadratur des Kreises und dient als Symbol für die wechselseitige Durchdringung von physischer und spiritueller Wirklichkeit. Der Kreis kann je nach Bedürfnis und Räumlichkeit einen Durchmesser von einem bis sieben Metern haben.

Schmücken Sie nun den Altar. Folgende Utensilien bieten sich dafür an:

- ein Symbol für die Göttin (Kerze, Lochstein, Statue)
- ein Symbol für den Gott (Kerze, Horn, Eichel, Statue)
- ein magisches Messer (Athame)

- Zauberstab
- Räuchergefäß
- Pentagramm
- eine Schale mit Wasser (Brunnen-, Regen- oder Leitungswasser)
- eine Schale Salz (kann auch auf das Pentagramm gestreut werden)
- Weihrauch
- Blumen oder Pflanzen
- ein Kerzenhalter mit einer roten Kerze
- alle übrigen Materialien und Utensilien, die Sie für Ihr Ritual oder Ihren magischen Zauber brauchen.

Symbol oder Kerze für die Göttin		*Symbol oder Kerze für den Gott*
	Räuchergefäß	
Schale mit Wasser	*rote Kerze*	*Schale mit Salz*
Kelch	*Pentagramm*	*Weihrauch*
Zauberstab	*Kessel oder andere Zaubermittel*	*Messer*
Glocke		*weißes Messer*

Vorschlag für die Altargestaltung

Sie können den Altar nach dem hier vorgeschlagenen Plan oder aber frei nach Ihren eigenen Vorstellungen schmücken. Achten Sie in jedem Fall aber darauf, dass Sie genügend Streichhölzer und eine feuerfeste Ablage für die abgebrannten Hölzer zur Hand haben. Sie benötigen auch ein Holzkohlestück zum Anbrennen des Räucherwerks.

Zünden Sie nun Kerzen und Weihrauch an. Heben Sie das Messer und berühren Sie mit seiner Klinge das Wasser; dabei sprechen Sie folgende Worte:

> *Ich heilige und reinige dieses Wasser,*
> *damit es klar und würdig wird,*
> *im heiligen Steinkreis zu sein.*
> *Im Namen der Mutter Göttin und des Vater*
>   *Gottes**
> *weihe ich dieses Wasser.*

Visualisieren Sie dabei, wie Ihr Messer alle Negativität aus dem Wasser verdrängt. Halten Sie die Messerspitze nun an das Salz und sprechen Sie folgende Worte:

> *Ich segne dieses Salz,*
> *damit es würdig wird,*
> *im heiligen Steinkreis zu sein.*
> *Im Namen der Mutter Göttin und des Vater*
>   *Gottes*
> *segne ich dieses Salz.*

Stellen Sie sich nun mit dem Gesicht nach Norden an die äußere Kreislinie. Halten Sie das magische Messer mit nach außen gerichteter Spitze etwa in Hüfthöhe und schreiten Sie nun langsam im Uhrzeigersinn die Kreislinie ab. Bleiben Sie dabei aber innerhalb des Kreises. Mit jedem Ihrer Schritte und Worte füh-

---

* Wenn Sie einen bestimmten Aspekt von Göttin und Gott ansprechen wollen, nennen Sie hier die entsprechenden Namen.

ren Sie dem Kreis neue Energien zu. Setzen Sie zur Unterstützung die Kraft Ihrer Visualisierung ein und lassen Sie aus Ihrer Messerspitze die Energien strömen, die den Kreis aufbauen. Gehen Sie weiter im Kreis und formen Sie die Energie zu einer Kugel, die den rituellen Raum ganz umschließt. Sprechen Sie dabei folgende Worte:

> *Dies ist die Grenze meines Zirkels aus Stein,*
> *nichts als Liebe soll hier willkommen sein.*
> *Nichts soll entstehen hier als Liebe allein.*
> *O ihr Uralten, bringt eure Kräfte mit ein.*

Wenn Sie wieder im Norden des Kreises angelangt sind, legen Sie das magische Messer auf den Altar. Nehmen Sie dann das Salz und streuen Sie es auf die Kreislinie. Beginnen und enden Sie dabei im Norden und gehen Sie im Uhrzeigersinn vor. Wiederholen Sie diesen Vorgang mit dem Räuchergefäß, mit der Kerze des Südens oder der brennenden roten Kerze vom Altar und sprenkeln Sie abschließend Wasser auf die Kreislinie. Sie sollten dies alles aber nicht beim bloßen Tun belassen: *Erfühlen* Sie, wie diese Substanzen den magischen Kreis reinigen.

Der Steinkreis ist nun versiegelt. Gehen Sie anschließend mit dem Zauberstab an die nördliche Grenze des Kreises und sprechen Sie folgende Worte:

> *O Großer Geist aus dem nördlichen Stein,*
> *du uralter Geist der Erde,*
> *komm, ich bitte dich, herbei.*
> *Bringt, ihr Uralten, eure Kräfte mit ein.*

Visualisieren Sie bei diesen Worten einen grünlichen Nebel, der sich über dem Nordstein erhebt und umherschwebt. Er zeigt die Energie des Erdelements. Senken Sie den Zauberstab, wenn dieser Geist präsent ist, und gehen Sie nach Osten. Heben Sie den Stab wieder und sprechen Sie folgende Worte:

> *O Großer Geist aus dem östlichen Stein,*
> *du uralter Geist der Lüfte,*
> *komm, ich bitte dich, herbei.*
> *Bringt, ihr Uralten, eure Kräfte mit ein.*

Visualisieren Sie nun einen gelblichen Nebel aus Luftenergie. Senken Sie den Zauberstab wieder und gehen Sie nach Süden, wo Sie diesen Vorgang wiederholen – diesmal mit einem violetten Feuernebel:

> *O Großer Geist aus dem südlichen Stein,*
> *du uralter Geist des Feuers,*
> *komm, ich bitte dich, herbei.*
> *Bringt, ihr Uralten, eure Kräfte mit ein.*

Zum Abschluss wiederholen Sie diesen Vorgang auch im Westen des Kreises, wo Sie mit erhobenem Zauberstab folgende Worte sprechen:

> *O Großer Geist aus dem westlichen Stein,*
> *du uralter Geist des Wassers,*
> *komm, ich bitte dich, herbei.*
> *Bringt, ihr Uralten, eure Kräfte mit ein.*

Visualisieren Sie dabei einen bläulichen Nebel aus der Energie des Wassers.

Um Sie herum atmet und pulst nun der magische Kreis. Die Geister der Steine sind anwesend: Fühlen Sie ihre Energien. Visualisieren Sie, wie der Kreis durch diese Energien glüht und an Kraft gewinnt. Bleiben Sie einen Moment stehen und spüren Sie all dem nach.

Der Steinkreis ist jetzt geschlossen. Göttin und Gott können nunmehr angerufen werden, die Magie kann beginnen.

Den Durchlass öffnen

Wenn Sie den Kreis aus welchen Gründen auch immer einmal während des Rituals verlassen müssen, könnte er dadurch geschwächt werden. Bauen Sie deshalb einen Durchlass ein, so dass die Energien voll erhalten bleiben.

Gehen Sie an die nordöstliche Kreislinie und setzen Sie unten am Boden die Spitze des magischen Messers an. *Sehen* und *fühlen* Sie die energetische Sphäre vor sich. Schneiden Sie dann mit dem Athame in die Energiewand und zeichnen Sie einen Rundbogen hinein, der groß genug für einen Durchlass ist. Führen Sie das Messer gegen den Uhrzeigersinn bis an den Scheitelpunkt des Rundbogens und dann wieder zurück auf den Boden. Die Breite sollte etwa einen Meter betragen.

Visualisieren Sie bei diesem Vorgang, wie die Energie aus diesem Abschnitt in das rituelle Messer zurückfließt. Dadurch entsteht eine Energielücke, durch die Sie problemlos ein- und ausgehen können. Ziehen Sie das magische Messer wieder aus der Energiewand: Sie können den Kreis nun verlassen.

Nachdem Sie wieder in den Kreis zurückgekehrt sind, verschließen Sie den Durchgang. Setzen Sie das Messer am nordöstlichen Punkt des Rundbogens an und fahren Sie damit im Uhrzeigersinn am Boden entlang – so, als wollten Sie diesen Teil des Steinkreises wieder nachziehen. Visualisieren Sie dabei, wie die blaue oder violette Energie wieder aus dem Messer strömt und sich mit dem übrigen Kreis verbindet. Der Kreis ist nun wieder geschlossen.

Den Kreis auflösen

Wenden Sie sich nach dem Ritual nach Norden und sprechen Sie mit erhobenem Zauberstab folgende Worte:

> *Lebe wohl, Geist des nördlichen Steins.*
> *Ich danke dir für deine Anwesenheit.*
> *Geh mit all deiner Macht.*

Wiederholen Sie den Vorgang auch für den östlichen, südlichen und westlichen Stein. Kehren Sie dann zum Norden des Kreises zurück und halten Sie den Zauberstab einen Moment lang hoch in die Luft.

Legen Sie den Stab wieder zurück auf den Altar, nehmen Sie das rituelle Messer und gehen Sie damit in den Norden des Kreises. Stecken Sie das heilige Messer etwa in Hüfthöhe dort in die Energiewand und schreiten Sie im Uhrzeigersinn die Kreislinie ab. Visualisieren Sie dabei, wie die Energie in das Messer zurückkehrt. *Ziehen* Sie sie förmlich in Klinge und Griff des Messers zurück. Spüren Sie, wie der Kreis sich auflöst und kleiner wird und wie die Außenwelt langsam wieder Herrschaft über diesen Raum erlangt.

Wenn Sie wieder im Norden angekommen sind, ist der Kreis aufgelöst.

Visualisierungen für den Steinkreis

Sie können für das Ziehen des Steinkreises auch die folgenden alternativen Visualisierungen benutzen.

Bereiten Sie sich zunächst wie oben beschrieben vor. Gehen Sie dann zum nördlichen Kreisrand und stellen Sie den Nordstein (oder die Nordkerze) auf den Boden. Visualisieren Sie nun einen Steinblock, der etwa einen halben Meter links hinter dem Nordstein steht. Er ist blaugrau, etwa zwei Meter hoch und gut einen halben Meter breit und tief. Dieser Stein symbolisiert, wie Sie in der Abbildung auf Seite 151 erkennen können, die Göttin.

Wenn dieser Stein deutlich vor Ihrem geistigen Auge steht, visualisieren Sie etwa einen halben Meter rechts hinter dem Nordstein einen zweiten Steinblock von gleicher Farbe und Größe. Er repräsentiert den Gott.

Visualisieren Sie nun einen Schlussstein, der auf den beiden ersten Blöcken ruht. Er ist gut einen halben Meter breit und hoch und circa eineinhalb Meter lang. Dieser Stein steht für das All-Eine, das Göttin und Gott vorausging: die Quelle jeder

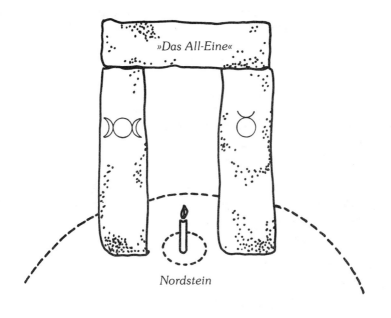

Visualisierung des nördlichen Dreisteins

Macht und Magie. Damit ist der nördliche Dreistein vollendet. Er bildet ein Eingangstor, das symbolisch ins Reich des Erdelements führt.

Lassen Sie die Visualisierung stabil werden. Blicken Sie durch das Tor: Sie sehen dort den grünlichen Nebel der Erdenergie. Wiederholen Sie diesen Vorgang auch für den Osten, Süden und Westen. Jeder Dreistein zeigt dabei die Färbung des jeweiligen Elements.

Reinigen Sie nun Salz und Wasser und ziehen Sie den Kreis wie üblich mit Hilfe von Salz, Räuchergefäß, Kerze und Wasser. Rufen Sie in jedem Kreisviertel den Geist des Steines an und fixieren Sie den jeweiligen Dreistein vor Ihrem geistigen Auge. Betrachten Sie seine heidnische Größe und den unfassbaren Wirbel, den der elementare Nebel erzeugt. Öffnen Sie sich für diese Bilder, erfühlen Sie die Ankunft des jeweiligen Steingeistes.

Mit etwas Übung wird Ihnen dies sicher keine großen Probleme bereiten. Notfalls aber können Sie auf diese Visualisierung auch verzichten.

Segnungsgesang

Mögen die Mächte des All-Einen,
des Ursprungs aller Schöpfung,
alldurchdringend, allmächtig, ewig sein.
Mögen Göttin und Gott,
Herrscherin des Mondes
und gehörnter Jäger der Sonne,
mögen die mächtigen Steingeister,
Herrscher über die Elemente,
die Sterne dort oben und die Erde unter mir
diesen Ort und diese Stunde segnen
*und mich, der ich mit ihnen bin.**

---

* Der Segnungsgesang kann jedes Ritual als Anrufung einleiten. Anrufungen für Göttin und Gott können ihm folgen.

Das einfache Festmahl

Halten Sie ein Glas Wein zum Himmel empor und sprechen Sie:

> *Göttin der Fülle,*
> *in deiner Güte segne diesen Wein*
> *und tränke ihn mit deiner Liebe.*
> *In eurem Namen, Mutter Göttin und Vater Gott,*
> *segne ich diesen Wein.**

Heben Sie dann einen Teller mit Kuchen, Brot oder Gebäck zum Himmel empor und sagen Sie:

> *Mächtiger Gott der Ernte,*
> *mit deiner Kraft segne diesen Kuchen*
> *und fülle ihn mit deiner Liebe.*
> *In eurem Namen, Mutter Göttin und Vater Gott,*
> *segne ich diesen Kuchen.***

Weihe der rituellen Utensilien

Zünden Sie die Kerzen und den Weihrauch an und ziehen Sie den Steinkreis. Legen Sie die magischen Utensilien auf das Pentagramm oder auf einen Teller mit Salz und berühren Sie das magische Werkzeug mit der Spitze des magischen Messers oder mit Ihrer Schutzhand. Sprechen Sie dazu folgende Worte:

> *Ich weihe dich, du Messer aus Stahl (Zauberstab*
> *aus Holz etc.), damit du rein und würdig wirst,*
> *mir im Steinkreis zu dienen. Im Namen der*

---

* Nehmen Sie bei anderen Getränken sowie später bei den Nahrungsmitteln die jeweils notwendigen Veränderungen vor. Man kann auch viele andere Getränke außer dem Wein benutzen. Eine Liste finden Sie im Abschnitt zu den Rezepten (ab Seite 180).

** Dieses einfache Festmahl wird gewöhnlich am Ende eines Sabbats oder Esbats abgehalten und stellt eine »domestizierte« Form der orgienhaften Feste dar, die früher bei den Ackerbauvölkern Europas üblich waren.

> *Mutter Göttin und des Vaters Gott, du bist geweiht.*

Schicken Sie nun Ihre Schutzenergie in das magische Werkzeug und säubern Sie es von allem Negativen und schädlichen Restspuren. Dann nehmen Sie es, bestreuen es mit Salz, fahren damit durch Weihrauch und Kerzenflamme und besprengen es mit Wasser. Rufen Sie dabei die Geister der Steine, damit sie es segnen.

Halten Sie das magische Werkzeug nun zum Himmel empor und sprechen Sie folgende Worte:

> *Im Namen der Uralten Mächte gebe ich dir Kraft: durch die Allmacht von Göttin und Gott, durch die Segnungen von Sonne, Mond und Sternen, durch die Kräfte von Erde, Luft, Feuer und Wasser. Mit diesen Kräften erfülle mir meine Wünsche. Lasst, ihr Uralten Mächte, eure Macht in dieses Werkzeug fließen.**

Um die Weihe zu bestärken und besiegeln, sollte das magisch aufgeladene Werkzeug möglichst sofort eingesetzt werden. So könnte man zum Beispiel mit dem Athame ein weiteres magisches Werkzeug weihen, mit dem Zauberstab die Göttin anrufen und das Pentagramm als Ablage bei der Weihe verwenden.

Das Vollmondritual

Halten Sie dieses Ritual bei Nacht ab, möglichst im Mondschein. Stellen Sie Mondsicheln, weiße Blumen, Silber und andere Mondsymbole auf den Altar. Die Kristallkugel oder der mit Wasser gefüllte Kessel** können ebenfalls aufgestellt werden.

---

* Der Text dieses Weihrituals orientiert sich an Aleister Crowleys *Key of Solomon* und wird in ähnlicher Form sehr häufig im Wicca-Kult benutzt.
** Anstelle des Kessels kann man auch eine weiße oder silberne Schale benutzen.

Legen Sie noch ein Silberstück ins Wasser. Schmücken Sie nun den Altar, zünden Sie Kerzen und Weihrauch an und ziehen Sie den Steinkreis.

Stellen Sie sich vor den Altar und rufen Sie Göttin und Gott, zum Beispiel mit dem Segnungsgesang und/oder einem der Gebete, Lieder und Beschwörungen aus diesem Kapitel.

Blicken Sie auf den Mond und fühlen Sie, wie seine Energien in Ihren Körper eindringen. Spüren Sie die Energie der Göttin, die Sie mit Kraft und Liebe erfüllt. Sprechen Sie dann Worte wie die folgenden:

> *Wundervolle Herrin des Mondes,*
> *die du den Abend mit silbernen Küssen begrüßt,*
> *Herrin der Nacht und Magie,*
> *die du durch den schwarzen Wolkenhimmel*
>   *reitest*
> *und Licht auf die kalte Erde wirfst;*
> *o Mondgöttin,*
> *Sichelfrau,*
> *Schattenmacherin und Schattenbrecherin,*
> *Entdeckerin vergangener und heutiger Mysterien,*
> *Herrin der Meere und Führerin der Frauen,*
> *allwissende Mondgöttin,*
> *ich grüße dein himmlisches Juwel*
> *in seiner zunehmenden Kraft*
> *mit einem Ritus zu deinen Ehren.*
> *Ich bete mit dem Mond.*
> *Ich bete mit dem Mond.*
> *Ich bete mit dem Mond.*

Singen Sie die letzte Zeile, sooft Sie mögen. Visualisieren Sie dabei die Göttin, zum Beispiel als große, starke Frau, die mit Silber und einem weißen, fließenden Umhang geschmückt ist. Vielleicht trägt sie eine Mondsichel auf der Stirn oder spielt mit einer leuchtenden Silberkugel. Sie schreitet mit ihrem Geliebten, dem Sonnengott, durch das Sternenmeer der ewigen

Nacht und streut Mondschein auf ihrer Wanderung. Ihre Augen lachen, ihre Haut leuchtet weiß. Sie glüht.

Dies ist der richtige Moment für jeden Zauber, denn der Mond hat jetzt seine stärkste Kraft, die sich auf positive Magie überträgt. Vollmondnächte sind zudem ideal für Meditationen, Spiegelzauber und Weissagungen, die innerhalb des Kreises zuverlässiger wirken. Besonders effektiv sind jetzt Kristallweissagungen. Setzen Sie die Kristallkugel vor dem Ritual dem vollen Mondlicht aus. Sie können für die Weissagung auch den mit Wasser gefüllten Kessel und ein Silberstück benutzen. Schauen Sie auf das Wasser oder die Mondspiegelung auf dem Silber und lassen Sie Ihre medialen Kräfte erwachen.

Bei dem einfachen Festmahl, das nun folgt, kann man Mondgetränke wie Limonade, Milch oder Weißwein zu sich nehmen. Auch Sichelmondkuchen (siehe Seite 180) sind sehr passend.

Danken Sie abschließend Göttin und Gott und heben Sie den Kreis auf. Damit ist der Ritus beendet.

Die Jahresfeste

Jul (um den 21. Dezember)

Der Altar wird mit immergrünen Zweigen geschmückt, zum Beispiel Fichte, Rosmarin, Lorbeer, Wacholder oder Zeder. Sie eignen sich auch für die Markierung der Kreislinie. Wenn Sie wollen, können Sie auch einige getrocknete Blätter auf den Altar legen.

Der Kessel steht auf einer hitzebeständigen Unterlage auf dem Altar oder davor, falls er zu groß ist. Füllen Sie ihn mit einer brennbaren Flüssigkeit (Alkohol) oder stellen Sie eine rote Kerze hinein. Wenn Sie Ihr Ritual im Freien abhalten, können Sie auch ein Feuer darin entzünden.

Schmücken Sie den Altar, zünden Sie Kerzen und Weihrauch an und ziehen Sie den Steinkreis. Stimmen Sie den Segnungsgesang an und rufen Sie Göttin und Gott.*

---

* Verwenden Sie am besten die Gebete, Lieder oder Anrufungen aus diesem Kapitel. Sie können natürlich aber auch eigene Worte sprechen.

Stellen Sie sich vor den Kessel und blicken Sie hinein. Sprechen Sie dabei Worte wie die folgenden:

> *Ich trauere nicht, auch wenn die Welt in Schlaf verharrt.*
> *Ich trauere nicht, auch wenn eisige Winde wehen.*
> *Ich trauere nicht, fällt noch so tief der Schnee und hart.*
> *Ich trauere nicht, denn dies wird alles bald vergehen.*

Nehmen Sie nun ein langes Streichholz oder eine lange Kerze und zünden Sie damit den Kessel oder die rote Kerze an. Sprechen Sie dann folgende Worte:

> *Ich entzünde dieses Feuer zu deiner Ehre, Mutter Göttin.*
> *Du verwandelst Tod in Leben und Kälte in Wärme.*
> *Die Sonne lebt nun wieder und das Licht nimmt zu.*
> *Willkommen, ewig wiederkehrender Gott der Sonne!*
> *Sei gegrüßt, Allmutter!*

Gehen Sie dann langsam im Uhrzeigersinn um Altar und Kessel herum und betrachten Sie das Feuer. Wiederholen Sie eine Zeit lang den folgenden Vers:

> *Das Rad dreht. Die Kraft steht.*

Meditieren Sie über die Sonne und die schlafenden Energien des Winters, die sich nicht nur in der Erde, sondern auch in uns selbst verbergen. Denken Sie an die Geburt als an eine Fortsetzung, nicht als Neuanfang. Preisen Sie die Wiederkehr des Gottes.

Stellen Sie sich dann wieder vor den Altar mit dem brennenden Kessel und sprechen Sie:

O Großer Gott der Sonne,
ich preise deine Wiederkehr.
Schick der Göttin deinen Strahlenglanz,
schick der Erde deinen Strahlenglanz.
Gesegnet seist du,
Wiedergeborener der Sonne!

Jetzt ist der richtige Zeitpunkt für alle gewünschten Zauber gekommen. Halten Sie nun noch das einfache Festmahl ab und lösen Sie dann den Kreis auf.

Jul-Bräuche
Eine recht alte Tradition ist der Julbaum. Sie können dafür einen gefällten, aber auch einen lebenden Baum nehmen und diesen später wieder einpflanzen. Die Wahl bleibt Ihnen überlassen.

Die Herstellung des Baumschmucks kann viel Spaß machen und reicht von Girlanden aus getrockneten Rosenblüten und Zimtstangen (oder alternativ Popcorn und Preiselbeeren) bis hin zu duftenden Kräutersäckchen, die an die Zweige des Julbaums gehängt werden. Man kann Quarzkristalle mit glänzendem Draht umwickeln und an kräftige Äste hängen, so dass sie wie Eiszapfen aussehen. Ein sehr natürlicher und wunderschöner Schmuck mit einer uralten Tradition stellen Äpfel, Orangen und Zitronen dar.

Viel Freude bereitet auch das Julfeuer, das die Wiedergeburt des Gottes aus dem heiligen Feuer der Mutter Göttin symbolisiert. Zünden Sie dafür einen Holzscheit oder Holzklotz an; traditionell verwendet man dafür Eiche oder Fichte. Zeichnen Sie mit dem weißen Messer eine strahlende Sonne in das Holz oder ritzen Sie als Symbol für den Gott einen gehörnten Kreis bzw. einen Mann hinein. Das Feuer sollte am Abend des Julfestes im Kamin angezündet werden. Visualisieren Sie es als brennende Sonne und denken Sie an die wärmeren Tage, die jetzt bald wiederkehren werden.

Zum Julmahl können Sie Nüsse, Früchte wie Äpfel und Birnen, in Apfelwein getränkten Kümmelkuchen oder auch Schweinernes reichen. Dazu passt gewürztes Bier und Hibiskus- oder Ingwertee.

Imbolc (2. Februar)

Der Altar wird mit einem Symbol der Jahreszeit geschmückt, zum Beispiel einem Schneeflockenbild, einer weißen Blume oder etwas Schnee in einem Kristallbehälter. Eine orangefarbene, mit Moschus, Zimt, Weihrauch oder Rosmarinöl gesalbte Kerze sollte ebenfalls nicht fehlen. Der Kreis könnte mit geschmolzenem Schneewasser gezogen werden.

Schmücken Sie den Altar, zünden Sie Kerzen und Weihrauch an und ziehen Sie den Steinkreis. Stimmen Sie den Segnungsgesang an und rufen Sie Göttin und Gott. Sprechen Sie dabei Worte wie die folgenden:

> *Es ist die Zeit des Fackelfestes,*
> *alle Lampen strahlen und leuchten*
> *und begrüßen die Wiedergeburt des Gottes.*
> *Ich feiere die Göttin,*
> *ich feiere den Gott.*
> *Und es feiert die ganze Erde*
> *unter ihrer Decke aus Schnee.*

Nehmen Sie nun die lange orangefarbene Kerze und zünden Sie sie an der roten Altarkerze oder im südlichen Kreisviertel an. Schreiten Sie mit der Kerze in der Hand langsam im Uhrzeigersinn die Kreislinie ab und sprechen Sie dazu Worte wie diese:

> *Das ganze Land ist in Winter getaucht.*
> *Die Luft klirrt*
> *und Frost bedeckt die Erde.*
> *Aber unbemerkt wurdest du, Herr der Sonne,*
> *Herrscher über Tier und wilde Orte,*
> *von unserer segensreichen Mutter Göttin*
> *wiedergeboren,*

der Herrin aller Fruchtbarkeit.
Sei gegrüßt, Großer Gott!
Sei gegrüßt und willkommen!

Bleiben Sie mit erhobener Kerze vor dem Altar stehen. Blicken Sie in die Flamme und visualisieren Sie, wie Ihr Leben durch das Ritual wachsende Kreativität, neue Energie und Kraft erhält.

Wer in die Zukunft oder die Vergangenheit blicken will, sollte das an dieser Stelle tun. Jetzt ist der richtige Zeitpunkt für alle gewünschten Zauber gekommen. Halten Sie nun noch das einfache Festmahl ab und lösen Sie dann den Kreis auf.

Imbolc-Bräuche
An diesem Tag werden nach dem Ritual oder bei Sonnenuntergang alle Lampen im Haus angemacht, wenigstens kurz. Man kann auch zu Ehren der Sonnenwiedergeburt in jedem Zimmer eine Kerze anzünden oder eine rote Petroleumlampe an eine zentrale Stelle oder vor das größte Fenster stellen.

Wenn draußen Schnee liegt, laufen Sie einen Moment in ihm herum und denken dabei an die Wärme des Sommers. Zeichnen Sie mit Ihrer Schutzhand eine Sonne in den Schnee.

Zu diesem Fest passen alle Molkereiprodukte, denn es ist auch das Fest des Kalbes. Sauerrahm- und Currygerichte, gut gewürzte Speisen mit Paprika, Zwiebeln, Lauch, Schalotten, Knoblauch oder Schnittlauch können ebenfalls zu Ehren der Sonne gegessen werden. Gute Weine, Rosinengerichte und überhaupt alle Nahrungsmittel, die eine Verbindung zur Sonne haben, passen zu diesem Fest.

Ostara (um den 21. März)
Auf den Altar, entlang der Kreislinie und auf den Boden werden Blumen gelegt. Den Kessel können Sie mit Quellwasser und Blumen füllen. Schmücken Sie selbst sich mit Blüten und Knospen und stellen Sie eine Topfpflanze auf den Altar.

Schmücken Sie den Altar, zünden Sie Kerzen und Weihrauch an und ziehen Sie den Steinkreis. Stimmen Sie den Segnungsgesang an und rufen Sie Göttin und Gott. Stellen Sie sich vor den Altar, schauen Sie auf die Blumen und sprechen Sie dabei Worte wie die folgenden:

> *O Große Göttin, du hast dich aus dem eisigen Winterkerker befreit. Nun grünt alles und Blumenduft liegt in der Luft. Es ist die Zeit des Beginnens. Das Leben erneuert sich durch deine Magie, Erdgöttin. Der Gott räkelt und erhebt sich voll jugendlicher Energie. Er ist zum Bersten angefüllt mit der Vorfreude des Sommers.*

Berühren Sie die Pflanze. Verbinden sie sich mit ihren Energien und durch sie mit der ganzen Natur. Gehen Sie mit Ihrer Visualisierung in die einzelnen Blätter und Stämme. Begeben Sie sich aus dem Zentrum Ihres Bewusstseins heraus über Ihre Arme und Finger in die Pflanze hinein und erkunden Sie ihre innere Natur. Fühlen Sie darin den geheimnisvollen Prozess des Lebens.

Halten Sie den Kontakt zur Pflanze und sprechen Sie:

> *Ich wandle in Freundschaft auf der Erde, nicht als Herrscher. Mutter Göttin und Vater Gott, erfüllt mich durch diese Pflanze mit tiefer Wärme für alles Leben. Lehrt mich, die Erde und all ihre Schätze zu ehren. Auf dass ich dies niemals vergesse.*

Meditieren Sie über den Wechsel der Jahreszeiten. Erfühlen Sie die aufsteigende Erdenergie, die Sie umgibt.

Jetzt ist der richtige Zeitpunkt für alle gewünschten Zauber gekommen. Halten Sie nun noch das einfache Festmahl ab und lösen Sie dann den Kreis auf.

Ostara-Bräuche
Es ist Tradition, zur Frühlings-Tagundnachtgleiche auf ein Feld zu gehen und dort Blumen zu pflücken; vergessen Sie aber

nicht, den Blumen für ihr Opfer zu danken.* Sie können natürlich auch in einen Blumenladen gehen und sich dort ein oder zwei Blumen aussuchen. Gehen Sie mit ihnen nach Hause und bestimmen Sie mit Hilfe von Büchern, Ihrer eigenen Intuition und einem Pendel, welche magischen Eigenschaften diese Blumen haben. Die Blumen, die Sie spontan gepflückt haben, verraten Ihnen Ihre innersten Gedanken und Gefühle.

Sie sollten in dieser Zeit des erwachenden Lebens auf jeden Fall einen Spaziergang durch Gärten, Parks, Wälder oder andere Naturräume machen. Betrachten Sie das aber nicht wie sonst auch als Körperertüchtigung, nicht einmal als entspanntes Genießen der schönen Natur. Ihr Spaziergang sollte vielmehr eine Feier sein, ein Ritual für die Natur selbst – nichts anderes.

Weitere Bräuche sind das Pflanzen, die Arbeit im magischen Garten und alle Formen der Kräuterarbeit, ob magisch, medizinisch, kosmetisch, kulinarisch oder künstlerisch.

Eine wirksame Möglichkeit, sich mit der Natur zu verbinden, besteht darin, die Nahrung auf die einzelnen Jahreszeiten abzustimmen. Zu diesem besonderen Tag passen alle Körnergerichte aus Sonnenblumen, Kürbis, Sesam oder Fichte. Auch Sprösslinge und grünes Blattgemüse gehören jetzt auf den Tisch, ebenso wie spezielle Blumengerichte, zum Beispiel gefüllte Kapuzinerkresse oder Nelkenblütenkuchen.**

Beltane (30. April)

Feiern Sie Beltane möglichst im Wald oder in der Nähe eines lebenden Baumes. Falls das nicht möglich ist, holen Sie einen kleinen Topfbaum in den magischen Kreis; die Sorte spielt keine Rolle.

---

* Passende Formulierungen finden sich beispielsweise im Kräuterritualbuch auf Seite 185.
** Falls Sie kein passendes Rezept zur Hand haben, backen Sie einfach gewürzte Blütenkuchen. Glasieren Sie die Gerichte mit pinkfarbenem Zuckerguss und legen Sie ein frisches Nelkenblütenblatt darauf. Füllen Sie die Blüten der Kapuzinerkresse mit einer Mischung aus Sahnekäse, zerkleinerten Nüssen, Schnittlauch und Brunnenkresse.

Fertigen Sie einige kleine Symbole zur Feier der Hochzeit von Göttin und Gott an und hängen Sie sie an den Baum. Das können zum Beispiel kleine Beutel mit duftenden Blumen sein, Perlenketten, Schnitzereien oder Blumengirlanden – was Ihre Fantasie und Ihr Talent eben hergeben.

Schmücken Sie den Altar, zünden Sie Kerzen und Weihrauch an und ziehen Sie den Steinkreis. Stimmen Sie den Segnungsgesang an und rufen Sie Göttin und Gott. Stellen Sie sich vor den Altar und sprechen Sie mit erhobenem Zauberstab Worte wie die folgenden:

> *O Mutter Göttin, Königin von Nacht und Erde, o Vater Gott, König des Tages und der Wälder, ich feiere eure Vereinigung, da überall Natur und Leben in einem Freudenwirbel aus Licht und Farbe tanzen. Nehmt diese Gabe, Mutter Göttin und Vater Gott, als Dank für eure Vermählung.*

Befestigen Sie nun die Symbole mit diesen Worten am Baum:

> *Aus eurer Verbindung kommt neues Leben.*
> *Mit lebendigen Wesen bevölkert ihr das Land.*
> *Es wehen reine, süße Winde.*
> *O lasst, ihr Uralten Mächte, mich mit euch feiern!*

Jetzt ist der richtige Zeitpunkt für jeden gewünschten Zauber gekommen. Halten Sie nun noch das einfache Festmahl ab und lösen Sie dann den Kreis auf.

Beltane-Bräuche
Dies ist die traditionelle Zeit des Webens und Flechtens: Sie verbinden zwei Teile, um einen dritten hervorzubringen. Genau das ist der Geist Beltanes.

Traditionelle Mahlzeiten enthalten Milchprodukte, Ringelblumencreme, Vanilleeis und Haferflockenkuchen.

Mittsommer (um den 21. Juni)

Füllen Sie vor dem Ritus einen kleinen Beutel mit Kräutern wie Lavendel, Kamille, Johannis- oder Eisenkraut. Packen Sie alle Sorgen, Probleme, Schmerzen, Ängste und Krankheiten in den Beutel, binden Sie ihn dann fest mit einem roten Faden zu und legen Sie ihn für das Ritual auf den Altar. Auch der Kessel sollte griffbereit sein. Stellen Sie auch dann einen Ständer mit einer roten Kerze auf den Altar, wenn Sie die Kreisviertel mit Kerzen markieren. Bei Ritualen im Freien machen Sie ein Feuer (egal wie klein) und werfen den Beutel während des Rituals hinein.

Schmücken Sie den Altar, zünden Sie Kerzen und Weihrauch an und ziehen Sie den Steinkreis. Stimmen Sie den Segnungsgesang an und rufen Sie Göttin und Gott. Stellen Sie sich vor den Altar und sprechen Sie mit erhobenem Zauberstab Worte wie die folgenden:

> *Ich feiere den Mittag des Sommers mit mythischen Riten.*
> *O Große Göttin, Großer Gott,*
> *die ganze Natur vibriert mit euren Energien,*
> *Wärme und Leben baden die Erde.*
> *Jetzt ist die Zeit, Sorgen und Kummer zu vergessen.*
> *Jetzt ist die Zeit für Reinigung.*
> *O feurige Sonne,*
> *verbrenne alles Störende,*
> *alles Schmerzliche,*
> *alle Plagen und Sorgen*
> *mit deiner unendlichen Macht.*
> *Reinige mich!*
> *Reinige mich!*
> *Reinige mich!*

Legen Sie den Zauberstab auf den Altar. Nehmen Sie das Kräutersäckchen mit Ihren Sorgen und Nöten und zünden Sie es an der roten Kerze auf dem Altar an. Werfen Sie das brennende

Säckchen in den Kessel (oder einen anderen feuerfesten Behälter) und sprechen Sie:

> *Ich verbanne euch*
> *mit der Macht von Göttin und Gott!*
> *Ich verbanne euch*
> *mit der Macht von Sonne, Mond und Sternen!*
> *Ich verbanne euch*
> *mit der Macht von Erde, Luft, Feuer und Wasser!*

Machen Sie eine Pause und beobachten Sie, wie Ihre Sorgen und Nöte ins Nichts verschwinden. Sprechen Sie dann folgende Worte:

> *O gnädige Göttin, o gnädiger Gott, in dieser*
> *Nacht voller Mittsommermagien bitte ich euch,*
> *meinem Leben Wunder und Freuden zu geben.*
> *Helft mir, mich mit den tausend Energien der*
> *verzauberten Nachtluft zu verbinden. Nehmt*
> *meinen Dank!*

Denken Sie einen Moment über die Reinigung nach, die Sie erfahren haben. Fühlen Sie die Kräfte der Natur, die Sie durchfließen und Sie mit göttlicher Energie reinwaschen.

Jetzt ist der richtige Zeitpunkt für jeden gewünschten Zauber gekommen. Halten Sie nun noch das einfache Festmahl ab und lösen Sie dann den Kreis auf.

Mittsommerbräuche
Mittsommer ist die klassische Zeit für Zauber aller Art, besonders für Heil-, Liebes- und Schutzmagie. Wenn Sie draußen feiern, können Sie über dem Ritualfeuer Kräuter trocknen. Springen Sie über das Feuer, um gereinigt zu werden und neue Energie zu erhalten.

Das typische Mittsommermahl besteht aus frischem Obst.

Lughnasadh (1. August)

Auf dem Altar liegen Garben aus Weizen, Gerste oder Hafer, Früchte und Brot. Am besten wäre ein Brotlaib in Form einer Sonne oder eines Mannes, um den Gott zu symbolisieren. Für die Göttin können Kornpuppen niedergelegt werden.

Schmücken Sie den Altar, zünden Sie Kerzen und Weihrauch an und ziehen Sie den Steinkreis. Stimmen Sie den Segnungsgesang an und rufen Sie Göttin und Gott. Stellen Sie sich vor den Altar und sprechen Sie mit erhobener Getreidegarbe Worte wie die folgenden:

> *Es ist die Zeit der ersten Ernte – die Natur schenkt uns ihre Fülle, damit wir überleben. O Gott der reifenden Felder, Herr des Getreides, lehre mich den Sinn des Opfers, denn du selbst opferst dich der Sichel der Göttin und brichst auf ins Land des ewigen Sommers. O Göttin des dunklen Mondes, lehre mich das Geheimnis der Wiedergeburt, denn die Sonne verliert ihre Kraft und die Nächte werden kälter.*

Reiben Sie die Getreideähren zwischen Ihren Fingern, bis einige Weizenkörner auf den Altar fallen. Nehmen Sie nun ein Obststück und beißen Sie hinein. Spüren Sie seinem Geschmack nach und sprechen Sie:

> *Ich genieße die erste Ernte, mische ihre Energien mit meinen, damit ich meine Suche nach der Sternenweisheit der Vervollkommnung weiterführen kann. O Herrin des Mondes, Herrscher der Sonne, ihr Gnadenvollen, vor euch stehen die Sterne still. Ich danke euch für die treue Fruchtbarkeit der Erde. Möge das nickende Korn seinen Samen verlieren und in der Mutter Brust vergraben, damit es wiedergeboren wird im kommenden Frühjahr.*

Essen Sie jetzt die übrigen Früchte. Jetzt ist der richtige Zeitpunkt für jeden gewünschten Zauber gekommen. Halten Sie nun noch das einfache Festmahl ab und lösen Sie dann den Kreis auf.

Lughnasadh-Bräuche
Es ist Tradition, einige Samen der Ritualfrüchte einzupflanzen und keimen zu lassen. Pflegen Sie die Pflanzen liebevoll als ein Symbol Ihrer Verbindung mit Göttin und Gott.

Sie können für dieses Fest Weizenähren flechten oder Kornpuppen binden. Auch Spaziergänge in Feldern, Gärten, an Seen und Quellen sind möglich.

Typische Mahlzeiten für dieses Fest bestehen aus Brot, Beeren (besonders Brombeeren), Eicheln, Holzäpfeln, allen Getreidearten und Früchten der Saison. Manche Wiccaner backen einen Kuchen und trinken Most anstelle von Wein. Sie können auch eine Gottesfigur aus Brot backen und beim einfachen Festmahl verspeisen.

Mabon (um den 21. September)

Der Altar wird mit Eicheln, Eichenzweigen, Fichten- und Zypressenzapfen, Kornähren, Weizenhalmen, Früchten und Nüssen geschmückt. Stellen Sie auch einen kleinen Landkorb mit verschiedenfarbigen getrockneten Blättern darauf.

Schmücken Sie den Altar, zünden Sie Kerzen und Weihrauch an und ziehen Sie den Steinkreis. Stimmen Sie den Segnungsgesang an und rufen Sie Göttin und Gott. Stellen Sie sich vor den Altar, nehmen Sie den Korb und verstreuen Sie die Blätter im Kreis. Sprechen Sie dabei Worte wie die folgenden:

> *Die Blätter fallen, die Tage werden kälter. Die Göttin zieht ihren Erdmantel enger, während du, großer Sonnengott, in kalte Nacht gewandet nach Westen segelst, ins Land der ewigen Verzauberung. Früchte reifen, Samen fallen, Tag und Nacht teilen sich die Stunden. Eisige Winde*

kommen von Norden aus dem Land der heulenden Klagen. Die Natur scheint ihre Kraft zu verlieren, doch ich, o segensreiche Göttin, weiß, dass das Leben nicht stirbt. Kein Frühling ohne zweite Ernte, kein Leben ohne Tod. Gesegnet seist du, gefallener Gott, auf deiner Reise ins Winterland und in die liebende Umarmung der Göttin.

Stellen Sie den Korb dann wieder zurück und sagen Sie:

O segensreiche Göttin, Botin der Fruchtbarkeit, ich habe gesät und geerntet die Früchte meiner Taten, der guten wie der schlechten. Gib mir den Mut, die Samen für Freude und Liebe zu pflanzen für das kommende Jahr und Hass und Elend zu vertreiben. Lehre mich das Geheimnis, weise zu leben auf dieser Welt. O Lichtgestalt der Nacht!

Jetzt ist der richtige Zeitpunkt für jeden gewünschten Zauber gekommen. Halten Sie nun noch das einfache Festmahl ab und lösen Sie dann den Kreis auf.

Mabon-Bräuche
Man geht traditionell an diesem Tag in Wäldern und rauen Gegenden spazieren, sammelt Samenschoten und Trockenblumen. Sie können sie zur Dekoration des eigenen Heims oder für einen Kräuterzauber benutzen.

Das typische Essen besteht aus Erträgen der zweiten Ernte wie zum Beispiel Getreide, Früchten und Gemüse. Auch Maisbrot, Bohnen und gebackener Kürbis sind traditionelle Gerichte für diesen Tag.

Samhain (31. Oktober)
Der Altar wird mit Äpfeln, Granatäpfeln, Kürbissen und anderen Früchten des Spätherbstes geschmückt. Auch Herbstblumen wie Ringelblumen und Chrysanthemen sind sehr passend.

Notieren Sie sich auf einem Papier etwas, das Sie aus Ihrem Leben verbannen wollen: zum Beispiel Zorn, schlechte Angewohnheiten, störende Gefühle, eine Krankheit usw. Stellen Sie vor den Altar einen Kessel oder einen anderen Behälter auf eine feuerfeste Unterlage. Sie benötigen auch einen kleinen Teller, der das Symbol des achtspeichigen Rades trägt.*

Setzen Sie sich vor dem Ritual still hin und denken Sie an verstorbene Freunde und Angehörige. Verzweifeln Sie nicht über ihren Tod, denn sie sind in eine höhere Seinsebene übergegangen. Konzentrieren Sie sich auf den Gedanken, dass das Körperliche nicht die letzte Realität ist und dass die Seele niemals stirbt.

Schmücken Sie den Altar, zünden Sie Kerzen und Weihrauch an und ziehen Sie den Steinkreis. Stimmen Sie den Segnungsgesang an und rufen Sie Göttin und Gott. Nehmen Sie nun einen Granatapfel und schneiden Sie mit dem sauberen weißen Messer in die Frucht. Entnehmen Sie einige Kerne und legen Sie sie auf den Teller mit dem Rad.

Stellen Sie sich dann mit dem Gesicht zum Altar und sprechen Sie mit erhobenem Zauberstab Worte wie die folgenden:

> *In dieser Samhain-Nacht sehe ich deine Wanderung durch den Sonnenuntergang ins Land der Jugend, o Sonnenkönig. Und ich sehe die Wanderung aller, die gegangen sind und die noch gehen werden. O gnadenvolle Göttin, ewige Mutter, du verleihst den Gefallenen Leben. Lehre mich zu erkennen, dass die Zeiten der tiefsten Finsternis das größte Licht bergen.*

Beißen Sie nun auf einen Granatapfelkern und kosten Sie seinen scharfen, bittersüßen Geschmack. Blicken Sie dabei auf

---

* Sie können ihn ganz einfach selbst herstellen. Nehmen Sie einen Teller oder eine Untertasse und malen Sie mit einem geeigneten Stift darauf einen großen Kreis. Setzen Sie einen Punkt in die Mitte und ziehen Sie acht gerade Linien zum Kreis. Fertig ist das Rad, das den Sabbat und Zeitlosigkeit symbolisiert.

den Teller mit dem achtspeichigen Rad. Es ist zugleich Rad des Jahres, Kreislauf der Jahreszeiten, Ende und Anfang aller Schöpfung.

Zünden Sie im Kessel ein Feuer oder eine Kerze an. Setzen Sie sich mit dem Stück Papier davor und schauen Sie in die Flammen. Sprechen Sie nun:

> *Weise Frau des abnehmenden Mondes,*
> *Göttin der sternenreichen Nacht,*
> *ich entzünde dieses Feuer hier in deinem Kessel,*
> *um zu verwandeln, was mich quält.*
> *Kehre seine Energien um:*
> *Aus Dunkelheit mach Licht!*
> *Aus Schlechtem mach Gutes!*
> *Aus Tod mach Geburt!*

Zünden Sie das Papier am Feuer an und werfen Sie es hinein. Betrachten Sie, wie es verbrennt und wie Ihre Probleme von den universalen Feuern verzehrt werden.

Sie können sich jetzt in Weissagung und Prophezeiung versuchen, denn der Zeitpunkt für Blicke in Vergangenheit und Zukunft ist ideal. Auch ein Blick in frühere Leben ist jetzt möglich. Doch Sie sollten die Toten in Frieden lassen: Gedenken Sie ihrer, aber rufen Sie sie nicht.* Lassen Sie das Feuer im Kessel die Schmerzen über ihren Verlust verzehren.

Jetzt ist der richtige Zeitpunkt für jeden gewünschten Zauber gekommen. Halten Sie nun noch das einfache Festmahl ab und lösen Sie dann den Kreis auf.

---

* Viele Wiccaner versuchen zu Samhain, mit ihren verstorbenen Freunden und Angehörigen Kontakt aufzunehmen. Ich persönlich habe Probleme mit dieser Vorstellung. Wenn wir die Reinkarnation wirklich ernst nehmen, könnte die *Seele* unserer Lieben schon längst in andere Körper übergegangen sein, selbst wenn ihre *Persönlichkeiten* unverändert weiter existieren. Es scheint mir deshalb besser, in Liebe und Dankbarkeit an die Verstorbenen zu denken, sie aber darüber hinaus nicht weiter zu behelligen.

Samhain-Bräuche
Es ist Tradition, für die Toten einen Teller mit Essen vor die Tür zu stellen. Eine Kerze im Fenster zeigt ihnen den Weg ins Land des ewigen Sommers und ein im harten Boden vergrabener Apfel dient ihnen als Wegzehrung.

Rote Bete, Steckrübe, Äpfel, Getreide, Pfefferkuchen, Apfelwein, Glühwein und Kürbisgerichte gehören zu diesem Fest. Sie können auch Fleisch essen oder, wenn Sie Vegetarier sind, auf Tofu ausweichen.

Rituale

Ein Gestenritual*
Stellen Sie sich in den Kreis. Lassen Sie Ihre Gedanken zur Ruhe kommen. Atmen Sie eine Zeit lang tief und ruhig durch und öffnen Sie Ihren Geist den Göttern.

Wenden Sie sich nach Norden. Halten Sie beide Hände in Hüfthöhe, die Handflächen zeigen nach unten. Drücken Sie Ihre Finger zusammen und lassen Sie Ihre Hände zu festen Ebenen werden. Spüren Sie Stabilität, eine Basis, Fruchtbarkeit. Durch diese Geste beschwören Sie die Mächte der *Erde*.

Wenden Sie sich nach einer Weile nach Osten. Heben Sie Ihre Hände etwa dreißig Zentimeter höher. Winkeln Sie die Ellenbogen etwas an und drehen Sie Ihre Handflächen nach außen. Spreizen Sie nun die Finger und halten Sie diese Position. Spüren Sie Bewegung und Kommunikation. Durch diese Geste beschwören Sie die Mächte der *Luft*.

Wenden Sie sich nach Süden. Heben Sie die Hände über den Kopf, strecken Sie die Arme durch und ballen Sie die Hän-

---

* Wie schon in Kapitel fünf erwähnt, sind Gesten ein probates Mittel, um sich in eine rituelle Stimmung zu versetzen. Das brachte mich auf die Idee, ein reines Gestenritual zu schaffen, in dem weder Werkzeuge, Worte, Musik noch Visualisierungen benutzt werden. Dieses Ritual ist wieder einmal nur ein Vorschlag und lässt sich beliebig ausbauen oder abändern. Es soll uns mit dem All-Einen verbinden, mit Göttin und Gott und den Elementen. Es ist jedoch nicht für Magie und jahreszeitliche Feste geeignet.

de zu Fäusten. Spüren Sie Kraft, Macht, Schöpfung und Zerstörung. Durch diese Geste beschwören Sie die Mächte des *Feuers*.

Wenden Sie sich nun nach Westen. Senken Sie die Hände um etwa dreißig Zentimeter. Knicken Sie die Ellenbogen ab und halten Sie die Handflächen nach oben. Drücken Sie die Daumen gegen die Zeigefinger und machen Sie die Hände zu aufnahmebereiten Gefäßen. Spüren Sie Flüssigkeit, das Meer, Klarheit. Durch diese Geste beschwören Sie die Mächte des *Wassers*.

Wenden Sie sich nun wieder nach Norden. Legen Sie den Kopf in den Nacken, heben Sie die Hände mit nach oben gewandten Handflächen zum Himmel und spreizen Sie die Finger. Saugen Sie die Essenz des All-Einen, des unergründlichen, unerreichbaren, letzten Ursprungs aller Dinge, in sich auf. Spüren Sie das Geheimnis des Universums.

Nehmen Sie die Schutzhand etwas herunter, aber lassen Sie die linke, rezeptive Hand oben. Drücken Sie den dritten, vierten und fünften Finger der Schutzhand gegen den Handballen und formen Sie mit Zeigefinger und Daumen einen Sichelmond. Spüren Sie die Realität der Göttin, ihre Liebe, ihre Fruchtbarkeit und ihre Güte. In dieser Geste fühlen Sie die Macht des Mondes, die Kraft der endlosen Meere – die Präsenz der Göttin.

Nehmen Sie nun Ihre rezeptive Hand etwas herunter und heben Sie die Schutzhand. Drücken Sie den mittleren Finger und den Ringfinger mit dem Daumen gegen den Handballen. Richten Sie den Zeigefinger und den kleinen Finger wie abstehende Hörner zum Himmel. Spüren Sie die Realität des Gottes. Fühlen Sie in dieser Geste die Macht der Sonne, die ungezähmten Energien des Waldes – die Präsenz des Gottes.

Senken Sie die Schutzhand. Legen Sie sich nun flach auf den Boden, wobei Sie Beine und Arme so abspreizen, dass Ihr Körper mit dem Kopf ein Pentagramm abbildet. Fühlen Sie, wie die Kräfte der Elemente Sie durchfließen und sich mit Ihrem innersten Sein verbinden. Spüren Sie in ihnen die Emanation des All-

Einen, von Göttin und Gott. Meditieren Sie. Halten Sie Zwiesprache, Kommunizieren Sie.

Wenn Sie damit fertig sind, stehen Sie einfach auf. Das Gestenritual ist beendet.

Das Gesetz der Macht

1. Die Macht darf nicht eingesetzt werden, um anderen Schaden zuzufügen, sie zu verletzen oder zu manipulieren. In Notfällen darf sie benutzt werden, um das eigene Leben oder das Leben anderer zu schützen.
2. Die Macht darf nur für wirklich notwendige Dinge benutzt werden.
3. Die Macht kann auch zur eigenen Bereicherung eingesetzt werden, vorausgesetzt, es kommt kein anderer zu Schaden.
4. Es ist nicht ratsam, sich für den Gebrauch der Macht bezahlen zu lassen. Das Geld beginnt irgendwann, uns zu kontrollieren. Wir sollten es den anderen Religionen nicht nachmachen.
5. Benutzen Sie die Macht niemals für eitle Vorhaben und irgendeinen billigen Vorteil. Das erniedrigt nur die Mysterien von Magie und Wicca.
6. Vergessen Sie niemals, dass die Macht ein heiliges Geschenk von Göttin und Gott ist. Sie darf deshalb nicht zweckentfremdet oder missbraucht werden.
7. So lautet das Gesetz der Macht.

Die Anrufung der Elemente

Luft, Feuer, Wasser, Erde,
Kinder ihr aus höherer Sphäre,
ich rufe euch, erhöret mich!

In den Zirkel, wohl gestaltet,
gegen Fluch und böses Walten
ruf ich euch, erhöret mich!

Aus Höhle, Wüste, Berg und Wasser
mit Pentagramm, Stab, Kelch und Messer

ruf ich euch, erhöret mich.
Dies ist mein Wille, so wünsch es ich!*

Gebete, Lieder und Anrufungen von und für Göttin und Gott

Diese rituellen Gebete können nach dem Ziehen des Kreises gesprochen werden, um Göttin und Gott anzurufen. Eigene Gebete oder spontane Worte sind natürlich ebenso passend.

Diesem Abschnitt sind auch einige Lieder beigefügt, mit denen Sie Energien freisetzen oder mit Göttin und Gott kommunizieren können. Sie werden feststellen, dass einige Anrufungen sich reimen, andere dagegen nicht; doch auch meine poetischen Fähigkeiten stoßen hier und da an ihre Grenzen. Der Reim selbst besitzt, wie gesagt, große Macht. Er verbindet unser Wachbewusstsein mit unserem Unterbewussten und unseren medialen Kräften und kann so zum rituellen Bewusstsein entscheidend beitragen.

Viele der Anrufungen beziehen sich auf eine bestimmte Gottheit. Aber hier möchte ich einen Ausspruch von Dion Fortune zitieren: »Alle Götter sind der eine Gott und alle Göttinnen die eine Göttin. Sie alle stammen aus derselben Quelle.«

Anrufung der Göttin

Sichelfrau in Sternennacht,
Blumenfrau im prallen Gefild,
Fließende in Meeres Pracht,
Segnende im Regen mild:
Erhöre mein Singen an diesem Ort,
öffne mich deinem mystischen Schein,
erwecke in mir dein silbernes Wort,
mach mir die Freude, hier bei mir zu sein!

---

* Sie können diese Beschwörung auch singen und dabei um den Altar gehen oder tanzen, um die Energie der Elemente für Ihre Magie zu wecken.

Anrufung des Pan

O großer Gott Pan,
Tier und Mann,
Hirte der Ziegen und Herr über Land,
Ich rufe dich in deiner Pracht,
Mit mir zu teilen die magische Nacht.
Gott des Weins,
Gott der Reben,
Gott über Feld und natürliches Leben,
Mit deiner Liebe komm in den Kreis.
Deinen Segen sollst du mir geben,
hilf mir zu heilen,
hilf mir zu fühlen,
hilf mir Liebe und Wohltat zu geben.
Pan aus den Wäldern, Pan aus dem Ried,
sei bei mir, wenn Magie hier geschieht!

Anrufung der Isis

Isis, Trägerin des Sichelmonds,
alles bist du, was jemals war,
alles, was ist,
alles, was sein wird.
Komm, verschleierte Herrin der Nacht!
Komm als Duft des heiligen Lotus.
Erfülle meinen Zirkel
mit Magie und Liebe.
Komm herunter in den Kreis,
komm, ich bitte dich,
gesegnete Isis!

Gebet an den Gehörnten Gott

Hornträger in freier Wildnis.
Flügelgott im Himmelsbildnis,

Strahlender im Sonnenschein,
Stürzender im finstren Samhain –
Ich rufe dich an diesen Ort,
gewähre mir mein bittend Wort
und lass den Ritus mir gut gedeihen,
feuriger Herrscher im Sonnenschein!

Neumondgesang an Diana

Steigen und Wachsen, Wachsen und Steigen –
die Kräfte Dianens sollen sich zeigen.

Wiederholen Sie den Vers mehrere Male.

Ruf an den Gott

Uralter Gott im tiefen Wald,
Herrscher über Tierwelt und Sonnenpracht;
Hier, wo die Welt in Schlaf fällt bald,
Jetzt, da das Tagwerk ist vollbracht,
ruf ich dich auf alte Weise.
Tritt du ein in meine Kreise,
meinen Gebeten schenk Gehör
und schick der Sonne Kräfte her.

Anrufung der Göttin

Allliebende Göttin,
Königin der Götter,
Licht der Nacht,
Schöpferin des Wilden und Freien,
Mutter von Frau und Mann,
Geliebte des Gehörnten Gottes,
Beschützerin aller Wiccaner:
Komm herab, ich bitte dich,
mit dem Mondstrahl deiner Macht,
komm herab in meinen Kreis!

Anrufung des Gottes

Feuriger Gott,
König der Götter,
Herrscher der Sonne,
Herrscher des Wilden und Freien,
Vater von Frau und Mann,
Geliebter der Mondgöttin,
Beschützer aller Wiccaner:
Komm herab, ich bitte dich,
mit dem Sonnenstrahl deiner Macht,
komm herab in meinen Kreis!

Lied an die Göttin

Luna, Luna, Luna, Diana,
Luna, Luna, Luna, Diana,
Segne, segne, segne mich, Diana,
Luna, Luna, Luna, Diana,

Wiederholen Sie diesen Vers einige Male.

Abendlied an den Gott

Sei gegrüßt, du schöne Sonne,
Herrscher über des Tages Licht;
kehr wieder mit der Morgenstrahlen Wonne,
dass es mir nicht an Schutz gebricht.

Sprechen oder singen Sie diese Verse während des Sonnenuntergangs.

Abendlied an die Göttin

Schöner Mond, ich grüße dich,
Herrscherin der Nacht,

schütze das, was mein und mich,
bis der Morgen tagt.

Sprechen oder singen Sie diese Verse mit Blick auf den Mond.

Lied an die Göttin

Aaaaaaaaaaaah
Ooooooooooooh
Uuuuuuuuuuuuh
Eeeeeeeeeeeeeh
Iiiiiiiiiiiiiiiiiiiih*

Zahlensymbolik

Diese symbolischen Zahlen können bei Ritualen und Zaubern verwendet werden. Grundsätzlich sind die ungeraden Zahlen den Frauen, der Göttin und den empfangenden Energien zugeordnet, die geraden Zahlen dagegen Männern, den gestaltenden Energien und dem Gott.

1 Das Universum, das All-Eine; der Ursprung von allem.
2 Göttin und Gott; die vollkommene Dualität; gestaltende und empfangende Energie; wechselseitige Durchdringung des Physischen und Spirituellen; Gleichgewicht.
3 Die dreifaltige Göttin; die Mondphasen; die physische, geistige und spirituelle Seite unseres Wesens.
4 Die Elemente; die Geister der Steine; die Winde; die Jahreszeiten.
5 Die Sinne; das Pentagramm; die vier Elemente und Akasha; eine Zahl für die Göttin.
7 Die Planeten der Antike; die Zeit der Mondphasen; Macht; Schutz und Magie.

---

* Dehnen Sie diese Vokale, während Sie sie sprechen. Dadurch werden die Aufmerksamkeit der Göttin und Ihr eigenes mediales Bewusstsein geweckt.

8   Die Anzahl der Sabbate; die Zahl für den Gott.
9   Eine Zahl für die Göttin.
13 Die Anzahl der Esbate; eine Glückszahl.
15 Eine Glückszahl.
21 Die Anzahl der jährlichen Sabbate und Vollmonde.
28 Eine Zahl für den Mond; eine Zahl für die Göttin.
101 Die Zahl für die Fruchtbarkeit.

Den Planeten werden folgende Zahlen zugeordnet:

Saturn: 3   Venus: 7
Jupiter: 4   Merkur: 8
Mars: 5   Mond: 9
Sonne: 6*

Die dreizehn Ziele einer Wicca-Hexe

I.   Lerne dich selbst kennen.
II.   Lerne deine Kunst (Wicca) kennen.
III. Lerne.
IV.   Wende dein Wissen mit Weisheit an.
V.   Erreiche völliges Gleichgewicht.
VI.   Halte Ordnung in deinen Worten.
VII. Halte Ordnung in deinen Gedanken.
VIII. Feiere das Leben.
IX.   Verbinde dich mit den Zyklen der Erde.
X.   Atme und iss richtig.
XI.   Pflege deinen Körper.
XII. Meditiere.
XIII. Ehre Göttin und Gott.

---

* Es gibt viele Alternativen für dieses Zahlensystem. Ich beziehe mich hier auf das System, das ich selbst verwende.

Rezepte

Kulinarische Rezepte

Sichelmondkuchen
1 Tasse fein gemahlene Mandeln
1¼ Tassen Mehl
½ Tasse Puderzucker
2 Tropfen Mandelextrakt
½ Tasse geschmolzene Butter
1 Eigelb

Mandeln, Mehl, Zucker und Mandelextrakt gründlich verrühren und mit Butter und Eigelb verkneten. Den Teig im Kühlschrank gehen lassen und den Ofen auf 165 Grad vorheizen. Aus Walnuss großen Teigmengen Sichelmonde formen, auf das eingefettete Backblech legen und etwa 20 Minuten im Ofen backen.

Die Sichelmondkuchen eignen sich gut für das einfache Festmahl besonders an Esbattagen.[*]

Ringelblumen-Eiercreme Beltane
1 Tasse ungespritzte Ringelblumenblüten
¼ Teelöffel Salz
3 Esslöffel Zucker
⅛ Teelöffel Piment
⅛ Teelöffel Muskatnuss
2 Tassen Milch
⅓ Vanilleschote
2 leicht geschlagene Eigelb
½ Teelöffel Rosenwasser
Schlagsahne nach Belieben
frische Ringelblumenblüten

---

[*] Puristen, die sich wegen des Zuckers Sorgen machen, sei gesagt, dass der Zucker eine lange magische Tradition hat und mit der Venus in Verbindung steht. Außerdem: Wenn Sie nur an jedem Vollmond etwas Zucker essen, wird es Ihnen bestimmt nicht schaden.

Die Ringelblumenblüten mit Mörser und Stößel* zermahlen oder mit einem Löffel zerdrücken. Salz, Zucker und Gewürze mischen. Die Milch mit den Ringelblumen und der Vanille zum Kochen bringen, dann die Vanilleschoten herausnehmen und das leicht geschlagene Eigelb sowie die Gewürzmischung hinzugeben. Das Ganze auf kleiner Flamme kochen. Wenn sich eine Haut bildet, das Rosenwasser hinzufügen und abkühlen lassen.

Am Schluss die Sahne daraufgeben und mit frischen Ringelblumenblüten garnieren.

Alkoholfreier Met
1 l Wasser (möglichst Quellwasser)
1 Tasse Honig
1 in Spalten geschnittene Limone
½ Teelöffel Muskatnuss
1 Prise Salz
Saft einer ½ Limone

Alle Zutaten in einem nichtmetallischen Topf kochen und den aufsteigenden Sud mit einem Holzlöffel abnehmen. Wenn nichts mehr aufsteigt, Salz und Limonensaft hinzufügen, durchsieben und abkühlen lassen.

Dieses Getränk kann anstelle von alkoholischem Met oder Wein beim einfachen Festmahl getrunken werden.

Getränke
Lange Zeit wurde zu religiösen und magischen Riten Wein getrunken. Aber es gibt natürlich auch viele nichtalkoholische Getränke, mit denen man Göttin und Gott zuprosten kann. Dazu gehören nach Festanlässen geordnet:

- *Sabbate:* Apfel-/Trauben-/Grapefruit-/Orangen-/Ananassaft, schwarzer Tee, alkoholfreier Met, Guavenektar, Zimtkaffee, Ingwertee, Hibiskustee.

---

* Mörser und Stößel sollten ausschließlich in der Küche benutzt werden.

- *Vollmonde:* Limonade, Aprikosen-/Mango-/Birnen-/Papaya-/Pfirsichnektar, Jasmin-/Pfefferminz-/Rosenknospentee, Milch.

Räucherwerkrezepte

Um das Räucherwerk herzustellen, zermahlen und mischen Sie die jeweils angegebenen Zutaten. Zünden Sie während des Rituals die Holzkohle im Räuchergefäß an.

Kreisweihrauch
4 Teile Weihrauch
2 Teile Myrrhe
2 Teile Benzoeharz
1 Teil Sandelholz
½ Teil Zimt
½ Teil Rosenblüten
¼ Teil Eisenkraut
¼ Teil Rosmarin
¼ Teil Lorbeer

Geeignet für Rituale und Zauber. Weihrauch, Myrrhe und Benzoeharz sollten die Hauptbestandteile sein.

Altarweihrauch
3 Teile Weihrauch
2 Teile Myrrhe
1 Teil Zimt

Geeignet für jedes Altarritual. Reinigt den Altar und fördert das rituelle Bewusstsein.

Vollmondweihrauch
2 Teile Sandelholz
2 Teile Weihrauch
½ Teil Gardenienblüten
¼ Teil Rosenblüten
einige Tropfen Ambergrisöl

Geeignet für Esbate oder Vollmondnächte. Stellt die Verbindung mit der Göttin her.

Frühlingsweihrauch
3 Teile Weihrauch
2 Teile Sandelholz
1 Teil Benzoeharz
1 Teil Zimt
einige Tropfen Patschuliöl

Geeignet für Frühlings- und Sommersabbate.

Herbstweihrauch
3 Teile Weihrauch
2 Teile Myrrhe
1 Teil Rosmarin
1 Teil Zeder
1 Teil Wacholder

Geeignet für Herbst- und Wintersabbate.

Ölrezepturen
Mischen Sie die Öle am besten in einer Flasche. Sie eignen sich hervorragend für rituelle Anlässe.

Sabbatöl Nr. 1
3 Teile Patschuli
2 Teile Moschus
1 Teil Nelke

Geeignet für alle Sabbate. Fördert die Verbindung zu den Gottheiten.

Sabbatöl Nr. 2
2 Teile Weihrauch
1 Teil Myrrhe
1 Teil Piment
1 Tropfen Nelkenöl

Geeignet für alle Sabbate. Fördert die Verbindung zu den Gottheiten.

Vollmondöl Nr. 1
3 Teile Rosen
1 Teil Jasmin
1 Teil Sandelholz

Geeignet für alle Esbate. Reiben Sie sich den Körper vor dem Ritual damit ein. Das Öl verbindet Sie mit den Mondenergien.

Vollmondöl Nr. 2
3 Teile Sandelholz
2 Teile Limone
1 Teil Rosen

Geeignet für alle Esbate. Reiben Sie sich den Körper vor dem Ritual damit ein. Das Öl verbindet Sie mit den Mondenergien.

Göttinnenöl
3 Teile Rosen
2 Teile Tuberose
1 Teil Limone
1 Teil Palmarosa
1 Teil Ambergris

Geeignet für alle Rituale zu Ehren der Göttin.

Öl für den Gehörnten Gott
2 Teile Weihrauch
2 Teile Zimt
1 Teil Lorbeer
1 Teil Rosmarin
1 Teil Moschus

Geeignet für alle Rituale zu Ehren des Gehörnten Gottes.

Altaröl
4 Teile Weihrauch
3 Teile Myrrhe
1 Teil Galgantwurzel
1 Teil Eisenkraut
1 Teil Lavendel

Den Altar regelmäßig mit dem Öl einreiben. Es reinigt ihn und verleiht ihm Kraft.

Das Kräuterritualbuch: ein Ratgeber für den Gebrauch von Kräutern und Pflanzen in Wicca-Ritualen

Blumen, Kräuter und Pflanzen sammeln
Bevor Sie die Pflanze mit dem weißen Messer schneiden, stellen Sie durch Ihre Visualisierung eine Verbindung mit ihr her. Fühlen Sie ihre Energie. Sprechen Sie beim Schneiden Worte wie die folgenden:

> *O* [Name der Pflanze]. *Ich bitte dich, mir deinen Reichtum zu opfern und mir bei meinem Werk zu helfen. Werde stärker durch meinen Schnitt, stärker und kräftiger, o* [Name der Pflanze].

Schneiden Sie nur ab, was Sie wirklich benötigen, aber niemals mehr als ein Viertel der gesamten Pflanze; verschonen Sie nach Möglichkeit junge Pflanzen. Legen Sie danach eine kleine Opfergabe vor die Pflanze: eine Silbermünze, einen Schmuckstein, etwas Wein oder Milch, Getreide, einen Quarzkristall oder Ähnliches. Decken Sie die Opfergabe ab.

Der magische Kreis
Der magische Kreis wird mit Blumenkränzen für Göttin und Gott geschmückt. Alternativ können Sie auch Blumen auf den Außenkreis streuen.

Der Steinkreis kann mit Blumen und Kräutern dekoriert werden, die zu den jeweiligen Elementen passen.

- *Norden:* Getreide, Zypresse, Farn, Geißblatt, Weizen, Eisenkraut
- *Osten:* Akazie, Bergamotte, Klee, Löwenzahn, Lavendel, Zitronengras, Minze, Mistel, Petersilie, Fichte
- *Süden:* Basilikum, Nelke, Zeder, Chrysantheme, Dill, Ingwer, Heliotrop, Stechpalme, Wacholder, Ringelblume, Pfefferminze
- *Westen:* Apfelblüte, Zitronenmelisse, Kamelie, Katzenminze, Narzisse, Holunder, Gardenie, Weintraube, Heidekraut, Hibiskus, Jasmin, Orchidee

Auf den Altar können Sie frische Blumen, Farne oder andere Grünpflanzen stellen.

Wenn Sie Ihren Kreis um einen Baum ziehen, benutzen Sie dafür am besten dessen Früchte, Blätter, Nüsse oder Blüten.

Das Freudenfeuer
Ein Ritualfeuer draußen im Freien kann beliebig mit folgenden Hölzern (auch in Kombination) gemacht werden:

Eberesche	Hornstrauch
Mesquitebaum	Pappel
Eiche	Wacholder
Fichte	Zeder
Apfelbaum	

Sollten sie nicht verfügbar sein, nehmen Sie einfach heimische Hölzer. Am Strand können Sie auf Treibholz zurückgreifen.

Der magische Kreis zu Hause
Züchten Sie auf dem Balkon oder im Garten magische Pflanzen und stellen Sie sie beim Ritual um den Kreis oder auf den Altar. Wenn Sie fast ausschließlich Hausrituale machen, bietet es sich

an, die heiligen Pflanzen im rituellen Bezirk wachsen zu lassen. Am besten ist eine ungerade Anzahl von Pflanzen. Wenn sie dort zu wenig Licht bekommen, stellen Sie die Pflanzen einfach ins Freie und holen sie für die Rituale herein. Geben Sie ihnen Energie und Liebe. Sie werden es Ihnen bei Gottesdienst und Magie danken.

Sie können im Prinzip alle Pflanzen benutzen, ausgenommen giftige. Folgende Pflanzen aber eignen sich besonders gut:

Usambaraveilchen	rote Geranie
Kaktus	Rose
Farn	Rosengeranie
Stechpalme	Rosmarin
Ysop	Keulenlilie
Palme	Wachspflanze

Der Feiernde
Tragen Sie beim Ritual frische Blumen im Haar oder am Körper. Blumenkränze eignen sich gut für Frühlings- und Sommerriten, Eiche und Fichte für Winterrituale.

Wenn Sie Kräuter- oder Samenketten tragen wollen, nehmen Sie Tonkabohnen, Muskatnüsse, Anissamen, Eicheln, kleine Fichtenzapfen und andere Samen und Nüsse. Fädeln Sie sie auf einen Naturgarnfaden auf.

Für nächtlich abgehaltene Vollmondrituale bieten sich stark duftende Nachtblumen an, die Ihnen Mondenergie schenken.

Die magischen Werkzeuge
Anhand folgender Vorschläge können Sie Ihre magischen Werkzeuge für den ersten Gebrauch oder die formelle Weihung vorbereiten. Unterstützen Sie diesen Akt stets mit Ihrer Visualisierung.

Das magische Messer oder Schwert
Reiben Sie die Klinge mit frischem Basilikum, Rosmarin oder Eichenblättern ein – am besten draußen bei Sonnenaufgang,

wenn niemand Sie stört. Legen Sie Schwert oder Messer mit der Spitze nach Süden auf die Erde. Gehen Sie dreimal im Uhrzeigersinn darum herum und verstreuen Sie dabei (möglichst frische) Lorbeerblätter. Nehmen Sie Schwert oder Messer, orientieren Sie sich nach Osten und halten Sie es mit gesenkten Armen nach oben. Rufen Sie den Gott und bitten Sie ihn, dem Schwert oder Messer seine Kräfte zu verleihen. Halten Sie die Klinge nun zum Himmel und bitten Sie die Göttin, ihre Liebe und Macht in das Hexenwerkzeug zu schicken. Wickeln Sie Messer oder Schwert dann in ein rotes Tuch und bringen Sie es nach Hause. Sie können es auch in diesem Tuch aufbewahren.

Das weiße Messer
Gehen Sie frühmorgens in einen Wald, Park oder Garten. Suchen Sie die schönsten oder auffälligsten Pflanzen und berühren Sie sie mit der Klinge des Messers. So stellen Sie eine Verbindung zwischen Klinge und Pflanze und über sie zur Erde her.

Setzen Sie sich dann auf die Erde. Versichern Sie sich, dass Sie ganz allein sind, und zeichnen Sie mit dem Messer ein Pentagramm in den Boden. Das weiße Messer ist nun für das Ritual geweiht.

Der Zauberstab
Wenn der Zauberstab aus Holz ist, gehen Sie bei Sonnenuntergang mit ihm nach draußen und reiben ihn mit frischen Lavendel-, Eukalyptus- oder Pfefferminzblättern ein. Richten Sie ihn nach Osten in den Himmel oder auf den Mond, falls er zu sehen ist. Beschwören Sie die Göttin. Gehen Sie mit dem Zauberstab bei Sonnenaufgang wieder hinaus und reiben Sie ihn mit frischen, duftenden Blättern ein. Halten Sie ihn nach Osten und beschwören Sie den Gott.

Das Pentagramm
Legen Sie das Pentagramm auf die nackte Erde. Decken Sie es mit getrockneter Petersilie, Mistel, frischem Jasmin oder Geißblatt zu. Setzen Sie sich einige Sekunden mit dem Gesicht nach

Norden und visualisieren Sie, wie das Pentagramm die Erdenergien absorbiert. Heben Sie es dann auf und streuen Sie die Kräuter und Blumen in die Kreisviertel. Beginnen und enden Sie im Norden.

Wenn Sie diese Prozedur im Haus absolvieren möchten, nehmen Sie eine Schale mit frischer Erde und legen Sie das Pentagramm obenauf. Verfahren Sie wie oben und verstreuen Sie die Blätter und Kräuter später draußen im Freien.

Das Räuchergefäß

Verbrennen Sie vor seinem ersten rituellen Einsatz reines Rosmarin, Weihrauch oder Kopalharz in dem Gefäß. Lassen Sie es etwa eine Stunde lang glimmen.

Der Kessel

Gehen Sie mit dem Kessel zu einem Fluss oder See oder ans Meer. Sammeln Sie dort Blätter oder alternativ etwas Seetang. Tauchen Sie den Kessel ins Wasser und lassen Sie ihn voll laufen. Legen Sie die Blätter in den Kessel und stellen Sie ihn auf die Grenze zwischen Wasser und Erde. Nun legen Sie die Hände auf den Kessel und weihen ihn der Göttin. Leeren und trocknen Sie den Kessel ab und gehen Sie dann nach Hause. Der Kessel ist nun geweiht.

Wenn Sie dieses Ritual zu Hause machen, stellen Sie den Kessel in einen großen Behälter mit kaltem Wasser oder in die Badewanne – am besten bei Kerzenlicht. Fügen Sie dem Wasser etwas Salz hinzu und verfahren Sie wie oben.

Salzwasser greift Metall an. Waschen Sie den Kessel deshalb gut aus, wenn Sie ihn ins Meer oder in Salzwasser getaucht haben.

Der Kelch

Salben Sie den Boden des Kelches mit Gardenien-, Rosen- oder Veilchenöl. Legen Sie einen kleinen Efeuzweig, eine Rose, eine frische Gardenie oder andere passende Blumen oder Kräuter darauf. Sehen Sie in den Kelch und bitten Sie die

Göttin, ihn zu segnen. Sie können ihn auch nachts mit Wasser füllen und nach draußen gehen, um das Bild des Mondes darin einzufangen.

Der Besen
Der Besen kann mittels eines Eschenstabs, Birkenzweigen und einer Weidenbindung hergestellt werden. Bestreichen Sie ihn mit Kamillen-, Weiden- und Limonenbalsam sowie mit Blättern und Zweigen von Malve und Wacholder.

Vergraben Sie diese anschließend mit gebührender Feierlichkeit. Sie können auch einen Sichelmond in den Besengriff schnitzen.

Die Kristallkugel
Reiben Sie die Kugel in einer Vollmondnacht mit frischem (oder getrocknetem) Beifuß ein. Gehen Sie dann nach draußen und halten Sie die Kugel in den Himmel, damit sie sich mit Mondlicht und -energie voll saugen kann. Halten Sie sie sich dann vors Gesicht und blicken Sie auf den Mond. Wiederholen Sie dies mindestens dreimal jährlich. So bewahrt die Kristallkugel ihre optimale Wirksamkeit.

Das Buch der Schatten
Nähen oder kleben Sie heilige Kräuter wie Eisenkraut, Raute, Lorbeer oder Weide in den Buchdeckel ein; sie sollten völlig durchgetrocknet sein. Legen Sie sie am besten bei Mondlicht hinein, so dass es niemand sieht. Sie sollten den Buchdeckel zu diesem Zweck mit einem Tuch abdecken.

Die Ritualrobe
Nähen Sie etwas Rosmarin oder Weihrauch in den Saum Ihrer Robe. Versichern Sie sich aber vorher, dass sie nach dem Waschen keine Flecken hinterlassen. Bewahren Sie das Ritualgewand zwischen kleinen Kräuterbeuteln mit Lavendel, Eisenkraut und Zeder auf.

Die Sabbatkräuter
Die Sabbatkräuter eignen sich als dekorativer Schmuck für Altar, Kreislinie und auch zu Hause. Für die einzelnen Sabbate können Sie folgende Pflanzen und Früchte benutzen:

- *Samhain:* Chrysantheme, Wermut, Apfel, Birne, Haselnuss, Distel, Granatapfel, alle Getreide, Erntefrüchte und Nüsse, Kürbis, Mais
- *Jul:* Stechpalme, Mistel, Efeu, Zeder, Lorbeer, Wacholder, Rosmarin, Fichte; als Julbaumschmuck Äpfel, Orangen, Muskatnüsse, Zitronen und Zimtstangen
- *Imbolc:* Schneeglöckchen, Eberesche, die ersten Blumen des Jahres
- *Ostara:* Osterglocke, Waldmeister, Veilchen, Stechginster, Olive, Pfingstrose, Iris, Narzisse, alle Frühlingsblumen
- *Beltane:* Rotdorn, Geißblatt, Johanniskraut, Waldmeister, alle Blumen
- *Mittsommer:* Beifuß, Eisenkraut, Kamille, Rose, Lilie, Eiche, Lavendel, Efeu, Schafgarbe, Farn, Holunder, wilder Thymian, Gänseblümchen, Nelke
- *Lughnasadh:* Alle Körner, Trauben, Heidekraut, Brombeere, Schlehe, Holzapfel, Birne
- *Mabon:* Haselnuss, Mais, Espe, Eichel, Eichenlaub, Herbstlaub, Weizenhalme, Zypressenzapfen, Fichtenzapfen, aufgelesene Ähren

Kräuter und Pflanzen für das Vollmondritual
Dekorieren Sie den Altar mit Nachtblumen, weißen Blumen oder solchen mit fünf Blütenblättern. Passend wären etwa die weiße Rose, Nachtjasmin, Nelke, Gardenie, Lilie oder Schwertlilie. Alle wohl riechenden Blumen rufen die Göttin herbei. Auch Kampfer hat große Symbolkraft.

Opfergaben
- Für die Göttin:
Alle wässrigen und erdigen Blumen und Samen wie etwa Ka-

melien, Lilien, Wasserlilien, Weidenzweige, Blumen für das Vollmondritual; weiße oder violette Blüten wie Hyazinthen, Magnolien, Heidekraut und Flieder; Blumen, die der Venus oder dem Mond zugeordnet sind; Gartenraute, Eisenkraut und Oliven; alle anderen Pflanzen, die Ihnen passend erscheinen.
- Für den Gott:

Alle feurigen und luftigen Kräuter und Blumen wie Basilikum, Chrysanthemen, Löwenmaul, Klee, Lavendel, Fichte; streng riechende oder zitronige Kräuter und Blumen; Blumen, die von Mars und Sonne beherrscht werden; gelbe und rote Blüten wie zum Beispiel Sonnenblumen, Fichtenzapfen, Samen, Kakteen, Disteln und beißende Kräuter; Orangen, Heliotrop, Zeder, Wacholder und ähnliche Pflanzen.

Die heiligen Kräuter der Göttinnen
- **Aphrodite:** Oliven, Zimt, Gänseblümchen, Zypresse, Quitte, Himmellilie (Iris), Apfel, Myrte
- **Aradia:** Gartenraute, Eisenkraut
- **Artemis:** Silbertanne, Amarant, Zypresse, Zeder, Haselnuss, Myrte, Weide, Beifuß, Dattelpalme
- **Astarte:** Erle, Fichte, Zypresse, Myrte, Wacholder
- **Athene:** Olive, Apfel
- **Bast:** Katzenminze, Eisenkraut
- **Bellona:** Tollkirsche
- **Birgit:** Brombeere
- **Cailleach:** Weizen
- **Cardea:** Rotdorn, Bohne, Erdbeerbaum
- **Ceres:** Weide, Weizen, Lorbeer, Granatapfel, Mohn, Lauch, Narzisse
- **Cerridwen:** Eisenkraut, Eichel
- **Demeter:** Weizen, Gerste, Poleiminze, Myrrhe, Rose, Granatapfel, Bohne, Mohn, alle Kulturgetreidearten
- **Diana:** Birke, Weide, Akazie, Wermut, Diptamdost, Haselnuss, Buche, Tanne, Apfel, Beifuß, Platane, Maulbeere, Gartenraute
- **Druantia:** Tanne

- **Freya:** Sumpfdotterblume, Gänseblümchen, Schlüsselblume, Frauenhaar, Myrrhe, Erdbeere, Mistel
- **Hathor:** Myrte, Ahorn, Traube, Alraune, Koriander, Rose
- **Hekate:** Weide, Bilsenkraut, Eisenhut, Eibe, Alpenveilchen, Minze, Zypresse, Dattelpalme, Sesam, Löwenzahn, Knoblauch, Eiche, Zwiebel
- **Hera:** Apfel, Weide, Schwertlilie, Granatapfel, Myrrhe
- **Hina:** Bambus
- **Hulda:** Flachs, Rose, Nieswurz, Holunder
- **Irene:** Olive
- **Iris:** Wermut, Iris
- **Ischtar:** Akazie, Wacholder, alle Getreidearten
- **Isis:** Feige, Heidekraut, Weizen, Wermut, Gerste, Myrrhe, Rose, Palme, Lotus, Abacate, Zwiebel, Iris, Eisenkraut
- **Juno:** Lilie, Krokus, Aschenkraut, Quitte, Granatapfel, Eisenkraut, Iris, Salat, Feige, Minze
- **Kybele:** Eiche, Myrrhe, Fichte
- **Minerva:** Olive, Maulbeere, Distel
- **Nefertum:** Lotus
- **Nephtyhs:** Myrrhe, Lilie
- **Nuit:** Ahorn
- **Olwen:** Apfel
- **Persephone:** Petersilie, Narzisse, Weide, Granatapfel
- **Rhea:** Myrrhe, Eiche
- **Rowen:** Klee, Eberesche
- **Venus:** Zimt, Gänseblümchen, Holunder, Heidekraut, Anemone, Apfel, Mohn, Veilchen, Majoran, Frauenhaar, Nelke, Aster, Eisenkraut, Myrte, Orchidee, Zeder, Lilie, Mistel, Fichte, Quitte
- **Vesta:** Eiche

Die heiligen Kräuter der Götter
- **Adonis:** Myrrhe, Mais, Rose, Fenchel, Salat, weißes Heidekraut
- **Äskulap:** Lorbeer, Senf
- **Ajax:** Rittersporn

- **Anu:** Tamariske
- **Apoll:** Lauch, Hyazinthe, Heliotrop, Hornstrauch, Lorbeer, Weihrauch, Dattelpalme, Zypresse
- **Attis:** Fichte, Mandel
- **Ares:** Butterblume
- **Bacchus:** Weintraube, Efeu, Feige, Buche, Tamariske
- **Baldur:** Johanniskraut, Gänseblümchen
- **Bran:** Erle, alle Getreidearten
- **Cernunnos:** Heliotrop, Lorbeer, Sonnenblume, Eiche, Orange
- **Cupido:** Zypresse, Zucker, weißes Veilchen, rote Rose
- **Dagda:** Eiche
- **Dianus:** Feige
- **Dionysos:** Feige, Apfel, Efeu, Weintraube, Fichte, Mais, Granatapfel, Giftpilze, Pilze, Fenchel, alle Bäume
- **Dis:** Zypresse
- **Ea:** Zeder
- **Eros:** rote Rose
- **Gwydion:** Esche
- **Helios:** Sonnenblume, Heliotrop
- **Herne:** Eiche
- **Horus:** Weißer Andorn, Lotus, Abacate
- **Hypnos:** Mohn
- **Jovis:** Fichte, Kassie, Porree, Nelke, Zypresse
- **Jupiter:** Aloe, Ackermennig, Salbei, Eiche, Königskerze, Eichel, Buche, Zypresse, Porree, Dattelpalme, Veilchen, Stechginster, Schlüsselblume, Eisenkraut
- **Kanaloa:** Banane
- **Mars:** Esche, Aloe, Hornstrauch, Butterblume, Haarrispige Hirse, Eisenkraut
- **Merkur:** Zimt, Maulbeere, Haselnuss, Weide
- **Mithras:** Zypresse, Veilchen
- **Neptun:** Esche, Blasenfang, alle Seetangarten
- **Odin:** Mistel, Ulme
- **Osiris:** Akazie, Weintraube, Efeu, Tamariske, Zeder, Klee, Dattelpalme, alle Getreidearten

- **Pan:** Feige, Fichte, Riedgras, Eiche, Farn, alle Wiesenblumen
- **Pluto:** Zypresse, Minze, Granatapfel
- **Poseidon:** Fichte, Esche, Feige, Blasenfang, alle Seetangarten
- **Prometheus:** Fenchel
- **Ra:** Akazie, Weihrauch, Myrrhe, Olive
- **Saturn:** Fichte
- **Sylvanus:** Weizen, Granatapfel, alle Getreidearten
- **Thot:** Mandel
- **Thor:** Distel, Porree, Eisenkraut, Haselnuss, Esche, Birke, Eberesche, Eiche, Granatapfel, Klette, Buche
- **Uranus:** Esche
- **Wotan:** Esche
- **Zeus:** Eiche, Olive, Fichte, Aloe, Petersilie, Salbei, Weizen, Feige

Als Wiccaner nehmen wir von den Gewächsen dieser Erde nur das, was wir wirklich brauchen. Wir verbinden uns vor der Ernte mit der Pflanze und lassen ihr immer ein Zeichen unserer Dankbarkeit und unseres Respekts zurück.

Kristallzauber

Kristalle und Steine sind Geschenke von Göttin und Gott. Sie sind heilige, magische Hilfsmittel, die unsere Rituale und Zauber unterstützen können. Lesen Sie im Folgenden einige Ausführungen zu dieser besonderen Form von Erdmagie.

Den Kreis ziehen

Der magische Kreis kann auch mit Kristallen oder Steinen statt mit Kräutern gezogen werden.

Beginnen und enden Sie im Norden. Legen Sie sieben, neun, 21 oder 40 beliebig große Quarzkristalle innen an der Kreiskordel aus. Sie können die Kordel auch ganz weglassen und den Kreis nur mit den Kristallen bilden. Wenn das Ritual spiritueller oder magischer Natur ist, richten Sie die Spitzen der Quarzkristalle nach außen. Bei Schutzritualen zeigen die Spitzen hingegen nach innen.

Wenn Sie die Kreisviertel mit Kerzen statt mit Steinen markieren, legen Sie folgende Steine um die Kerzen:

- Norden: Moosachat, Smaragd, Jett, Olivin, Salz, schwarzer Turmalin
- Osten: Edeltopas, Citrin, Glimmer, Bimsstein
- Süden: Bernstein, Obsidian, Rhodochrosit, Rubin, Lava, Granat
- Westen: Aquamarin, Chalzedon, Jade, Lapislazuli, Mondstein, Sugilit

Der Steinaltar

Suchen Sie am Strand und in trockenen Flussbetten nach glatten Steinen. Sie können natürlich auch einfach in ein Mineraliengeschäft gehen.

Der Altar wird aus drei größeren Steinen gebaut: Zwei etwas kleinere bilden die Füße und ein langer, flacher Stein die Altarfläche. Links auf die Altarfläche kommt ein Stein für die Göttin, zum Beispiel ein runder Flussstein, ein gelochter Stein, eine Quarzkristallkugel oder einer der im Folgenden aufgeführten Göttinnensteine.

Die rechte Altarseite trägt den Stein für den Gott – zum Beispiel ein Stück Lava, eine Quarzkristallspitze, einen länglichen Stein oder einen der unten genannten Göttersteine.

In die Mitte dazwischen setzen Sie einen etwas kleineren Stein, auf dem eine rote Kerze steht. Sie symbolisiert die göttliche Energie der beiden Gottheiten und das Element des Feuers. Davor steht ein flacher Stein für die Opfergaben wie Wein, Honig, Kuchen, Halbedelsteine, Blumen und Früchte.

Links daneben steht ein ausgehöhlter Stein, der mit Wasser gefüllt wird; allerdings ist so ein Stein nicht leicht zu finden. Dieser Stein steht für das Element des Wassers. Rechts vom Opferstein liegt ein flacher Stein, auf den Sie etwas Salz gestreut haben. Er steht für das Element der Erde. Sie können noch einen weiteren flachen Stein vor den Opferstein stellen und ihn als Weihrauchgefäß benutzen.

Nehmen Sie einen langen, dünnen Quarzkristall als Zauberstab und einen Feuerstein oder Obsidian als magisches Messer.

Alle übrigen magischen Utensilien können wie gewohnt auf den Altar gelegt werden. Aber wo immer es geht, sollten Sie Alternativen aus Stein bevorzugen. Diesen Steinaltar können Sie für alle Wicca-Rituale benutzen.

Steine für die Göttinnen

Generell gehören hierzu alle pinkfarbenen, grünen und blauen Steine; ferner alle Mond- und Venussteine sowie Wasser- und Erdsteine wie zum Beispiel Peridot, Smaragd, rosa Turmalin, Rosenquarz, blauer Quarz, Aquamarin, Beryll, Kunzit und Türkis.

Einige Göttinnen haben jedoch ganz bestimmte Steine:

- **Aphrodite:** Salzstein
- **Ceres:** Smaragd
- **Coatlicue:** Jade
- **Diana:** Amethyst, Mondstein, Perle
- **Freya:** Perle
- **Große Mutter:** Bernstein, Koralle, Mandelsteine, gelochte Steine
- **Hathor:** Türkis
- **Isis:** Koralle, Smaragd, Lapislazuli, Mondstein, Perle
- **Kwan Yin:** Jade
- **Kybele:** Jett
- **Lakshmi:** Perle
- **Maat:** Jade
- **Mara:** Beryll, Aquamarin
- **Nuit:** Lapislazuli
- **Pele:** Lava, Obsidian, Peridot, Olivin, Bimsstein
- **Selene:** Mondstein, Selenit
- **Tiamat:** Beryll
- **Venus:** Smaragd, Lapislazuli, Perle

Steine für die Götter

Generell gehören hierzu alle orangefarbenen und roten Steine; weiterhin Sonnen- und Marssteine sowie Feuer- und Luftsteine wie etwa Karneol, Rubin, Granat, orangefarbener Kalzit, Diamant, Tigerauge, Topas, Sonnenstein, Blutjaspis, roter Turmalin.[*]

Einige Götter haben jedoch ganz bestimmte Steine:
- **Äskulap:** Achat
- **Apoll:** Saphir
- **Bacchus:** Amethyst
- **Cupido:** Opal
- **Dionysos:** Amethyst
- **Mars:** Onyx, Sardonyx
- **Neptun:** Beryll
- **Odin:** gelochte Steine
- **Poseidon:** Beryll, Perle, Aquamarin
- **Ra:** Tigerauge
- **Tezcatlipoca:** Obsidian

Steinpyramiden

Früher fanden sich überall auf der Welt Steinhaufen und Steinhügel. Sie wurden zwar auch als Wegweiser für Wanderer oder Denkmale für historische Ereignisse benutzt, hatten aber ursprünglich rituelle Bedeutung.

Steinpyramiden gelten im magischen Denken als Orte der Macht. Sie bündeln die Energien der Steine, aus denen sie errichtet werden. Die Steine wurzeln in der Erde und erheben sich in den Himmel – ein symbolischer Ausdruck für die Verbindung der körperlichen und spirituellen Welt.

Wenn Sie ein Ritual im Freien abhalten, können Sie kleine Pyramiden aus neun bis elf Steinen an den Eckpunkten des

---

[*] Perlen und Korallen sind ebenfalls in dieser Liste aufgeführt, weil sie früher als Steine galten. Heute wissen wir, dass sie Produkte lebender Organismen sind. Das wirft die ethische Frage auf, ob wir sie für das Ritual verwenden können. Ich persönlich habe mich entschieden, sie – mit Ausnahme von Korallen, die ich am Strand finde – nicht zu benutzen.

Steinkreises aufbauen; am besten, bevor Sie den Kreis ziehen.

Wenn Sie das nächste Mal in der freien Natur an eine einsame Stelle mit vielen Steinen kommen, setzen Sie sich mitten in die Steine. Greifen Sie nach einem Stein und visualisieren Sie etwas, was Sie gerade brauchen. Fühlen Sie die Kraft, die in ihm pulsiert: Es ist die Kraft der Erde, die Kraft der Natur. Legen Sie den Stein auf den Erdboden und greifen Sie sich einen weiteren Stein. Denken Sie immer noch an Ihr magisches Ziel und legen sie ihn zu dem ersten.

Legen Sie auf diese Weise bei ständiger Visualisierung Ihres Zieles einen Stein zum anderen. Bauen Sie an der Pyramide, bis Sie die Kraft der Steine deutlich spüren können. Setzen Sie den letzen Stein mit einer deutlichen Willensbekundung auf den Steinhaufen. Verkünden Sie sich selbst, der Steinpyramide und der Erde, dass Sie mit diesem letzten magischen Stein Ihr Bedürfnis unterstreichen.

Legen Sie dann die Hände auf beide Seiten der Pyramide. Geben Sie ihr durch Visualisierung Kraft. Nähren Sie die Pyramide mit Ihrer Energie und visualisieren Sie, wie sich Ihr Wunsch erfüllt.

Überlassen Sie die Steinpyramide dann sich selbst, damit sie ihre Arbeit tun kann.

Ein Quarz- und Kerzenzauber

Nehmen Sie eine Kerze, die farblich Ihrem magischen Ziel entspricht. Orientieren Sie sich an der folgenden Farbskala oder hören Sie auf Ihre eigene Intuition.

- **Weiß:** Schutz, Reinigung, Frieden
- **Rot:** Schutz, Stärke, Gesundheit, Leidenschaft, Mut
- **Hellblau:** Heilung, Geduld, Glück
- **Dunkelblau:** Veränderung, psychische Kräfte
- **Grün:** Geld, Fruchtbarkeit, Wachstum, Arbeit
- **Gelb:** Intellekt, Anziehung, Studium, Weissagung
- **Braun:** Heilung von Tieren

- **Pink:** Liebe, Freundschaft
- **Orange:** Stimulation, Energie
- **Violett:** Macht, Heilung verschiedener Krankheiten, Spiritualität, Meditation

Ritzen Sie Ihr magisches Ziel mit der sauberen Spitze eines länglichen Quarzkristalls in die entsprechende Kerze. Benutzen Sie einfache Symbole, zum Beispiel ein Herz für Liebe, ein Dollarzeichen für Geld oder eine Faust für Kraft. Sie können auch eine der im nächsten Abschnitt beschriebenen Runen benutzen oder Ihr Ziel in Worten auf die Kerze schreiben.

Halten Sie sich während des Ritzens kristallklar vor Augen, dass Sie Ihr Ziel erreichen. Stecken Sie die Kerze nun in einen Ständer. Legen Sie den Kristall daneben und zünden Sie die Kerze an.

Visualisieren Sie dann noch einmal Ihr Ziel. Kristall, Kerze und Symbol können nun ihre Wirkung tun.

Symbole und Zeichen

Die folgenden Symbole stellen eine Art Kurzschrift dar, die sich gut für Ritualbücher, Spiegelbücher, Korrespondenz unter Eingeweihten usw. benutzen lässt.

Kessel	⊖	magisches Messer/Schwert	⧸
Feuer	⩤	Altar	⊓
magischer Kreis	⊘	Salz	⁖
Kräuter/Pflanzen	❀	Wasser	◊
Wein	⊕	Unsterblichkeit	∞
Untergang, Tod, Gift	⊗	Deosil*	↺
Widersinn	↱	Mond	☾
Sonne	☀	Mondaufgang	⌣
Sonnenaufgang	↑	Monduntergang	⌢
Sonnenuntergang	↓	zunehmender Mond	☽
Frühling	↶	Vollmond	○
Sommer	ϾϿ	abnehmender Mond	☾

* Siehe Glossar (Seite 218).

Herbst ⎷┼⎵   Neumond

Winter ⁄⋰⋱\

Runenzauber

Runen sind Symbole, die spezifische Energien freisetzen. Man kann sie zeichnen, malen, einritzen oder visualisieren. Runenmagie ist also sehr leicht zu praktizieren – vielleicht erfährt sie deshalb heute eine echte Renaissance.

Früher ritzte man Runen in Birkenrinden, Knochen oder Holz oder gravierte sie in Waffen ein, um diese treffsicherer zu machen. Runen wurden zum Schutz auch auf Gegenstände und Häuser gemalt oder in Gläser und Kelche eingeritzt, um Vergiftungen vorzubeugen.

Es ranken sich viele Geschichten um die Runen, zum Beispiel das Märchen von ihren verborgenen Zauberkräften, das auch dem Pentagramm angedichtet wird. Der Magier braucht demnach nur eine Rune zu malen und schon entfalten sich übernatürliche Kräfte.

So einfach ist es aber leider nicht. Runen sind magische Hilfsmittel: *Ihre magische Kraft aber liegt allein im Benutzer.* Wenn mein Nachbar zum Beispiel zufällig eine Heilungsrune auf seine Serviette kritzelt und sich dann damit die Stirn abwischt, würden seine Kopfschmerzen dadurch nicht verschwinden. Denn er hat nichts von sich selbst in die Rune hineingelegt.

Runen brauchen Kraft, um wirksam zu sein – Kraft, die *wir* ihnen geben. Schnitzen, malen und ziehen Sie Runen, aber vergessen Sie nicht, sie mit Visualisierung und persönlicher Energie aufzuladen.

Der Gebrauch der Runen ist stark von unserer eigenen Phantasie abhängig. Wenn ein Freund mich zum Beispiel bittet, seine Genesung von einer Krankheit zu beschleunigen, male ich eine Heilrune auf ein Stück Papier und setze mich davor. Ich konzentriere mich auf die Rune und imaginiere dabei meinen Freund, und zwar gesund und völlig wiederhergestellt. Dann baue ich persönliche Energien in mir auf und sende sie ihm *in Gestalt der Rune* zu. Ich sehe, wie sie sich mit ihm verbindet, die Krankheit auflöst und ihn schließlich heilt.

Ich könnte die Rune auch auf ein Stück Zedernholz ritzen, dabei seine wiederhergestellte Gesundheit visualisieren und ihm das Holz dann geben.

Selbst die Nahrung kann mit Runen versehen werden. Legen Sie Ihre ganze spirituelle Energie in die Rune und das Essen wird Ihrem Körper die jeweilige Energie der Rune zuführen.

Sie sehen, die Anwendungsmöglichkeiten sind vielfältig. Runen können mit Öl auf den Körper gezeichnet, in Kerzen geschnitzt und beim Abbrennen freigesetzt werden. Sie können sogar vor dem Bad in einem Teich oder der Badewanne visualisiert werden.

Im Folgenden sind die wichtigsten Runen abgebildet und erklärt. Halten Sie sich an die jeweils angegebenen Farben, um die Wirkung der Runen zu verstärken.

Glück
Eine Allzweck-Rune. Sie wird häufig am Ende eines Briefes oder auf Pakete gezeichnet. Kann auch als Glücksbringer auf eine weiße Kerze geritzt oder auf ein Schmuckstück graviert werden.

Sieg
Eignet sich für Rechtsstreitigkeiten und allgemeine Zauber. Schreiben Sie die Rune auf eine rote Kerze, wenn Sie in Strei-

tigkeiten verwickelt sind. Benutzen Sie scharlachrote Tinte und brennen Sie die Kerze bei einem Ritual ab. Sie können das Symbol auch bei sich tragen.

Liebe
Wird benutzt, um Liebe zu erhalten und zu stärken. Man kann aber auch anderen Liebe damit schicken. Kann in Smaragdgrün oder Pink aufgemalt, visualisiert, graviert oder sogar mit einem Holzlöffel auf Pfannen gezeichnet werden, damit das Essen eine bekömmliche Energie erhält.

Wohlbefinden
Bringt Linderung und Erleichterung bei Schmerzen. Kann anderen Menschen Glück und Wohlbefinden verleihen. Bei Angst oder Depressionen können Sie sich vor einen Spiegel stellen, sich in die Augen blicken und dabei visualisieren, wie diese Rune Ihren Körper umschließt. Oder schnitzen Sie die Rune auf eine pinkfarbene Kerze und zünden Sie die Kerze an.

Reichtum
Zeichnen Sie dieses Symbol auf Ihre Kreditkarte. Visualisieren Sie es auf Brieftasche oder Portemonnaie. Geben Sie etwas Geld anziehendes Öl wie Patschuli auf Ihre Geldscheine, bevor Sie sie ausgeben, damit sie irgendwann zu Ihnen zurückkommen.

Besitz
Kann uns bestimmte Sachgegenstände verschaffen. Wenn Sie zum Beispiel Möbel brauchen, kann diese Rune als magischer Repräsentant der gewünschten Möbelstücke benutzt werden.

Reisen
Verhilft uns zu einer gewünschten oder notwendigen Reise. Zeichnen Sie diese Rune mit gelber Tinte auf ein Papier und visualisieren Sie dabei Ihre Reise an den gewünschten Ort. Wickeln Sie das Papier um eine Feder, die Sie dann von einer hohen Klippe werfen oder per Post zu Ihrem Reiseziel schicken. Oder ritzen Sie das Symbol auf eine gelbe Kerze. Stellen Sie die Kerze in einem Kerzenhalter auf ein Bild Ihres Reiseziels. Lassen Sie die Kerze dort herunterbrennen.

Fruchtbarkeit
Um fruchtbar zu werden, zeichnet man diese Rune mit Hilfe von Öl oder Visualisierung auf die eigenen Geschlechtsteile. Kann auch für geistige Kreativität und alle Wachstumszauber benutzt werden.

Körperliche Gesundheit
Stärkt und verbessert die Gesundheit. Visualisieren Sie diese Rune bei Sport, Diäten und Atemübungen.

Ordnung
Hilft, das eigene Leben zu strukturieren und Gedanken zu ordnen. Tragen Sie diese Rune bei sich oder zeichnen Sie sie mit der Hand auf die Stirn.

Heilung
Hilft bei der Heilung von Krankheiten. Das Symbol kann in blauer Tinte auf Rezepte gezeichnet, vor der Einnahme auf Medikamente visualisiert und über Kräutergetränke gezeichnet werden. Kann auch als Talisman getragen werden.

Schutz
Zeichnen Sie dieses komplexe Zeichen auf Haus, Auto oder andere Gegenstände, die Sie schützen wollen. Für Ihren persönlichen Schutz können Sie es auf Ihre Kleidung nähen oder sticken. Kann auch als Amulett getragen werden. Wenn Ihnen das Amulett in Gefahrensituationen einmal nicht zur Verfügung steht, visualisieren Sie es mit ganzer Kraft.

Schutz
Hier gilt dasselbe wie oben.

Ein Mann
Wird zusammen mit anderen Runen bei Zaubern benutzt. Wenn man zum Beispiel nach dem Aufwachen keinen klaren Gedanken fassen kann, kann man die Rune als Symbol für sich selbst mit gelber Tinte auf ein Stück Papier malen. Dann zeichnet man die Ordnungsrune direkt darüber und visualisiert, wie man die gewünschte Klarheit erlangt.

Eine Frau
Wird wie oben zusammen mit anderen Runen für Zauber benutzt.

Freundschaft
Mann und Frau können bei Bedarf als gemeinsame Rune gezeichnet werden. Dieses Zeichen steht auch für Experimente.

Mit Runen zaubern

Ein Geld-Runenzauber
Zeichnen Sie die Geldrune mit Zimt- oder Gewürznelkenöl auf den größten Geldschein, den Sie haben. Stecken Sie ihn ins Portemonnaie oder in die Brieftasche und versuchen Sie, ihn möglichst lange nicht auszugeben. Jedes Mal, wenn Sie den Schein ansehen, visualisieren Sie die Rune, um ihre Wirkung zu verstärken. Dieser Zauber zieht Geld an.

Ein Liebes-Runenzauber
Schnitzen Sie die Liebesrune in die Wurzel einer Schwertlilie oder auf ein Stück Apfelbaumholz. Visualisieren Sie dabei die Person, die Sie im Sinn haben. Tragen Sie die Rune drei Tage mit sich herum und nehmen Sie sie nachts mit ins Bett. Werfen Sie Wurzel oder Holz am dritten Abend in einen Fluss, See, Brunnen oder das Meer.

Eine Runenbitte
Legen Sie ein sauberes weißes Papier auf den Altar. Zeichnen Sie eine zu Ihrer Bitte passende Rune auf die Mitte des Blattes; geben Sie gegebenenfalls geeignete Kräuter oder magisches Öl darauf. Falten Sie das Papier und halten Sie es fest in der Hand, während Sie dabei das Gewünschte visualisieren. Gehen Sie dann zu einem Feuer und werfen Sie das Papier hinein. Oder entzünden Sie das Papier an einer roten Kerze und werfen Sie es anschließend in den Kessel oder einen anderen feuerfesten Behälter. Wenn das Papier nicht vollständig verbrennt, zünden Sie es einige Tage später noch einmal an und wiederholen Sie den Zauber.

Zur Abwendung von Schlechtem und Bösem
Schreiben Sie mit schwarzer Tinte eine Rune mit negativer Energie (ungeordnete Gedanken, Krieg, Gift usw.) auf ein Papier. Konzentrieren Sie sich darauf und visualisieren Sie die negative Energie oder Situation, die Sie belastet. Nehmen Sie einen Tiegel weiße Tinte oder Farbe und übertünchen Sie die Rune mit einem Handstrich. Sie sollte völlig verschwunden sein. Beim Trocknen der Tinte oder Farbe visualisieren Sie auf dem Papier eine positive Rune wie Glück, Ordnung oder Wohlbefinden und lassen alle Gedanken an Ihr Problem fallen.

Runenorakel

Wie bereits erwähnt, können Runen uns einen Blick in die Zukunft ermöglichen. Die vielleicht älteste Methode arbeitet mit den zwölf unten beschriebenen Runen, die auf flache Holzstücke oder Zweige* eingraviert werden. Halten Sie die Runen in der Hand, visualisieren Sie die Frage oder Situation und werfen Sie die Hölzer dann auf den Boden.

Deuten Sie die Runen, die Sie nun erkennen können, oder greifen Sie mit geschlossenen Augen ein Holzstück heraus und versuchen Sie, das Symbol mit Hilfe der angegebenen Erklärungen zu interpretieren. Wählen Sie zwei weitere Hölzer im Zufallsverfahren aus und deuten Sie auch sie.

Eine andere Methode arbeitet mit zwölf flachen Steinen, die man am Strand oder Fluss sammeln oder sich im Mineraliengeschäft besorgen kann. Zeichnen oder malen Sie die Runen auf eine Seite der Steine. Visualisieren Sie Ihre Frage und werfen Sie die Steine dann auf den Boden. Interpretieren Sie die Runenzeichen, die jetzt sichtbar sind, indem Sie sie von rechts nach links lesen.

Nehmen wir einmal an, dass die Geld-Rune neben dem »Mann« liegt. Das könnte bedeuten, dass Sie Geld erhalten, das in irgendeiner Verbindung zu einem Mann steht. Oder es ist ein Hinweis darauf, dass Geldprobleme durch einen bestimmten Mann bedingt sind. Die richtige Interpretation hängt von Ihrer eigenen Intuition und Ihrer »Sehergabe« ab – und natürlich von der jeweiligen Situation, in der Sie sich befinden.

Runen scheinen eine Art eingebautes Verfallsdatum zu haben. Ihre prophetische Kraft beschränkt sich im Allgemeinen auf etwa zwei Wochen. Bedenken Sie aber immer, dass alle Vorhersagen nur *Entwicklungsmöglichkeiten* aufzeigen. Wenn die Zukunftsvision Ihnen nicht zusagt oder Sie erschreckt, verändern Sie Ihr Verhalten, um diese Zukunft zu verhindern.

Je öfter Sie mit Runen arbeiten, desto besser werden Sie mit ihnen zurechtkommen. Wenn Sie sie nicht mehr brauchen, können sie in einem Korb, einer Schachtel oder einem Stoffbeutel verwahrt werden.

---

* Wenn Sie die Zweige eines Baumes verwenden, sollten Sie die im Kräuterritualbuch beschriebene Methode verwenden (siehe Seite 185).

Es folgen die zwölf Runen für die Weissagung und ihre Erklärungen. Sie können aber natürlich auch Ihre eigenen Runen entwerfen.

 Das Haus: familiäre Beziehungen, Fundament und Stabilität. Selbstbild.

 Besitz: gegenständliche Objekte, die materielle Welt.

 Liebe: Gefühle, Romantik, Eheprobleme.

 Gift: Tratsch, Verleumdung, Negatives, schlechte Angewohnheiten, ungesunde Einstellungen.

 Reichtum: Geld, finanzielle Sorgen, Arbeit, Kollegen.

 Ungeordnete Gedanken: emotionale Spannungen, Irrationalität, Verwirrung, Zweifel.

 Frau: ein weiblicher Einfluss oder eine Frau.

 Mann: ein männlicher Einfluss oder ein Mann.

 Geschenk: Erbschaften, Beförderungen, unverhoffte Glücksfälle; materielle, psychische und spirituelle Geschenke, Opfer, Angebote, Selbstöffnung.

Wohlbefinden: Entspannung, Genuss, Glück, Freude, eine Wendung zum Besseren.

 Tod: ein Ende, ein Neuanfang, Initiation, Veränderung in jeder Weise, Reinigung.

 Krieg: Konflikte, Streitigkeiten, Auseinandersetzungen, Feindschaft, Aggression, Zorn, Konfrontationen.

Zauber und Magie

Schutzgesang
Visualisieren Sie um sich herum einen dreifachen Schutzkreis aus violettem Licht. Stimmen Sie dazu folgenden Vers an:

> *Geschützt bin ich durch deine Macht,*
> *o gnädige Göttin, Tag und Nacht.*

Alternativ können Sie auch folgendes Lied singen:

> *Dreimal durch des Kreises Rund,*
> *böse Mächte, geht zugrund.*

Ein Spiegelzauber für das Haus
Bauen Sie den Altar auf. Stellen Sie das Bild der Göttin in die Mitte und davor ein Räuchergefäß. Besorgen Sie sich einen im Durchmesser etwa dreißig Zentimeter messenden runden Spiegel. Formen Sie auf dem Altarrand einen Ring aus neun weißen Kerzen. Verbrennen Sie im Räuchergefäß etwas Schutzweihrauch, zum Beispiel Sandelholz, Weihrauch, Kopalfichte oder Rosmarin.

Beginnen Sie mit der Kerze, die dem Bildnis der Göttin am nächsten steht, und sprechen Sie Worte wie die folgenden:

> *Göttin, die im Mondlicht wacht,*
> *Herrin von Meeren und Sternen;*
> *Große Göttin der mystischen Nacht*
> *und der großen Mysterien;*
> *an diesen Ort mit Kerzen hell*
> *und deinem Spiegel hier zur Stell*
> *schütz mich mit deiner Kräfte Wucht,*
> *auf dass das Böse ergreift die Flucht!*

Halten Sie den Spiegel jetzt so, dass er das Licht der Kerzen zurückwirft. Gehen Sie im Uhrzeigersinn langsam um den Altar herum und beobachten Sie, wie das Kerzenlicht im Spiegel Ihre Umgebung reflektiert.

Werden Sie schneller und bitten Sie die Göttin, Sie zu beschützen. Werden Sie noch schneller. Beobachten Sie, wie das Licht die Luft zerreißt, sie von allem Negativen reinigt und die Kanäle, über die die unheilvollen Energien in Ihre Wohnung fließen, vernichtet.

Füllen Sie Ihre Wohnung mit der schützenden Energie der Göttin. Laufen Sie so lange um die Kerzen herum, bis Sie eine Veränderung in der Atmosphäre spüren. Wenn Sie sicher sind, dass die Räume sauber sind und unter dem Schutz der Großen Göttin stehen, hören Sie auf.

Stellen Sie sich nun wieder vor das Bildnis der Göttin und danken Sie ihr. Zum Schluss löschen Sie jede Kerze einzeln, binden alle mit einem weißen Band zusammen und verwahren sie, bis sie vielleicht wieder benötigt werden. Benutzen Sie die Kerzen ausschließlich für diesen Zweck.

Den Bann eines fremden Zaubers brechen

Wenn Sie glauben, Opfer eines fremden Zaubers zu sein, stellen Sie eine schwarze Kerze in einen Kessel (oder eine große schwarze Schüssel). Die Kerze sollte einige Zentimeter über den Kesselrand hinausragen. Nehmen Sie etwas Bienenwachs oder das Wachs einer anderen schwarzen Kerze und befestigen Sie die Kerze am Kesselboden, damit sie nicht umkippt.

Dann füllen Sie den Kessel mit frischem Wasser. Der Kerzendocht darf aber nicht nass werden; er sollte sich noch einige Zentimeter über dem Wasser befinden. Atmen Sie nun tief. Meditieren Sie. Reinigen Sie Ihren Geist und zünden Sie die Kerze an. Projizieren Sie die Macht des bösen Zaubers mit Hilfe Ihrer Visualisierung in die Flamme. Sitzen Sie still und konzentrieren Sie sich auf die Kerze. Visualisieren Sie, wie die feindliche Energie in der Kerzenflamme fließt und anwächst. Ganz recht: Lassen Sie die feindliche Energie anwachsen. Die Kerze wird an Größe verlieren und schließlich zischend mit dem Wasser in Kontakt kommen. Sobald die Flamme durch das Wasser gelöscht wird, ist der feindliche Zauber zerschlagen.

Visualisieren Sie das Ende des feindlichen Zaubers. Sehen Sie, wie er in einer Staubwolke explodiert und seine Wirkkraft verliert. Schütten Sie das Wasser in ein Erdloch, einen See oder einen Fluss. Damit ist der Zauber beendet.

Bindfadenmagie

Nehmen Sie einen starken Bindfaden in einer passenden Farbe und formen Sie ihn auf dem Altar zu einer Rune oder zu dem gewünschten Gegenstand: ein Auto oder Haus zum Beispiel. Visualisieren Sie dabei den benötigten Gegenstand. Bauen Sie Energie auf und schicken Sie die Energie in das Symbol. Ihr Wunsch wird sich erfüllen.

Schutz eines Gegenstands

Zeichnen Sie mit Zeige- und Mittelfinger ein Pentagramm über das Objekt, das beschützt werden soll. Visualisieren Sie, wie elektrische blaue oder violette Flammen aus Ihren Fingern fließen und das Pentagramm formen. Sprechen Sie dabei folgende Verse:

> *Durchs Pentagramm mir sei gebracht*
> *Schutz am Tage und zur Nacht.*
> *Den aber, der wagt, dies zu berühren,*
> *den lasse deine Kräfte spüren.*
> *Ich rufe an das Gesetz der Drei:*
> *Dies ist mein Wille. Auf dass es so sei*

Anhang
Zeitschriften für Wicca-Hexen, Neu-Heiden und Schamanen

Der Weg der isoliert wirkenden Wicca-Hexe kann, wie gesagt, sehr einsam sein. Allerdings gibt es hier Abhilfe. Zum Beispiel könnten Sie eine der in diesem Abschnitt aufgeführten Zeitungen und Zeitschriften beziehen. Dadurch kommen Sie mit Gleichgesinnten in Kontakt und bleiben spirituell auf dem neuesten Stand. Außerdem enthalten diese Publikationen oft Kontaktanzeigen oder bieten Foren zur Kontaktaufnahme.

Die Häufigkeit des Erscheinens und die Preise sind natürlich auf dem Stand des Veröffentlichungsdatums dieses Buches. Sie müssten also gegebenenfalls mit Veränderungen rechnen.

Es gibt hier eine Unmenge von Veröffentlichungen. Die folgende Liste stellt also nur einen kleinen Ausschnitt dar. Der umfangreichste Führer für Wicca-Publikationen, Gruppen, Netzwerke und Einzelpersonen ist der *Circle Guide to Pagan Resources*. Er wird jedes Jahr aktualisiert und kostete zum Zeitpunkt der ersten Veröffentlichung dieses Buches $11. Die Adresse finden Sie unten.

Also dann: Eine schöne Lektüre und erfolgreiche Kontaktaufnahme!

THE CAULDRON
Eine walisische Zeitung, die sich hauptsächlich mit Wicca, Druidismus, Odinismus und Erdmysterien befasst. Ich weiß nicht,

wie oft sie erscheint, aber das Jahresabo kostet $10. Bitte mit Banknoten zahlen, keine Schecks. Der Herausgeber bat darum, nicht »The Cauldron« auf den Umschlag zu schreiben. Benutzen Sie einfach die folgende Adresse, wenn Sie an ihn schreiben wollen.

Mike Howard Treforgan
Mansion Llangeodmor
Cardigan, Dyfed SA 43 2LB
Wales
Großbritannien

CIRCLE NETWORK NEWS
P.O. Box 219
MT. Horeb, WI 53572
USA

Eine Zeitschrift, die sich mit Wicca, Schamanismus, Neu-Heidentum und Erdmysterien beschäftigt. Enthält Rituale, Anrufungen, Zaubersprüche, Kräutermagien, viele Berichte, die das Verständnis der Wicca-Lehre fördern helfen, Kontaktadressen und Besprechungen. Erscheint viermal im Jahr. Eine Einzelausgabe kostet etwa $3, das Jahresabo circa $10. Veröffentlicht auch *The Circle Guide to Pagan Resources*.

CONVERGING PATHS
P.O. Box 63
Mt. Horeb, WI 53572
USA

Traditionelle Spielarten des Wicca-Kultes. Enthält Artikel, Rituale, Gedichte, Kunstgegenstände. Erscheint viermal jährlich. Jahresabo $10, Einzelheft $4.

HARVEST
P.O. Box 228
Framingham, MA 01701
USA

Eine neu-heidnische Zeitschrift. Enthält Artikel, Lieder, Nachrichten, Rituale. Erscheint achtmal im Jahr. Jahresabo $10, Einzelausgabe $4.

THESMORPHORIA
P.O. Box 11363
Oakland, CA 94611
USA
Eine dianisch orientierte Zeitschrift. Enthält eine feministische Wicca-Spielart, weibliche Mysterien, Göttinnenrituale, Gedichte und Kontakte. Erscheint achtmal jährlich. Jahresabo $13. Einzelausgabe bei frankiertem Rückumschlag ohne Zahlung.

THE UNION
P.O. Box 8814
Minneapolis, MN 554408
USA
Befasst sich mit Wicca, Kräuterkunde und Schamanismus. Informationen über Preise erhalten Sie unter der angegebenen Adresse.

THE WAXING MOON
Box 4127
Sunland, CA 91040
USA
The Waxing Moon wurde 1965 gegründet und war die erste Wicca-Veröffentlichung in den USA. Seitdem haben sich Management und Inhalt stark verändert. Heute orientiert sich die Zeitschrift eher an Natur und Schamanismus. Enthält Artikel, Rituale, Kunstbeiträge und Besprechungen. Erscheint viermal im Jahr. Mitglieder des *Temple of the Elder Gods* erhalten sie unentgeltlich, alle anderen für einen jährlichen Mindestbeitrag von $10.

Glossar

Ich habe mein Buch mit einem Glossar versehen, damit Sie seine manchmal vielleicht unklare Terminologie besser verstehen.
   Es handelt sich hierbei natürlich um persönliche Definitionen, die meine eigenen Erfahrungen mit Wicca wiedergeben. Nicht jede Wicca-Hexe wird bei jeder Einzelheit vollständig zustimmen. Aber das ist bei einer zutiefst individuell ausgerichteten Religion wie Wicca auch nicht zu erwarten. Trotzdem habe ich mich bemüht, die Erklärungen so unvoreingenommen und allgemein wie möglich zu halten.
   Kursiv gedruckte Begriffe in den Erklärungen verweisen auf andere im Glossar erläuterte Begriffe.

Akascha: Das fünfte Element, die allgegenwärtige spirituelle Kraft, die das Universum durchwaltet. Aus dieser Energie werden die *Elemente* geformt.

Amulett: Ein magisch *aufgeladener* Gegenstand, der besondere, meist negative Energien abwehrt. Ein Schutzgegenstand. Siehe auch *Talisman*.

Anrufung: Das Herbeirufen von Geistern oder unkörperlichen Wesen, um sie sichtbar werden oder unsichtbar dem Ritual beiwohnen zu lassen. Vergleiche auch *Beschwörung*.

Athame: Ein zweischneidiges, schwarzes Messer, das bei Wicca-Ritualen benutzt wird. Die Athame dient dazu, beim Ritual die *persönliche Kraft* oder *Energie* zu lenken. Sie wird eigentlich fast nie zum Schneiden benutzt. Die Herkunft des Begriffs ist ungewiss. Es gibt zudem unterschiedliche Schreibweisen und im Amerikanischen auch unterschiedliche Aussprachen dieses Wortes. Ich habe mich intuitiv dazu entschieden, diesen Begriff im Ritualbuch der Stehenden Steine durch »magisches Messer« zu ersetzen. Beide Möglichkeiten, selbst die einfache Bezeichnung »Messer«, sind möglich.

Aufladen, magisches: Ein magischer Akt, bei dem man seine *persönliche Energie* auf einen Gegenstand übergehen lässt.

Beschwörung: Eine Bitte an eine höhere Macht oder höhere Mächte wie zum Beispiel Göttin und Gott. Ein Gebet. Die Beschwörung ist im Grunde eine Methode, eine bewusste Verbindung zu den Aspekten von Göttin und Gott in uns selbst herzustellen. Wir bringen sie scheinbar dazu, zu erscheinen und sich zu zeigen. In Wahrheit aber werden wir uns ihrer nur bewusst.

Besom: Besen.

Bolline: Das weiße Messer. Es wird bei Magien und Ritualen für praktische Tätigkeiten verwendet; zum Beispiel zum Anschneiden eines Granatapfels oder zum Schneiden von Kräutern. Siehe dazu auch *Athame*.

Böse, das: Dasjenige, das dem Leben abträglich ist. Das Destruktive, Schlechte, Bedrohliche, Korrupte.

Buch der Schatten: Ein Wicca-Buch mit Ritualen, Zaubern und magischen Traditionen. Früher wurde es per Hand kopiert und bei der *Initiation* an den Novizen weitergegeben. Heute haben die meisten *Coven* fotokopierte oder maschinengeschriebene Schattenbücher. Es gibt hier keinen verbindlichen Text, an den man sich halten müsste. Alle Schattenbücher sind, zumindest für ihre jeweiligen Besitzer, wahr und verbindlich. Wer könnte hier behaupten, die alleinige Wahrheit zu besitzen? Siehe auch *Ritualbuch*.

Coven: Auch Konvent, Hexenkonvent oder Hexenzirkel. Eine Gruppe von Wicca-Hexen, die meistens durch Initiation in die Gruppe aufgenommen werden. Der Coven wird oft durch ein oder zwei Mitglieder geführt.

Deosil: Die Bewegung im Uhrzeigersinn, die zumindest in der nördlichen Hemisphäre dem Lauf der Sonne folgt. Das Deosil steht in Religion und Magie für positive Energie, Leben und das Gute. Die Bewegung im Uhrzeigersinn wird häufig bei Zauber und Magie verwendet, zum Beispiel wenn man »ein Deosil um einen Steinkreis läuft«. Auf der südlichen Halbkugel (besonders in Australien) wird das Deosil häufig durch *Widdershins* ersetzt. Hier bewegen sich die Wicca-Hexen bei Ritualen gegen den Uhrzeigersinn. Denn von diesem Punkt der Erde aus gesehen bewegt sich auch die Sonne gegen den Uhrzeigersinn.

Einfaches Festmahl: Ein *rituelles* Mahl, das man gemeinsam mit Göttin und Gott abhält.

Elemente: Erde, Luft, Feuer, Wasser. Diese vier Elemente sind die Grundbausteine des Universums. Alles, was ist oder das Potential zum Sein besitzt, enthält mindestens eines dieser Elemente. Sie durchdringen uns und die Welt. In der *Magie* kann ihre Kraft für Veränderungen nutzbar gemacht werden. Die vier Elemente kommen aus der Urkraft *Akascha*.

Erdkraft: Die Energie in Steinen, Kräutern, Flammen, Wind und anderen Naturerscheinungen. Sie ist eine Manifestation der *Göttlichen Kraft* und kann während der *Magie* für Veränderungen herangezogen werden. Vergleiche auch *persönliche Kraft*.

Esbat: Ein Wicca-Ritual, das meist bei Vollmond abgehalten wird.

Freudenfeuer: Ein Feuer, das zu magischen Zwecken entfacht wird, normalerweise im Freien. Freudenfeuer werden traditionell an *Jul*, *Beltane* und *Mittsommer* angezündet.

Göttliche Kraft: Die unkörperliche, reine Energie, die in Göttin und Gott ist. Die Lebenskraft und der letzte Urgrund aller Dinge. Vergleiche auch *Erdkraft* und *persönliche Kraft*.

Handfasting: Eine Wicca-, Heiden- oder Zigeunerhochzeit, bei der die Hände aufeinander gelegt werden.

Hexe: Ursprünglich eine europäische Heilkundige, die sich der volkstümlichen Magie bediente und dabei auf uralte Heilverfahren, Kräuter, Quellen, Flüsse und Steine zurückgriff. Jemand, der in der *Hexenkunst* bewandert ist. Später wurde die Bedeutung des Begriffes gezielt verändert und mit negativen Aspekten aufgeladen. Er bezeichnete jetzt verrückte, gefährliche, übernatürliche Wesen, die schwarze Magie betrieben und eine Gefahr für die Christenheit darstellten. Dieser Veränderung lagen politische, finanzielle und patriarchalische Interessen der damaligen Religion zugrunde, nicht Veränderungen bei den Hexen selbst. Diese spätere, falsche Bedeutung des Wortes herrscht auch heute noch bei Nichthexen vor. Viele *Wicca* bezeichnen sich selbst als Hexen.

Hexen-Coven: Vergleiche *Coven*.

Hexenkunst: Die *magische* Kunst oder Kraft der Hexen. Meistens unter Verwendung der *persönlichen Kraft* und der Energien aus Steinen, Farben und anderen Naturphänomenen. Auch wenn die Hexenkunst einen spirituellen Unterton hat, ist sie an sich keine Religion. Allerdings wird der Begriff von einigen *Wicca-Hexen* zur Bezeichnung ihrer Religion verwendet.

Hexenmagie: Siehe den Eintrag unter *Magie*.

Imbolc: Ein Wicca-Fest, das am 2. Februar gefeiert wird. Auch bekannt als Lichtmess, Lupercalia, Panfest, Kerzenfest, Fest des abnehmenden Lichts, Oimelc, Tag der Birgit und noch unter vielen anderen Namen. Imbolg feiert die ersten Regungen des Frühlings und die Genesung der Göttin nach der Geburt der Sonne (des Gottes) zu *Jul*.

Initiation: Ein Vorgang, bei dem eine Einzelperson in eine Gruppe, Religion oder Fertigkeit eingeführt wird. Die Initiation kann in einem förmlichen Ritual oder spontan erfolgen.

Jul: Ein Wicca-Fest, das am 21. Dezember gefeiert wird und die Wiedergeburt des Sonnengottes aus der Erdgöttin markiert. Eine Zeit der Freude und Festlichkeit mitten im trübseligen Winter. Jul wird zum Zeitpunkt der Wintersonnenwende gefeiert.

Kahuna: Ein hawaiischer Heilkundiger mit Kenntnissen in alter hawaiischer Philosophie, Wissenschaft und Magie.

Kornpuppe: Eine aus getrocknetem Weizen oder Getreide geflochtene Puppe, meistens in Menschenform. Sie repräsentierte bei den Ritualen des alten bäuerlichen Europa die Fruchtbarkeit von Erde und Göttin und wird auch heute noch im Wicca-Kult benutzt. Für die Kornpuppen werden weder Kolben noch Spelze verwendet. Der Ausdruck Korn wurde früher als Gesamtbegriff für alle Getreide außer Mais verwendet.

Kreis, magischer: Siehe unter *Magischer Kreis*.

Kristallweissagungen: Der Blick in eine Kristallkugel, auf eine Wasserfläche, eine Spiegelung oder Kerzenflamme. Er entspannt das *Wachbewusstsein* und stellt den Kontakt zu unserem *medialen Bewusstsein* her. Dadurch wird es möglich, zukünftige Ereignisse wahrzunehmen. Dieser besondere Sinn kann auch vergangene, weit entfernte oder gleichzeitig stattfindende Ereignisse erkennen. Siehe auch unter *Weissagung*.

Labrys : Eine Doppelaxt, die im antiken Kreta die Göttin symbolisierte und auch heute noch von einigen Wicca-Hexen benutzt wird. Die Labrys kann auf die linke Altarhälfte gelegt oder links an den Altar gelehnt werden.

Lughnasadh: Ein Wicca-Fest, das am 1. August gefeiert wird. Auch als Augustabend, Lammas, Brotfest bekannt. Lughnasadh markiert die erste Ernte, wenn die Früchte der Erde geerntet und für die dunklen Wintermonate gespeichert werden. Der Gott verliert jetzt seine Kraft und die Tage werden kürzer.

Mabon: Die Herbst-Tagundnachtgleiche, normalerweise am 21. September. Wicca-Hexen feiern an diesem Tag die zweite Ernte. Die Natur bereitet sich auf den Winter vor. Mabon ist ein Überbleibsel uralter Erntefeste, die früher überall auf der Erde gefeiert wurden.

Mächtigen, die: Wesen, Gottheiten oder Präsenzen, die oft als Wächter für die Rituale *angerufen* werden. Die Mächtigen gelten als spirituell weit entwickelte Wesen, die früher einmal Menschen waren. Eine andere Deutung sieht in ihnen spirituelle Kräfte, die von Göttin und Gott zum Schutz der Erde erschaffen wurden. Sie sollen über die vier Himmelsrichtungen wachen. Sie werden manchmal mit den Elementen in Verbindung gebracht.

Magie: Die Lenkung natürlicher Energien (wie zum Beispiel der *persönlichen Kraft)*, um notwendige Veränderungen herbeizuführen. Alles ist von Energie durchdrungen – wir selbst, Pflanzen, Steine, Farben, Töne, Bewegungen. Magie ist die Fähigkeit, diese Energien zu aktivieren, sie mit einem bestimmten Zweck aufzuladen und schließlich loszuschicken. Die Magie hat nichts Übernatürliches an sich. Sie ist eine natürliche Kraft, was allerdings fast nie gesehen wird.

Magischer Kreis: Eine aus *persönlicher Kraft* erschaffene kugelförmige Sphäre, in der die Wicca-Rituale abgehalten werden. Der Kreis bezeichnet die Stelle, an der die Sphäre oder Kugel in die Erde eintritt. Die untere Hälfte der Kugel befindet sich also unter der Erde. Der magische Kreis wird mit Hilfe von *Visualisierung* und *Magie* erschaffen.

Magisches Messer: Vergleiche *Athame*.

Mediales Bewusstsein: Der unterbewusste oder unbewusste Geist, in dem wir mediale Impulse bekommen. Das mediale Bewusstsein ist aktiv, wenn wir schlafen, träumen und meditieren. Es steht in direktem Kontakt zu Göttin und Gott und der unkörperlichen Welt um uns. Andere verwandte Begriffe: *Weissagung* ist ein ritueller Vorgang, der das *Wachbewusstsein* benutzt, um das mediale Bewusstsein zu aktivieren. Die Intuition beschreibt den Moment, wenn mediale Informationen plötzlich ins Wachbewusstsein treten.

Meditation: Reflektion, Kontemplation, die Wendung nach innen zum eigenen Selbst oder nach außen zu Gottheiten oder Natur. Eine Zeit der Ruhe, in der der Meditierende sich auf einen bestimmten Gedanken oder ein Symbol konzentriert oder es unbewusst aufsteigen lässt.

Megalith: Eine Struktur oder ein Monument aus großen Steinen. Das vielleicht bekannteste Beispiel für eine Megalithkonstruktion ist Stonehenge.

Menhir: Ein von früheren Völkern aufgestellter Stein, der vermutlich religiösen, spirituellen oder magischen Zwecken diente.

Mittsommer: Die Sommersonnenwende, normalerweise am 21. Juni. Einer der Festtage des Wicca-Kalenders und eine ausgezeichnete Nacht für *Magien*. Mittsommer kennzeichnet den Tag des Jahres, an dem die Sonne und mit ihr der Gott den höchsten Punkt ihrer Kraft erreichen. Der längste Tag des Jahres.

Neo-Pagane, der: Ein anderes Wort für Neu-Heide. Ein Mitglied oder Sympathisant einer der neu gegründeten heidnischen Religionen, die zur Zeit überall auf der Erde entstehen. Alle Wicca-Hexen sind *Paganen*, aber nicht alle Paganen sind Wicca-Hexen.

Neu-Heiden: Vergleiche den Eintrag zu *Neo-Pagane*.

Ostara: Etwa am 21. März zur Zeit der Frühlings-Tagundnachtgleiche. Ostara markiert den Beginn des eigentlichen, astronomischen Frühlings, wenn Schnee und Eis dem Grün zu weichen beginnen. Gilt deswegen auch als Feuer- und Fruchtbarkeitsfest, das die Wiederkehr von Sonne, Gott und Erdfruchtbarkeit (Göttin) feiert.

Paganen: Vom Lateinischen *paganus*: der Landbewohner. Heute der Oberbegriff für Anhänger des Wicca-Kultes sowie magischer, paganischer und polytheistischer Religionen. Natürlich haben Christen eine eigene, etwas eigentümliche Definition für diesen Begriff. Gleichbedeutend mit *Neo-pagan*.

Pendel: Ein Hilfsmittel bei Weissagungen. Es besteht aus einer Schnur, an der ein schwerer Gegenstand wie zum Beispiel ein Quarzkristall, eine Wurzel oder ein Ring angebracht ist. Man hält dabei das leere Schnurende in der Hand, stützt seinen Ellbogen auf eine glatte Unterlage und stellt eine Frage. Die Antwort auf die Frage wird durch die Bewegung des schwingenden Gegenstandes bestimmt. Eine Kreisbewegung signalisiert ein Ja und positive Energien. Ein Hin-und-her-Schwingen das Gegenteil. Allerdings gibt es viele Methoden die Bedeutung der Pendelbewegungen zu bestimmen. Finden Sie Ihr eigenes System. Das Pendel steht in Kontakt mit dem *medialen Bewusstsein*.

Pentakel: Ein Ritualgegenstand (aus Holz, Metall, Ton o. ä.), auf den ein *Pentagramm* gezeichnet, eingeritzt oder aufgemalt ist. Repräsentiert das *Element* der Erde. Obwohl die

Ähnlichkeit der Wörter manches Missverständnis provoziert hat, sind »Pentakel« und »Pentagramm« nicht austauschbar.

Pentagramm: Ein fünfzackiger Stern.

Persönliche Kraft: Die Energie, die unseren Körper durchwirkt und erhält. Sie stammt ursprünglich von Göttin und Gott (oder genauer: von der Macht, die ihnen zugrunde liegt). Wir erhalten sie anfänglich aus dem Mutterleib, später dann aus Nahrung, Wasser, Mond, Sternen und anderen Naturphänomenen. Durch Stress, Sport, Anstrengung, Sex, Empfängnis und Geburt geben wir diese Energie wieder ab. *Magie* ist die Lenkung dieser persönlichen Energie auf einen bestimmten Zweck hin.

Polarität: Die Vorstellung der grundsätzlichen Gleichheit gegensätzlicher Energien. Das östliche Prinzip des Yin und Yang ist ein gutes Beispiel: Yin ist das Kalte, Yang ist das Heiße. Weitere Beispiele für eine solche Polarität der Kräfte sind Göttin und Gott, Tag und Nacht, Mond und Sonne, Geburt und Tod, hell und dunkel, *mediales Bewusstsein* und *Wachbewusstsein*. Der Begriff steht für die universelle Balance.

Psychismus: Ein Bewusstseinsstadium, in dem das *mediale Bewusstsein* und das *Wachbewusstsein* in völliger Harmonie stehen. Das *rituelle Bewusstsein* ist eine Form des Psychismus.

Reinkarnation: Die Lehre von der Wiedergeburt. Der Prozess der wiederholten Inkarnationen in einem menschlichen Körper. Ziel ist die Evolution oder Entwicklung der geschlechts- und alterslosen Seele.

Rezeptive Hand: Bei Rechtshändern die linke, bei Linkshändern die rechte Hand. Die Hand, durch die die Energie in unseren Körper strömt. Vergleiche auch *Schutzhand*.

Ritual: Eine Zeremonie. Die Veränderung von Gegenständen oder inneren Zuständen, um eine wünschenswerte Veränderung herbeizuführen. In der Religion dient das Ritual der Vereinigung mit dem Göttlichen. In der *Magie* fördert es einen Bewusstseinszustand, der es dem Magier erlaubt, Energien auf ein bestimmtes Ziel hin zu lenken. Auch der *Zauber* ist ein magisches Ritual.

Ritualbuch: (Im Englischen auch unter dem Begriff *grimoire*). Ein magisches Arbeitsbuch, das Rituale, Lieder, Rezepte, Formeln und Informationen über die magischen Eigenschaften von natürlichen Gegenständen enthält. Es gibt zudem Anweisungen für die Einweihung von Ritualwerkzeugen und erklärt manchmal die Bedeutung von Geistern und Göttern. Eines der bekanntesten ist *The Key of Solomon**. Die ersten erschienen bereits im 16. und 17. Jahrhundert, obwohl sie vielleicht sogar noch älter sind. Die vielen Anklänge an römische, griechische, ägyptische und sumerische Riten lassen dies zumindest vermuten. Siehe auch *Buch der Schatten*.

Rituelles Bewusstsein: Ein besonderer, alternativer Bewusstseinszustand, der für den Erfolg der *Magie* unerlässlich ist. Der Magier erreicht ihn durch *Visualisierung* und *Ritual*. Der Begriff bezeichnet einen Zustand, in dem das *Wachbewusstsein* und das *mediale Bewusstsein* in Harmonie sind. Erst dadurch kann der Magier Energien erspüren, sie mit einem Zweck aufladen und auf sein magisches Ziel hin bündeln und freilassen. In diesem Zustand sind alle Sinne geschärft und das Bewusstsein erweitert, so dass auch die scheinbar unkörperliche Welt erfahren werden kann. Man verbindet sich mit der Natur und dem Urgrund hinter den als Götter vorgestellten Kräften.

Runen: Stabähnliche Figuren. Zum Teil in Anlehnung an das alte teutonische Alphabet, manchmal auch Piktogramme. Diese Symbole werden häufig bei *Magien* und *Weissagungen* eingesetzt.

Sabbat: Ein Wicca-Fest. Genauere Erklärungen finden sich unter den Einträgen *Beltane, Imbolc, Lughnasadh, Mabon, Mittsommer, Ostara, Samhain* und *Jul*.

Samhain: Ein Wicca-Fest, das am 31. Oktober gefeiert wird. Auch bekannt als Novemberabend, Halloween, Hallomas,

---

* Vergleiche hierzu Mathers, S. L. MacGregor in der angehängten Literaturliste unter dem Stichwort »Magie«.

Seelenfest, Totenfest, Apfelfest. Samhain markiert den symbolischen Tod des Sonnengottes und seinen Übergang ins »Land der Jugend«, wo er die Wiedergeburt der Gottesmutter zu Jul erwartet. Es gibt bei den Wicca-Hexen unterschiedliche Aussprachen dieses Wortes: SA-uihn, SU-uihn, Sahmhain, SAHM-ain und andere. Die meisten Wicca neigen aber zur ersten Version.

Schamane: Ein Mann oder eine Frau, die ein Wissen von den subtileren und schwer erkennbaren Dimensionen der Erde erlangt hat. Um so weit zu gelangen, durchläuft er oder sie wiederholt Perioden alternativer Bewusstseinszustände. Es gibt verschiedene *Rituale*, die es dem Schamanen ermöglichen, den Schleier der physischen Welt zu zerreißen und ins Reich der Energien vorzustoßen. Dieses Wissen gibt dem Schamanen die Macht, seine Welt durch *Magie* zu verändern.

Schamanismus: Die Tätigkeit der Schamanen. Meist rituell oder magisch, manchmal auch religiös orientiert.

Schattenbuch: Siehe unter *Buch der Schatten* und *Ritualbuch*.

Schutzhand: Die Hand, die normalerweise für praktische Tätigkeiten wie Schreiben, Apfelschälen oder Telefonieren benutzt wird. Sie ist der symbolische Punkt, an dem die *persönliche Kraft* aus dem Körper strömt. Bei Ritualen visualisiert man diese persönliche Energie als einen Strom, der aus der Handfläche oder den Fingerspitzen tritt und zum magischen Ziel fließt. Die Schutzhand hält die *Athame* und den Zauberstab. Beidhändige Menschen können sich für irgendeine Hand entscheiden. Vergleiche auch *Rezeptive Hand*.

Steingeister: Die elementaren Energien, die von Natur aus den vier Himmelsrichtungen des *magischen Kreises* innewohnen und in der Tradition des *Steinkreises* als »Steingeister« personifiziert werden. Sie stehen in engem Zusammenhang mit den *Elementen*.

Steinkreis: Vergleiche *Magischer Kreis*.

Tage der Kraft: Siehe unter *Sabbat*.

Talisman: Ein Gegenstand (z. B. ein Amethystkristall), der beim Ritual mit Kraft *aufgeladen* wird und seinem Besitzer eine bestimmte Energie oder Kraft verleiht.

Trilith: Ein Steintor, das aus zwei aufrecht stehenden Steinplatten besteht, auf denen eine weitere Steinplatte liegt. Man findet ein solches Trilithon in den Steinkonstruktionen von Stonehenge. Auch die Visualisierung des magischen Kreises im *Ritualbuch der Stehenden Steine* arbeitet mit solchen Steintoren.

Uralten Mächte, die: Ein Wicca-Begriff, der die verschiedenen Aspekte von Göttin und Gott beschreibt. Ich habe ihn in dieser Bedeutung im *Ritualbuch der Stehenden Steine* verwendet. Einige Wicca-Hexen benutzen ihn auch gleichbedeutend mit den *Mächtigen*.

Visualisierung: Das Herstellen von mentalen Bildern. Bei der magischen Visualisierung wird während des *Rituals* im Geiste ein Bild des angestrebten Ziels geformt. Die Visualisierung kann bei der *Magie* auch dazu dienen, die *persönliche Kraft* und natürliche Energien zu aktivieren. Zum Beispiel, um einen Gegenstand magisch *aufzuladen* oder um den *magischen Kreis* zu ziehen.

Wachbewusstsein: Der analytisch-rationale, materiell ausgerichtete Teil unseres Bewusstseins. Dieser Teil unseres Geistes ist aktiv, wenn wir unsere Steuern berechnen, Theorien aufstellen oder uns mit abstrakten Ideen herumschlagen. Vergleiche auch *mediales Bewusstsein*.

Weihrauchgefäß: Ein hitzebeständiger Behälter, in dem Weihrauch verbrannt wird. Es symbolisiert das *Element* der Luft.

Weihwedel: Ein frisches Kräuterbündel oder perforierter Gegenstand, mit dem man vor oder während des Rituals Wasser versprengt. Dient der Reinigung.

Weissagung: Die magische Fähigkeit, aus zufälligen Mustern oder Symbolen das Unbekannte zu erkennen. Dabei werden oft Hilfsmittel wie Tarotkarten, Flammen, Rauch oder Wolken zu Rate gezogen. Bei der Weissagung wird das *mediale Bewusstsein* aktiviert, indem das *Wachbewusstsein* durch *Ritual*, Beobachtung oder magische Hilfsmittel außer Kraft gesetzt wird. Wer sich ohne Probleme mit seinem medialen Bewusstsein in Verbindung setzen kann, braucht die Techniken der Weissagung nicht unbedingt anzuwenden.

Weißes Messer: Ein normales Messer mit einem weißen Griff und einer scharfen Klinge, das zum Schneiden benutzt wird. Wicca benutzen es zum Schneiden von Kräutern und Früchten oder beim *einfachen Festmahl* zum Brotschneiden, aber niemals für Opferungen. Wird manchmal auch als *Bolline* bezeichnet. Siehe dazu auch den Eintrag *Athame*.

Wicca: Eine zeitgenössische *pagane* Religion mit spirituellen Wurzeln im *Schamanismus*. Die historisch früheste Form der Naturverehrung. Ihre Hauptkennzeichen sind unter anderem: Verehrung von Göttin und Gott, Reinkarnation, Magie, rituelle Feiern von Vollmonden sowie astronomischen und agrikulturellen Phänomenen, kugelförmige Tempelbezirke, die bei Ritualen mit Hilfe der *persönlichen Energie* erschaffen werden.

Wicca-Tradition: Eine sich durch Organisation auszeichnende Sonderform des Wicca-Kultes. Meist mit Initiationsritualen und besonderen Riten. Ihre dieser Wicca-Traditionen haben ihr eigenes *Schattenbuch* und erkennen nicht immer andere Formen des Wicca-Kultes als legitim an. Sie setzen sich meist aus mehreren *Coven* und Einzelpersonen zusammen.

Widdershins: Manchmal auch als *Widersinns* bezeichnet. Das Gehen entgegen dem Uhrzeigersinn. Es wird in der nördlichen Hemisphäre meist für negative Magien oder zur Abwehr von schädlichen Energien oder Einflüssen, zum Beispiel einer Krankheit, verwendet. In der südlichen Erdhalbkugel werden Widdershins von Wicca-Hexen zu positiven Zwecken benutzt. Vergleiche hierzu auch den Eintrag *Deosil*. Widdershins und Deosil haben *symbolische* Bedeutung. Nur engstirnige Traditionalisten glauben, dass zum Beispiel das zufällige Rückwärtsgehen um den Altar negative Energien freisetzt. Widdershins und Deosil haben ihre Wurzel in alten europäischen Ritualen, die auf die Beobachtung und Verehrung der

Umlaufbahnen von Sonne und Mond zurückgehen. Widdershins werden noch immer von den meisten Wicca-Hexen bei Ritualen vermieden. Einige aber benutzen Sie, um am Ende des Rituals den *magischen Kreis* aufzuheben.

Zauber/Zauberspruch: Eine besondere Form des magischen *Rituals*. Meist nicht religiöser Natur und oft von Worten unterstützt.

Literaturvorschläge

Dieser Abschnitt enthält eine umfangreiche Liste von Büchern, die in irgendeiner Weise mit dem Wicca-Kult zu tun haben. Ich stimme nicht mit allen Inhalten dieser Bücher überein. Viele sind aus Blickwinkeln geschrieben, die sich von dem hier gewählten deutlich unterscheiden.

Dennoch werden alle aufgeführten Bücher Ihr Verständnis von Wicca, Göttin und Gott, Magie und Schamanismus vertiefen – vorausgesetzt, Sie lesen die Bücher aufmerksam und kritisch.

Die mit einem Sternchen versehenen Titel (*) lege ich Ihnen besonders ans Herz.

Ich habe zudem, wo es mir wichtig erschien, kleine Kommentare über den Inhalt des Buches beigefügt, die aber nicht unbedingt *meine* eigene Meinung über das Werk wiedergeben.

Eine solche Literaturliste kann natürlich nicht den Anspruch erheben, vollständig zu sein. Jeden Tag erscheinen neue Werke über diese Themen. Trotzdem können die aufgeführten Bücher Ihnen sicher einen Einstieg in die Thematik ermöglichen.

Schamanismus

*Andrews, Lynn V., *Die Medizinfrau. Der Einweihungsweg einer weißen Schamanin.* Reinbek: Rowohlt, 1987.

Bend, Cynthia and Tayja Wiger, *Birth of a Modern Shaman.* St. Paul: Llewellyn Publications, 1988.

Castaneda, Carlos, *Die Lehren des Don Juan. Ein Yaqui-Weg des Wissens*. Frankfurt/Main: Fischer Verlag, 1973.

Furst, Peter T., *Hallucinations and Culture*. Corte Madera (California): Chandler & Sharp Publishers, 1976.

*Harner, Michael J., (Hg.), *Der Weg des Schamanen. Das praktische Grundlagenwerk zum Schamanismus*. München: Ariston Verlag, 1999. Der erste praktische Ratgeber über dieses Thema. Sie lernen in diesem Buch Techniken, mit denen Sie Ihr Bewusstsein erweitern, Tiergeister kontaktieren, Heilrituale abhalten können und vieles mehr.

*Howells, William, *The Heathens: Primitive Man and His Religions*. Garden City (New York): Doubleday, 1956. Deckt die gesamte Spannweite vorchristlicher und vortechnologischer Religion und Magie ab, einschließlich Totemismus, Ahnenverehrung, Schamanismus, Wahrsagen, Mana und Tabu.

Kilpatrick, Jack Frederick und Anna Gritts, *Notebook of a Cherokee Shaman*. Washington D.C.: Smithsonian, 1970.

*Lame Deer, John (Fire) und Richard Erdoes: Tahca Ushte. Medizinmann der Sioux. Ein Porträt eines zeitgenössischen Schamanen, das den tiefen Humanismus dieses Themas aufzeigt.

Lewis, I.M., *Ecstatic Religion: an Anthropological Study of Spirit Possession and Shamanism*. Baltimore: Penguin, 1976. Eine wissenschaftliche soziologische Untersuchung über Schamanismus und alternative Bewusstseinszustände.

Rogers, Spencer L., *The Shaman's Healing Way*. Ramona (California): Acoma Books, 1976.

*Sharon, Douglas, *Wizard of the Four Winds: A Shaman's Story*. New York: The Free Press, 1978. Ein Porträt über Eduardo Calderon, einem zeitgenössischen peruanischen Schamanen. Enthält viele Details über seine Riten und Rituale.

*Torrey, E. Fuller, *The Mind Game: Witchdoctors and Psychiatrists*. New York: Bantam, 1973.

*Wellman, Alice, *Spirit Magic*. New York: Berkeley, 1973. Dieses kleine Taschenbuch ist eine Einführung in den Schamanismus, wie er an vielen Orten der Welt praktiziert wird. Das Kapitel über Zauberwerkzeuge ist besonders interessant.

Die Göttin

Briffault, Robert, *The Mothers*. (Gekürzt von Gordon Taylor.) New York: Atheneum, 1977.

Downing, Christine, *The Goddess: Mythological Images of the Feminine*. New York: Crossroad, 1984.

*Graves, Robert, *The White Goddess*. New York: Farrar, Straus and Giroux, 1973. Vielleicht das Buch mit dem größten Einfluss auf den modernen Wicca-Kult. Eine poetische Studie über die Göttin.

*Harding, Esther, *Women's Mysteries: Ancient and Modern*. New York: Pantheon, 1955.

James, E. O., *The Cult of the Mother-Goddess*. New York: Barnes and Noble, 1959.

Leland, Charles G., *Arcadia, or the Gospel of the Witches*. New York: Buckland Museum, 1968. Ein Buch, das eine ganz eigene Sichtweise der Göttin liefert. Leland sammelte sein Material im späten 18. Jahrhundert und hat auch Einfluss auf den heutigen Wicca-Kult.

*Newmann, Erich, *The Great Mother: an Analysis of the Archetype*. Princeton University Press, 1974. Eine von C. G. Jung ausgehende Betrachtung der Göttin. Das Buch enthält 185 Seiten mit Bildern der Göttin.

Stone, Merlin, *When God Was a Woman*. New York: Dial Press, 1976.

Walker, Barbara, *The Women's Encyclopedia of Myths and Mysteries*. San Francisco: Harper & Row, 1983.

Folklore, Mythologie, Legende und Geschichte

*Bord, Janet und Colin Bord, *Earth Rites: Fertility Practices in Pre-Industrial Britain*. London: Granada, 1982. Eine Darstellung heidnischer Rituale in Großbritannien.

Busenbark, Ernest, *Symbols, Sex and the Stars in Popular Beliefs*. New York: Truth Seeker, 1949.

*Campbell, Joseph, *Die Masken Gottes: Schöpferische Mythologie*. München: dtv, 1996. Die aufgeführten Titel sind eine umfassende Darstellung der Mythologien der Welt.

*Campbell, Jospeh, *Die Masken Gottes: Mythologie des Ostens*. München: dtv, 1996.

*Campbell, Joseph, *Die Masken Gottes: Mythologie der Urvölker*. München: dtv, 1996.

*Campbell, Jospeh, *Die Kraft der Mythen. Bilder der Seele im Leben des Menschen*. Düsseldorf: Artemis/Patmos, 1994.

*Carpenter, Edward, *Pagan and Christian Creeds: Their Origin and Meaning*. New York: Harcourt, Brace and Company, 1920. Die frühe Arbeit eines abtrünnigen Gelehrten. Das Buch beschreibt die Herkunft vieler christlicher Symbole aus heidnischen Religionen. Beschreibt zudem Essens- und Vegetationsmagien, paganische Initiationen, rituelle Tänze, das Sextabu und andere interessante Aspekte.

*Dexter, T.F.G., *Fire Worship in Britain*. London: Watts and Co., 1931. Ein 43-Seiten-Büchlein, das vor dem 2. Weltkrieg veröffentlicht wurde. Beschreibt viele heidnische Feste, die bis zum Krieg überlebt hatten, mit ihm aber für immer verloren gingen.

*Ehrenreich, Barbara und Deirdre English, *Hexen, Hebammen und Krankenschwestern*. München: Frauenoffensive, 1987. Eine wichtige Geschichtsstudie zur Rolle der Frau als Heilerin und Hexe.

Frazer, Sir James, *Der goldene Zweig. Das Geheimnis von Glauben und Sitten der Völker*. Reinbek: Rowohlt Verlag, 1989.

Harley, Timothy, *Moon Lore*. Tokyo: Charles E. Tuttle Co., 1970.

Kenyon, Theda, *Witches Still Live*. New York: Washburn, 1929. Eine Sammlung von Mythen, Legenden und Geschichten über Hexen und Zauberer.

*Leach, Maria (Hg.) und Jerome Fried (associate editor), *Funk and Wagnalls Standard Dictionary of Folklore, Mythology and Legend*. New York: Funk and Wagnall's, 1972. Dieser Klassiker fasst die Gesamtheit mythischen Wissens in einem Band zusammen. Für Wicca-Hexen von großem Interesse.

Watts, Alan, *The Two Hands of God: the Myths of Polarity*. New York: Collier, 1978.

Wentz, W. Y. Evans, *The Fairy-Faith in Celtic Countries*. London: Oxford University Press, 1911. Gerrards Cross (Buckinghamshire, England): 1981.

Wicca

Bowness, Charles, *The Witch's Gospel*. London: Robert Hale, 1979.

Buckland, Raymond, *Witchcraft ... The Religion*. bay Shore (New York): The Buckland Museum of Witchcraft and Magick, 1966. Eine Erläuterung zur Wicca-Lehre von Gardner.

Buczynski, Edmund M., *The Witchcraft Fact Book*. New York: Magickal Childe, N.D.

Crowther, Patricia, *Witch Blood! The Diary of a Witch High Priestess*. New York: House of Collectibles, 1974.

Deutch, Richard, *The Ecstatic Mother: Portrait of Maxine Sanders – Witch Queen*. London: Bachmann and Turner, 1977. Untersucht eine der Hauptfiguren der alexandrischen Wicca-Tradition.

*Gardner, Gerald, *The Meaning of Witchcraft*. London: 1959. London: Aquarian Press 1971. Eine historische Darstellung von Wicca.

Gardner, Gerald, *Witchcraft Today*. New York: Citadel, 1955. Das erste Buch, das über das moderne Wicca geschrieben wurde. Vermittelt einen Einblick in den Wicca-Kult Gardners.

*Glass, Justine, *Witchcraft: The Sixth Sense and Us*. North Hollywood: Wilshire, 1965.

Johns, June, *King of the Witches: the World of Alex Sanders*. New York: Coward McCann, 1969. Eine weitere Studie über den alexandrischen Wicca-Kult und eine Biographie ihres Begründers.

Lady Sara, *Questions and Answers on Wicca Craft*. Wolf Creek (Oregon): Stonehenge Farm, 1974.

*Leek, Sybil, *The Complete Art of Witchcraft*. New York: World Publishing 1971. Dieses einflussreiche Werk beschreibt eine eklektische Wicca-Tradition.

Leek, Sybil, *Diary of a Witch*. New York: Prentice-Hall, 1968.

›Lugh‹, *Old Geore Pickinghill and the Roots of Modern Witchcraft*. London: Wiccan Publications, 1982. Taray, 1984. Behauptet, die historischen Hintergründe der Wiedererweckung Wiccas durch Gerald Gardner zu beschreiben.

Martello, Leo L., *Witchcraft: the Old Religion*. Secaucus: University Books, 1974. Eine Untersuchung des sizilianischen Wicca.

Roberts, Susan, *Witches USA*. New York: Dell 1971. Hollywood: Phoenix, 1974. Die Autorin betrachtet den Wicca-Kult in diesem Buch quasi von außerhalb. Das Buch hat, als es wieder aufgelegt wurde, einen Sturm der Entrüstung ausgelöst. Aber es enthält nicht mehr Ungenauigkeiten als die anderen hier aufgeführten Werke. Es gibt einen Überblick über Teile der Wicca-Szene circa um 1970.

Sanders, Alex, *The Alex Sanders Lectures*. New York Magickal Childe, 1980. Eine weitere Betrachtung des alexandrischen Wicca-Kultes.

Sanders, Maxine, *Maxine, the Witch Queen*. London: Star Books, 1976. Eine Untersuchung der Entstehung und Aktivitäten des alexandrischen Wicca-Kultes.

*Valiente, Doreen, *An ABC of Witchcraft Past and Present*. New York: St. Martin's, 1973. Die Antwort einer Wicca-Hexe Gardnerscher Prägung auf frühere Veröffentlichung über Wicca. Valiente gibt einen enzyklopädischen Überblick über Großbritanniens Wicca, Folklore und Legenden.

*Valiente, Doreen, *Where Witchcraft Lives*. London: Aquarian Press, 1962. Eine der ersten Werke über das britische Wicca und Folklore in Sussex.

Praktische Ratgeber

*Alan, Jim and Selena Fox, *Circle Magic Songs*. Madison (Wisconsin): Circle Publications, 1977.

Budapest, Z., *The Feminist Book of Light and Shadows*. Venice (California): Luna Publications, 1976. Die erste Veröffentlichung über das feministische Wicca. Ein sehr einflussreiches Buch.

Budapest, Z., *The Holy Book of Women's Mysteries Part I*. Oakland: The Susan B. Anthony coven #1, 1979. Eine erweiterte Version des o. g. Buches. Es gibt auch einen zweiten Band dazu.

Buckland, Raymond, *The Tree: The Complete Book of Saxon Witchcraft*. New York: Weiser, 1974.

*Buckland, Raymond, *Buckland's Complete Book of Witchcraft*. St. Paul: Llewellyn Publications, 1985. Eine praktische Einführung in Wicca, die auf verschiedene Traditionen zurückgreift. Enthält auch einen Abschnitt für isoliert wirkende Wicca-Hexen.

Crowther, Patricia, *Lid Off the Cauldron: A Wicca Handbook* London: Robert Hale, 1981. Ein praktisches Lehrbuch.

*Farrar, Janet und Stewart, *Acht Sabatte für Hexen und Riten für Geburt, Heirat und Tod*. Sondereinband Bohmeier. Diese ursprünglich aus der alexandrischen Schule kommenden Wicca-Hexen haben neues Territorium betreten und irische Traditionen und Götter in ihrem Werk verarbeitet. Das Buch liefert auch einen originellen Blick auf die Entstehung des Gardnerschen Buch der Schatten.

*Farrar, Janet und Jewart, *The Witches' Way: Principles, Rituals and Beliefs of Modern Witchcraft*. London: Robert Hale, 1984. Enthält weitere Enthüllungen über Gardners Buch der Schatten. Liefert viele praktische Tipps.

*Fitch, Ed, *Magical Rites From the Crystal Well*. St. Paul: Llewellyn Publications, 1984. Eine Sammlung neu-heidnischer Rituale für alle Gelegenheiten.

K. Amber, *How to Organize a Coven or Magical Study*

Group. Madison (Wisconsin): Circle Publications, 1983. Wie der Titel schon sagt, eine Richtschnur für die Organisation von Coven und magischen Gruppen.

*Slater, Herman (Hg.), *A Book of Pagan Rituals*. New York: Weiser, 1974. Eine Sammlung von Ritualen, aus paganer Perspektive.

*Starhawk, *The Spiral Dance: a Rebirth of the Ancient Religion of the Great Goddess*. San Francisco: Harper and Row, 1979. Kaum zu glauben, dass es erst zehn Jahre her ist, seit dieses Buch zum ersten Mal veröffentlicht wurde. Es hatte einen ungeheuren Einfluss auf die Wicca-Welt. Ein eindeutig frauen- und göttinnenorientiertes Werk. Enthält magische Übungen und viele Rituale.

Valiente, Doreen, *Witchcraft for Tomorrow*. London: Robert Hale, 1978. Der erste praktische Führer für modernes Wicca. Enthält ein vollständiges Buch der Schatten, das eigens für diese Veröffentlichung geschrieben wurde, und viele Kapitel über unterschiedliche Aspekte von Wicca.

*Weinstein, Marion, *Earth Magic: A Dianic Book of Shadows*. New York: Earth Magic Productions, 1980. Ein unvergleichliches Buch über Wicca. Es enthält vollständige, ausführliche Informationen darüber, wie man sich mit »allen fünf Aspekten« der Gottheiten verbindet. Erklärt Geister, Werkzeuge und vieles andere. Es ist auch eine erweiterte Fassung erschienen.

Zaubersprüche

Buckland, Raymond, *Practical Candleburning Rituals*. St. Paul: Llewellyn Publications, 1971.

*Chappel, Helen, *The Waxing Moon: A Gentle Guide to Magic*. New York: Links, 1974.

Dixon, Jo and James, *The Color Book: Rituals, Charms and Enchantments*. Denver: Castle Rising, 1978.

Grammary, Ann, *The Witch's Workbook*. New York: Pocket, 1973.

Huson, Paul, *Mastering Witchcraft*. New York: Berkeley, 1971. Eines der frühen Bücher über dieses Thema. Trug in den frühen 70ern wesentlich zu dem enormen Interesse an okkulten Fragen bei. Hat aber wenig mit Wicca oder Wicca-Magie zu tun.

Lorde, Simon und Clair Lorde, *The Wiccan Guide to Witches Ways*. New South Wales (Australien): K.J. Forrest, 1980.

Malbrough, Ray T., *Charms, Spells and Formulas for the Making and Use of Gris-Gris, Herb Candles, Doll Magick, Incenses, Oils and Powders to Gain Love, Protection, Prosperity, Luck and Prophetic Dreams*. St. Paul: Llewellyn, 1986. Eine Sammlung von Cajun-Magie aus Louisiana.

Paulsen, Kathryn, *Witches Potions and Spells*. Mount Vernon: Peter Pauper Press, 1971.

*Worth, Valerie, *The Crone's Book of Words*. St. Paul: Llewellyn Publications, 1971, 1986.

Magie

Agrippa, Heinrich Cornelius von, *Die magischen Werke*. Wiesbaden: Fourier Verlag, 1997.

*Agrippa, Henry Cornelius, *De Occulta Philosophia*. Dieses Buch ist ein Kompendium des magischen Wissens des 16. Jahrhunderts. Enthält Informationen über Steine, Sterne, Kräuter, Weihräucher und vieles mehr. Wurde kürzlich zum ersten Mal nach fast 300 Jahren wieder veröffentlicht.

*Barrett, Francis, *The Magus or Celestial Intelligence, Being a Complete System of Occult Philosophy*. 1801. New Hyde Park (New York) : University Books, 1967. Beschäftigt sich nicht mit natürlicher, sondern mit zeremonieller Magie.

*Burland, C. A., *The Magical Arts: A Short History*. New York: Horizon Press, 1966. Eine Geschichte der Volksmagie.

Cunningham, *Cunningham's Encyclopedia of Crystal, Gem and Metal Magic*, St. Paul: Llewellyn, 1986.

Devine; M.V., *Brujeria: A Study of Mexican-American Folk Magic*. St. Paul: Llewellyn Publications, 1982.

Fortune, Dion, *Aspects of Occultism,* London: Aquarian Press, 1962.

Fortune, Dion, *Selbstverteidigung mit PSI. Sicherheit und Schutz durch geistige Kraft.* München: Ludwig, 2000.

*Howard, Michael, *The Magic of Runes.* New York: Weiser, 1980.

Howard, Michael, *The Runes and Other Magical Alphabets.* New York: Weiser, 1978.

Koch, Rudolph, *Das Zeichenbuch.* Leipzig: Insel-Verlag 1936. Ein Buch über Zeichen, Symbole und Runen.

Leland, Charles Godfrey, *Etruscan Magic and Occult Remedies.* New Hyde Park (New York): University Books, 1963.

Leland, Charles Godfrey, *Gypsy Sorcery and Fortune-Telling.* New York: Dover, 1971.

Mathers, S. L. MacGregor (Herausgeber und Übersetzer), *Der Schlüssel von König Salomon.* Sondereinband Schilowski, Richard, 1985.

*Mickaharic, Draja, *Magia. Handbuch für geistigen Schutz.* Köln: Smaragd Verlag, 1993. Enthält zum Teil Magie schamanischen Ursprungs.

*Pepper, Elizabeth und John Wilcox, *Witches All.* New York: Grosset and Dunlap, 1977. Eine Sammlung von Volksmagie aus dem populären (aber verloren gegangenen) Hexenalmanach.

Pliny the Elder, *Natural History.* Cambridge: Harvard University Press, 1956 (Gains d. Ältere Plinius Secundus: Naturkunde)

Shah, Sayed Idries, *Oriental Magic.* New York: Philosophical Library, 1957.

Shah, Sayed Idries. *Das Geheimnis der Derwische.* Freiburg: Herder, 1995. Auszüge aus verschiedenen Renaissancebüchern über zeremonielle Magie.

Shah, Sirdar Ikbal Ali, *Occultism: Its Theory and Practice.* Castle Books, o. D.

Valiente, Doreen, *Natural Magic.* New York: St. Martin's Press, 1975.

Valiente, Doreen, *Witchcraft for Tomorrow*. New York: St. Martin's Press, 1978.

*Weinstein, Marion, *Positive Magic: Occult Self-Help*. New York: Pocket Books, 1978. Eine Einführung in die Magie. Es ist auch eine erweiterte Fassung dieses beliebten Werkes erschienen.

Zeitschriften zu diesen Themen

Einige der hier aufgeführten Zeitungen und Zeitschriften werden nicht mehr aufgelegt.

A Pagan Renaissance
Circle Network News
The Crystal Well
Earth Religions News
Georgian Newsletter
Gnostica
The Green Egg
Nemeton
The New Broom
New Dimensions
Pentagram
Revival
Seax-Wicca Voys
The Unicorn
The Waxing Moon
The Witch's Almanac
Urzeit (Vor aller Zeit) 00

Wie können wir unsere Angst vor anderen Menschen oder gesellschaftlichen Gruppierungen überwinden? Wie uns von Abhängigkeiten und Vorurteilen lösen, die uns im Umgang mit anderen einschränken? Wie schließlich unsere Kinder vor falschen Bindungen und Ängsten bewahren? Phyllis Krystal gibt in ihrem Buch Antwort auf all diese Fragen. Bereits in ihrem ersten Buch »Die inneren Fesseln sprengen« zeigte sie einen einfachen und effektiven Weg, durch Schulung der Imagination individuelle Schranken zu überwinden. Nun überträgt und erweitert sie ihre bewährte Methode auf kollektive Bindungen. Entfalten Sie Ihr Inneres mit Hilfe der inneren Visualisierung! Halten Sie sich an Ihr Selbst, an Ihr »Höheres Bewußtsein«. Dann werden Sie und Ihre Kinder zu einem selbstbestimmten Leben finden – frei von falschen kollektiven Bindungen.

Phyllis Krystal

Frei von Angst und Ablehnung
Lösen aus kollektiven Bindungen

$L o t o s$

Econ ı **Ullstein** ı List